SPRINGER COMPASS

Herausgegeben von
M. Nagl   P. Schnupp   H. Strunz

Wulf-Dieter Wagner

Software-Engineering mit APL2

Eine Anleitung zur Entwicklung
kommerzieller Systeme

Mit 131 Abbildungen
und einer Programmdiskette

Springer-Verlag Berlin Heidelberg GmbH

Wulf-Dieter Wagner
IBM Deutschland GmbH
Beratung Informationssysteme
Godesberger Allee 115
5300 Bonn 2

Die Deutsche Bibliothek – CIP-Einheitsaufnahme
Wagner, Wulf-Dieter: Software-Engineering mit APL2: Eine Anleitung zur
Entwicklung kommerzieller Systeme / Wulf-Dieter Wagner. - Berlin; Heidelberg;
New York; London; Paris; Tokyo; Hong Kong; Barcelona; Budapest: Springer, 1992
(Springer compass)

ISBN 978-3-662-30455-6   ISBN 978-3-662-30454-9 (eBook)
DOI 10.1007/978-3-662-30454-9

Vorwort

Dieses Buch wendet sich an alle Freunde der Programmiersprache APL und an jene, die es werden wollen. Es kann aber auch dem Organisator, der für die Konzeption von DV-Anwendungen verantwortlich ist, hilfreiche Anregungen geben.

In der Datenverarbeitung befassen wir uns im allgemeinen mit Aufgabenstellungen, die aufgrund ihrer internen Logik einer vordefinierbaren und damit algorithmischen Problemlösung zugänglich sind. Diese Aufgabenstellungen lassen sich immer in verschiedene Einzelprozesse unterteilen, wobei wir unter einem Prozeß einen Arbeitsschritt wie z.B. die Buchung eines Geldbetrages auf das Konto eines Bankkunden verstehen. Die Analyse dieser Prozesse verlangt ein intensives Fachwissen über die organisatorischen Abläufe des betroffenen Unternehmensbereiches. Auf der Analyse dieser Abläufe baut nun der Zweig des Software Engineerings auf, der sich mit Design und Entwicklung - häufig zunächst in Form eines Prototyps - der geforderten Anwendung befaßt. Aufgabe des Software Engineerings ist es dabei, Lösungen zu finden, die die Projektziele in funktionaler und qualitativer Hinsicht abdecken. Unter Qualität sind außer der Funktionalität der Anwendung auch Ziele wie Wartbarkeit, Erweiterbarkeit und Dokumentation zu verstehen.

Mit diesen Zielsetzungen werde ich mich in diesem Buch befassen, da sie Grundlage jeder Anwendung sein müssen. Hierbei steht nicht die Einführung in die Programmiersprache APL im Vordergrund, die bereits mehrfach in Handbüchern zu dieser Sprache gegeben wurde, sondern die konzeptionelle Entwicklung und Beschreibung von Bausteinen, die für eine effektive Anwendungsentwicklung erforderlich sind.

Nach einer kurzen Einführung in die grundlegenden Ideen dieser Programmiersprache stehen daher Transaktionen, Anwendungssteuerung sowie Datenzugriffe und Datenprüfungen im Vordergrund. Da hierbei keine Einschränkung auf eine spezielle Version von APL beabsichtigt ist - es gibt APL-Implementierungen verschiedener Hersteller sowohl für zentrale DV-Anlagen als auch für den PC -, wird auch, soweit möglich, kein spezielles APL-Anwendungswerkzeug zur Grundlage der Design-Konzeptionen gemacht. Alle aufgeführten Programmbeispiele wurden jedoch unter IBM-APL2 in Verbindung mit dem relationalen Datenbanksystem DB2 realisiert, wobei hauptsächlich die aus einer umfangreichen Projektarbeit resultierenden Anforderungen berücksichtigt wurden. Besonderes Augenmerk wurde auf die Standardisierung in der Anwendungsentwicklung gerichtet.

So soll der Leser mit den Arbeitstechniken einer effektiven Problemlösung vertraut gemacht werden, und an einigen Beispielen aus der Praxis werden die Überlegungen erläutert, die mich zu ganz bestimmten Lösungsansätzen veranlaßt haben. Diese Überlegungen aufzuzeigen, trägt hoffentlich dazu bei, sie nachvollziehbar und damit auf andere Problemkreise übertragbar zu machen.

Im Anhang findet sich die Beschreibung des Anwendungsgenerators ADS (Application-Development-System) für IBM-PC/APL2. Dieser Generator basiert auf den in diesem Buch behandelten Konzepten einer standardisierten Anwendungsentwicklung, die mitgelieferte Programmdiskette ist als Beispiel für die Implementierung eines derartigen Generators zu verstehen.

Januar 1992   W.-D. Wagner

Inhaltsverzeichnis

1. Eine erste Begegnung mit APL

APL heißt: A Programming Language. Das bedeutet aber nicht, daß APL nur eine weitere Programmiersprache im Reigen der vielen Sprachen ist, die in den vergangenen Jahren entwickelt wurden, um den Problemlösungsprozeß von der Notwendigkeit zu befreien, sich an den internen Strukturen einer DV-Anlage zu orientieren.

Wie wir noch sehen werden, ist APL ganz anders als herkömmliche Programmiersprachen wie PL/I, COBOL, BASIC etc. Dieser Unterschied hat APL bis heute viele Freunde, aber auch vehemente Gegner geschaffen. So erfreut sich APL auf der einen Seite wachsender Beliebtheit in so unterschiedlichen Anwendungsbereichen wie Prototyping, Operations Research, in kommerziellen Anwendungssystemen und mathematisch-wissenschaftlichen Anwendungen bis hin in den Bereich der Lehre; auf der anderen Seite gibt es DV-Fachleute, die APL allein wegen seiner speziellen Symbole und des Fehlens ihrer Meinung nach bedeutsamer Strukturelemente wie z.B. Datendeklarationen oder Aufruf von Unterprogrammen mit Call-Anweisungen ablehnend gegenüberstehen.

Diese Kritik ist sicherlich ernst zu nehmen, führt sie doch dazu, daß die spezifische Leistungsfähigkeit dieser Programmiersprache häufig aus Unkenntnis im Problemlösungsprozeß nicht eingesetzt werden kann. In diesem Buch werde ich daher versuchen darzustellen, wie APL für das Software Engineering effektiv eingesetzt werden kann. Unter Software Engineering soll hierbei allerdings vorwiegend der Design-Prozeß verstanden werden, der zur Entwicklung eines tragfähigen, wartbaren und erweiterbaren Gerüsts für jegliche Dialoganwendungen erforderlich ist, und weniger die ingenieurmäßige Entwicklung einer konkreten Anwendung. Bei diesem "Gerüstbau" werde ich mich auch weniger mit APL an sich befassen, hierfür gibt es umfangreiche Literatur, sondern diese Programmiersprache nur als Implementierungmittel verwenden. Für alle diejenigen, die mit der Sprache APL noch nicht sehr vertraut sind, sollen aber doch zunächst einige ihrer grundlegenden Eigenschaften dargestellt werden.

Der Name APL verbindet sich mit dem Buch von Kenneth E. Iverson "A Programming Language" aus dem Jahre 1962, in dem erstmals eine Notation definiert wurde, um mathematische Algorithmen und Abläufe einer automatischen Datenverarbeitungsanlage zu beschreiben. Schon aus dieser Zeit stammt die Verwendung von Symbolen für Funktionen und das Konzept der Anwendung von Funktionen auf Strukturgrößen - Vektoren und Matrizen.

Im Jahre 1963 begann A.D. Falkhoff im Forschungslabor der IBM in Yorktown Heights den ersten Versuch der Beschreibung eines vollständigen Rechnersystems - der IBM/360 - mit Hilfe dieser neuen Sprache. Diese Arbeit wurde gemeinsam mit K.E. Iverson und E.H. Suessenguth fortgesetzt und ihr

Resultat 1964 unter dem Titel "A Formal Description of System/360" veröffentlicht.

Während dieser praktischen Anwendung der Notation wurde eine Reihe von Vereinfachungen und Verallgemeinerungen eingeführt und Unregelmäßigkeiten, die zum Teil aus der üblichen mathematischen Formulierungsweise stammten, eliminiert. Beispiele hierfür sind die Verwendung eines einzigen Symbols zur Bezeichnung einer Funktion (die Absolutwert-Funktion wird in der Mathematik bekanntlich durch senkrechte Striche vor und hinter dem Argument dargestellt, in APL durch einen einzigen senkrechten Strich vor dem Argument: | A) und der vollständige Verzicht auf Funktionshierarchien (wie "Punktrechnung geht vor Strichrechnung") zugunsten einer strikten Rechts-nach-links-Ausführungsreihenfolge - eine unabdingbare Voraussetzung für eine Sprache mit so mächtigem Vorrat an Elementarfunktionen, der durch benutzerdefinierte Funktionen beliebig erweitert werden kann und so keinen Überblick über individuelle Vorrangregeln mehr erlaubt.

Als Programmiersprache wurde APL erstmals 1966 für den Dialog über Schreibmaschinenterminals implementiert. Während diese erste APL-Implementierung ausschließlich Daten verarbeiten konnte, die über die Tastatur eingegeben wurden, hat sich diese Sprache zwischenzeitlich zu einem multifunktionalen Werkzeug mit integrierten Verbindungen zum fast gesamten Umfeld einer modernen DV-Anlage weiterentwickelt. So zeigt sich heute APL als besonders effektiv bei Datenbankanwendungen, bei denen die arithmetischen und logischen Operationen in Verbindung mit der Dialogfähigkeit des Systems die Produktivität von Anwendungsprogrammierern im Dienste der Endnutzer ganz erheblich steigern.

Zur Ausdehnung dieses Einsatzspektrums haben insbesondere die funktionalen Erweiterungen beigetragen, die mit der neuen Sprachversion IBM-APL2 eingeführt wurden. Ganz besonders gilt dies für die Nutzung von relationalen Datenbanken, wo sich die Stärken einer Sprache wie APL, die nicht nur einzelne Sätze, sondern auch vollständige Tabellen gesamtheitlich verarbeiten kann, besonders deutlich zeigen. In diesem Zusammenhang könnte man APL2 durchaus als "Datenbanksprache" für die Bearbeitung von relationalen Datenbanken bezeichnen. Darüber hinaus tritt in letzter Zeit immer mehr der Einsatz von APL2 in den Anwendungsgebieten der Künstlichen Intelligenz (KI) in den Vordergrund. Z.B. wurde nachgewiesen, daß man mit dieser Sprache sehr einfach die Strukturen von PROLOG (Programming in Logik) nachvollziehen kann. So kommt dem Einsatz von APL2 gerade in solchen Anwendungsgebieten große Bedeutung zu, bei denen die Verbindung konventioneller Datenverarbeitung mit Methoden der Künstlichen Intelligenz - nennen wir sie Hybridsysteme - der Schlüssel zu einer effektiven Problemlösung ist. Dies gilt ganz besonders für Aufgaben der Bildanalyse und der Entwicklung intelligenter Abfragesysteme für relationale Datenbanken.

Bevor wir uns nun der Realisierung kommerzieller Systeme zuwenden, bei denen die Dialogverarbeitung von Datenbanken im Vordergrund steht, möchte ich einige Grundstrukturen dieser Programmiersprache erläutern. Diese Einführung ist insbesondere für diejenigen Leser gedacht, die sich nur einen Überblick über die Einsetzbarkeit von APL in kommerziellen Anwendungen verschaffen, ohne die hier beschriebenen Konzepte unmittelbar in der Programmierung umsetzen zu wollen. Diese Zusammenfassung soll daher keine allgemeine Schulung in APL ersetzen. So wird auch nicht der komplette Sprachumfang behandelt, sondern nur auf die wesentlichsten Eigenschaften eingegangen, die für das Verständnis der in diesem Buch zu behandelnden Einsatzkonzepte erforderlich sind.

1.1 Die APL-Formulierungstechnik

Das Grundprinzip dieser Formulierungstechnik soll an einem kleinen Beispiel deutlich gemacht werden. Vermutlich erinnern sich alle an den kleinen Gauß, der im Schulunterricht die Zahlen von 1 bis 100 addieren sollte.

Sicher sagte der Lehrer damals vor seiner Klasse:

Zählt alle Zahlen von 1 bis 100 zusammen !

Diese Problembeschreibung ist exakt, macht sie doch für jeden deutlich, daß das Ergebnis von

$$1 + 2 + 3 + \ldots + 99 + 100$$

zu bestimmen ist. Im Grunde ist jedoch eine solche verbale Beschreibung einer Aufgabe unbefriedigend, da zur Lösung des Problems zusätzliche Informationen nötig sind, die bei der Aufgabenstellung nicht angegeben wurden. In diesem Beispiel ist es die Information über die natürlichen Zahlen.

Diese Ungenauigkeit einer Problembeschreibung ist natürlich bei komplizierteren Sachverhalten nicht zu akzeptieren, und deshalb hat die Mathematik schon frühzeitig eine Formulierungstechnik eingeführt, die derartige Ungenauigkeiten weitgehend vermeidet. Mathematisch hätte der Rechenlehrer also formuliert:

$$\sum_{i=1}^{100} i$$

Mathematisch nicht vorgebildete Leser stoßen bei dieser Formulierung sicher sofort auf das Problem: Was bedeutet das Zeichen Sigma ?

Hieran sehen wir, daß jede Formulierungstechnik, sei es eine natürliche Sprache wie Deutsch oder Englisch, derer wir uns täglich bedienen, oder eine Fachsprache, wie sie Juristen oder Mediziner verwenden, einer grundlegenden Definition bedarf. Diese speziellen Definitionsanforderungen machen es z.B. für einen Laien häufig sehr schwer, den Gehalt eines juristischen Textes zu verstehen. Jeder hat sicher schon einen Text gelesen, ohne auch nur eine vage Vorstellung davon bekommen zu haben, was der Autor mitteilen wollte. Dies liegt zum Großteil an einer bewußt in Kauf genommenen Vieldeutigkeit jeder natürlichen Sprache, die aber auch Interpretationen "zwischen den Zeilen" ermöglicht. **Bilde die Summe der Zahlen von 1 bis 100** macht von dieser sprachlichen Ungenauigkeit Gebrauch, denn es wird vorausgesetzt, daß jeder die natürlichen Zahlen darunter versteht. Bei der Umsetzung einer Aufgabenstellung

in eine algorithmische Beschreibung sind allerdings diese sprachlichen Ungenauigkeiten und Mehrdeutigkeiten unbedingt zu vermeiden. Dafür gibt es
prinzipiell zwei Wege:

Man reduziert den Sprachumfang
Diese Möglichkeit wird von allen prozeduralen Programmiersprachen genutzt.
Hier gibt es nur eine sehr begrenzte Zahl von Wörtern wie GOTO, IF, THEN
etc. zur Beschreibung des Algorithmus.

Man verwendet eindeutige Symbole
Diese zweite Möglichkeit ist aus der Mathematik, aber noch viel stärker aus
dem Straßenverkehr vertraut.

Abb. 1. Verkehrszeichen: An diese Zeichen hat sich bereits jeder ge-
wöhnt.

Falls der einmal definierte Symbolsatz zur Beschreibung eines Problems nicht
ausreicht, können weitere Symbole eingeführt werden. Man denke dabei nur
an die Einführung der Piktogramme anläßlich der Olympischen Spiele 1972 in
München.

Abb. 2. Piktogramme: Das Verstehen dieser Zeichen ist nur eine Frage
der Gewöhnung.

Selbstverständlich wären alle diese Symbole auch verbal beschreibbar. Dies
hätte jedoch einen unübersichtlichen Schilderwald nach sich gezogen, denn die
in den Piktogrammen enthaltenen Informationen müßten auch in anderen
Sprachen wie Englisch, Französisch etc. ausgedrückt werden.
Entsprechend kann man auch bei algorithmischen Problembeschreibungen
auf sprachliche Konstrukte wie IF, THEN, ELSE etc. verzichten und Symbole
für die Formulierungstechnik verwenden. Genau dieser Weg wird bei der Pro-

grammiersprache APL beschritten. Man definiert Symbole für eine Vielzahl von Elementarfunktionen und erhält so eine sehr kompakte Darstellungsform.

1. Definiere ein bestimmtes Symbol z.B ι (Jota) dadurch, daß
    ι 100 $\leftrightarrow$ 1 2 3 4 .... 100 bedeute.

    ι N = alle natürlichen Zahlen von 1 bis N

2. Um die Summe der Zahlen von 1 bis 100 zu bilden, muß zwischen alle diese Zahlen das Zeichen ″+″ für die Addition gesetzt und der sich ergebende Ausdruck berechnet werden.

In der bekannten Schreibweise der Mathematik könnten wir also formulieren:

$$\sum \iota\ 100$$

Zuvor müssen wir festlegen, daß das Zeichen ″SIGMA″ heißt: Setze das Zeichen ″+″ zwischen alle Elemente der rechts davon stehenden Zahlenfolge. Will man das Produkt dieser 100 Zahlen bestimmen, so könnte man schreiben:

$$\prod \iota\ 100$$

Auch hier müssen wir uns darauf verständigen, daß das Zeichen ″PI″ heißt: Setze das Zeichen ″×″ zwischen alle Elemente der rechts davon stehenden Zahlenfolge. Wie leicht zu sehen ist, bietet sich also eine neue Schreibweise an für: ″Setze ein Rechenzeichen zwischen alle Elemente einer Zahlenfolge″, z.B. +/ oder ×/. Wir legen also fest : ″F/....″ bedeutet:

Setze das links von ″/″ (Schrägstrich) stehende Zeichen zwischen alle Elemente der rechts von ″/″ stehenden Zahlenfolge und bestimme das Ergebnis, sofern möglich.

Die Summe der Zahlen von 1 bis 100 erhält man also durch:

    +/ι100

Entsprechend berechnet man das Produkt dieser Zahlen durch:

    ×/ι100

Soll von diesen 100 Zahlen jede Zahl durch die nachfolgende geteilt werden, so schreibt man:

    +/ι100

Dieses Beispiel zeigt, daß nur eine spezielle Formulierung verwendet wird, um eine Aufgabe zu beschreiben. Wir sagen nicht mehr, wie das gewünschte Ergebnis berechnet werden soll, geben also keinen Algorithmus an, anhand dessen ein Programmierer eine Umsetzung in eine Programmiersprache vornehmen kann. Bei dieser Formulierungstechnik handelt es sich im wesentlichen um die Beschreibung des Zieles und weniger des Weges, eine Tendenz, die sich auch in der zunehmenden Verbreitung von sogenannten 4th Generation Languages verfolgen läßt. Die Datenbanksprache SQL (Structured Query Language) ist hierfür ebenfalls ein gutes Beispiel, denn auch hier wird nur gesagt, allerdings in einer "natürlichen" Sprache, welche Daten man benötigt (mehr zu SQL in den folgenden Kapiteln).

Konventionelle Programmiersprachen wie BASIC, COBOL, PL/I etc. eignen sich denkbar schlecht für eine solche Beschreibung. Diese Sprachen besitzen so wenige Sprachelemente (Vokabeln), daß eine Aufgabenbeschreibung häufig nur über eine genaue Darstellung des Lösungsweges ermöglicht wird. Dieser Unterschied in der Vorgehensweise wird sicher am folgenden Beispiel sehr deutlich. Hier soll die Summe der gefahrenen Kilometer ermittelt werden.

```
              APL        BASIC
------------------------------------------------
Summe der     +/KM       for I = 1 to N
Kilometer                S = S + KM(I)
                         next I
```

Diese Gegenüberstellung zeigt, daß bei der Formulierung der Aufgabe in BASIC bereits der Lösungsweg angegeben wird. Eine solche Sprache wird man sicher nicht einsetzen, wenn nur die Aufgabe beschrieben werden soll und die eigentliche Programmierung zu einem späteren Zeitpunkt erfolgt. So werden auch für die Problembeschreibung gerne Formulierungstechniken gewählt, die ein Programmierer erst anschließend in eine der klassischen Programmiersprachen umsetzt. In diesem Zusammenhang spricht man auch häufig von sog. Pseudocode.

APL hingegen gestattet es, diese Aufgabenstellung sehr viel kürzer als die verbale Beschreibung "Summe der Kilometer" anzugeben. Die Formulierung in APL hat darüber hinaus noch den Vorteil, daß die Beschreibung als "+/KM" zusätzlich bereits die Lösung dieser Aufgabe beinhaltet. Während bei anderen Programmiersprachen immer ein Umsetzungsprozeß von der Aufgabenstellung zur Lösung stattfindet, genügt bei APL häufig bereits die Aufgabenbeschreibung ohne Angabe eines Algorithmus zu ihrem Aufbau, wie wir bei dieser Summenbildung sehen - dies gilt natürlich nur bei den einfacheren Beispielen. Ich werde daher auch bei den Programmbeispielen auf eine algorithmische Beschreibung der Programme in Form von Ablaufdiagrammen verzichten.

Halten wir fest: Die Programmiersprache APL ist unter anderem eine Formulierungstechnik, die es ermöglicht, die verschiedensten Aufgabenstellungen eindeutig zu beschreiben. Im Unterschied zu herkömmlichen Programmiersprachen bestehen die Sprachelemente hierfür aus Symbolen.Z.B.:

```
+    = addiere zwei Zahlen

×    = multipliziere zwei Zahlen

ιN   = bilde die Zahlenfolge von 1 bis N

o    = trigonometrische Funktion - 1oX ist SIN(X)

v    = Oder-Verknuepfung (boolsche Algebra)
```

```
⍋X  = bilde Sortierindex von X (Sortieren)

a/b = setze Zeichen "a" zwischen alle Elemente von "b"
```

Der Schrägstrich ist ein Operator, wie wir später noch sehen werden. Dagegen bezeichnen wir die Symbole +, ×, ι, etc. als Funktionen.

Entsprechend dieser Sprachstruktur bieten sich für die Anwendungsentwicklung mit APL auch andere Methoden und Vorgehensweisen an, als man von herkömmlichen prozeduralen Programmiersprachen gewohnt ist. Insbesondere im Bereich des Software Engineerings, bei dem der Design-Prozeß für die Erstellung der Anwendungsarchitektur im Vordergrund steht, ist es von großer Bedeutung, auf eine Sprache zurückgreifen zu können, bei der in vielen Fällen eine Beschreibung der Zielsetzung ausreicht. Gerade hier liegt eine der großen Stärken von APL, weil die zeitraubende Umsetzung einer eventuell guten Designidee in eine prozedurale Sprache zum großen Teil entfällt. Denn nur so wird man bereit sein, verschiedene Alternativen zu erproben, um schließlich zu einem optimalen Anwendungsdesign zu gelangen.

Ab Kapitel 3 werden die Möglichkeiten von APL für diesen Designprozeß dargestellt, und es wird gezeigt, wie sich die spezifische Sprachstruktur von APL auf die Architektur eines Anwendungssystems positiv auswirken kann. Für alle, die sich noch nicht eingehend mit APL bzw. APL2 befaßt haben, sollen noch einige weitere Sprachelemente behandelt werden, die zum Verständnis der hier behandelten Designideen erforderlich sind.

Lassen Sie uns die Berechnung der gefahrenen Kilometer etwas weiter verfolgen. Im obigen Beispiel verstanden wir unter der Variablen ″KM″ die Zahlenfolge der täglich gefahrenen Kilometer, also:

Datum	1.1.	2.1	3.1	4.1	....	30.12
gefahrene Kilometer	0	30	30	120		0

+/KM war somit die gesamte Kilometerleistung eines Jahres. Wie können aber der Variablen ″KM″ die gefahrenen Kilometer zugeordnet werden?

```
KM ← 0 30 30 120 .. 540 0
```

Wir wollen nun feststellen, wieviel Kilometer wir maximal an einem Tag gefahren sind.

Um diese Aufgabe zu beschreiben bzw. zu lösen, muß eine neue Funktion ″Maximum″ eingeführt werden, die die größere von zwei Zahlen bestimmt. Da wir uns bei der gesuchten Formulierungstechnik nicht an eine bestimmte Umgangssprache wie Deutsch oder Englisch anlehnen, sondern klare Symbole der Mathematik wie +, -, :, >,... verwenden wollen, führen wir das Zeichen ⌈ mit der folgenden Bedeutung ein:

a ⌈ b = die größere der Zahlen a und b.

```
3 ⌈ 7 = 7
8 ⌈ 2 = 8
```

Jetzt wenden wir dieses neue Symbol entsprechend der bereits behandelten Addition an. Wir erinnern uns: +/KM bedeutet: Setze das "+"-Zeichen zwischen alle Elemente der Zahlenfolge "KM" und ermittle so die Summe aller gefahrenen Kilometer. ⌈/ bedeutet somit: Setze das Zeichen ⌈ zwischen alle Elemente der Zahlenfolge KM und ermittle die größte Kilometerleistung eines Tages.Z.B.:

```
KM ← 30 27 180 5 0

⌈/KM  ↔    30      27      180      5   0
                                        ⌈
                           180   ⌈      5
                    27   ⌈ 180      180
            30   ⌈    180
            180
```

Entsprechend erhält man durch L/ die kleinste gefahrene Kilometerleistung eines Tages.

Die folgende Übersicht zeigt einige APL-Funktionen, die soeben behandelt wurden. Wir werden noch weitere Symbole, APL-Elementarfunktionen, kennenlernen, die jedoch erst im Zusammenhang mit ihrem Auftreten in den verschiedenen Funktionen erläutert werden.

```
A + B      Addition

A × B      Multiplikation

A ÷ B      Division

A - B      Subtraktion

A ⌈ B      Groessere der beiden Zahlen

A ⌊ B      Kleinere der beiden Zahlen

⌈ B        Aufrunden von B

⌊ B        Abrunden von B

ρ X        Dimensionen von X (Anzahl der Elemente im Vektor)

A ρ B      Strukturiere B entsprechend Vektor A (Reshape)

A ← B      Zuweisen des Wertes der Variablen B in Variable A

ι N        Alle ganzen Zahlen von 1 bis N

+/X        Summe des Vektors X

×/X        Produkt des Vektors X
```

Nach diesem kurzen Überblick über die APL-Elementarfunktionen soll nun die andere Seite von APL - **APL als Programmiersprache** - angesprochen werden.

1.2 Das Programm

Wie kann die Anweisung + / KM, also die Summe der täglich gefahrenen Kilometer, für eine spätere Verwendung gespeichert, d.h. in einem Programm zur Verfügung gestellt werden. Wie wird also in APL programmiert?
Überträgt man die Formulierungsmöglichkeiten der bisher behandelten APL-Funktionen sinngemäß auf eigene Programme (Funktionen), so benötigen sie zunächst einen Namen, z.B.

+ , × bei APL- Standardfunktionen

Entsprechend haben selbst entwickelte Funktionen einen Namen, z.B.

SUMME, MAL, DURCHSCHNITT etc.

APL Funktionen haben Argumente, z.B. :

```
3 + 4      ein linkes und ein rechtes Argument (DYADISCH)

ι 100      nur ein rechtes Argument (MONADISCH)
```

Entsprechend sollen auch unsere eigenen Programme Argumente haben:

```
3 MAL 5    ein linkes und ein rechtes Argument

SUMME KM   nur ein rechtes Argument
```

APL-Funktionen liefern Ergebnisse, die wir für die Weiterverarbeitung verwenden bzw.in einer Variablen speichern können:

```
3 + 4 + 5
```

4 + 5 liefert das Ergebnis für das rechte Argument von 3 +

```
S ← 3 + 4
```

Speichern der Summe der beiden Zahlen in der Variablen S

```
FOLGE ← ι 100
```

Der Variablen FOLGE wird das Ergebnis der Funktion ι, also die Zahlen von 1 bis 100, zugewiesen. Entsprechend sollen auch unsere eigenen Programme Ergebnisse für die Weiterverarbeitung liefern können.

1.3 Programmtypen

Es sollen nun die verschiedenen Programmtypen der Programmiersprache APL dargestellt werden.

1.3.1 Programme, die Ergebnisse liefern

Diese Programmtypen sind die bevorzugten Bausteine der Anwendungsentwicklung mit APL, weil sie Ergebnisse liefern, die von anderen Funktionen weiterverarbeitet werden können. Entsprechend der Anzahl der Parameterangaben beim Aufruf dieser Funktionen - genau wie bei den APL-Elementarfunktionen - unterscheidet man zwischen dyadischen (linkes und rechtes Argument), monadischen (nur ein rechtes Argument) und niladischen (keine Argumente) Funktionen. Sehen wir uns diese Programmtypen nun genauer an.

Die Funktion MAL hat ein rechtes und ein linkes Argument (X, Y) und liefert das Ergebnis Z. Ihr Kern, d.h. die Anweisungen innerhalb der Funktion, besteht aus der einzigen Zeile Z ← X × Y.

```
    ∇ Z ← X MAL Y
[1] A| Multipliziere Zahlen X und Y
[2] Z ← X × Y
    ∇
```

Abb. 3. Programm mit linkem und rechtem Argument

Mit dem Symbol "∇" wird eine Funktion begonnen und beendet, wobei die einzelnen Arbeitsschritte durch Zeilennummern fortlaufend numeriert werden. In den folgenden Kapiteln werden wir uns noch ausführlicher mit den verschiedensten Programmen auseinandersetzen. Hier steht dagegen nur der grundsätzliche Aufbau eines Programms zur Diskussion. Entsprechend dem **dyadischen** Programm definiert man ein Programm mit nur einem Argument, ein **monadisches** Programm:

```
    ∇ Z ← SUMME KM
[1] A| Bilde Summe von KM
[2] Z ← +/KM
    ∇
```

Abb. 4. Programm mit rechtem Argument

Hier einige Bemerkungen zu den verwendeten Variablennamen im Funktionsaufruf Z ← SUMME KM. Da Funktionen entweder ein rechtes und ein linkes Argument oder nur ein rechtes Argument haben können, muß unser Programm SUMME und nicht KM heißen. Das Programm KM hätte sonst nämlich nur ein linkes Argument.

Die verwendete Variable KM steht nur symbolisch für eine beliebige Variable. Man hätte genausogut X schreiben können, müßte sich dann jedoch innerhalb des Programms immer auf X statt auf KM beziehen. Dieses KM hat also nichts mit der Variablen KM zu tun, der wir im vorherigen Abschnitt die Folge der gefahrenen Kilometer zugewiesen haben. Die Verbindung zwischen diesen beiden Variablen wird erst hergestellt, sobald wir

SUMME KM

sagen, also das Programm SUMME mit dem rechten Argument KM aufrufen. Entsprechend deutet die Angabe Z← in der Definitionszeile der Funktion auch nur an, daß dieses Programm/Funktion ein Ergebnis produzieren soll, das wir weiterverwenden oder einer beliebigen Variablen zuweisen können, z.B.:

```
10 + SUMME KM

S ← SUMME KM
```

Innerhalb des Programms muß allerdings sichergestellt werden, daß der Variablen Z das gewünschte Ergebnis der Funktion zugewiesen wird.

Entsprechend definiert man auch Programme, die keine Argumente besitzen. Diese Programmtypen werden uns noch sehr häufig begegnen, da sie gerade für die Definition von Zeichenketten (Variablen) eine hohe Flexibilität liefern.

1.3.2 Programme ohne Argumente

Programme ohne Argumente, die aber Ergebnisse liefern, unterscheiden sich nur unwesentlich von Variablen. Wie wir noch sehen werden, können dadurch auch bei der Definition von Variablen veränderliche - d.h. erst durch die Programmstruktur definierte - Bestandteile mit aufgenommen werden. Gleichermaßen könnte aber auch in dem Programm KM die Variable Z erst durch Lesen der erforderlichen Daten von einem externen Datenbestand erzeugt werden. Dies bedeutet, daß in APL gerade für die "Definition" von Variablen eine weit über das normale Maß hinausgehende Flexibilität verfügbar ist.

```
    ∇ Z ← KM
[1] A| Programm fuer die gefahrenen Kilometer
[2] Z ← 120 300 0 150 605 ......
    ∇
```

Abb. 5. Programm ohne Argument

Diese Programme ohne Argumente werden uns bei den Datenbankfunktionen mit SQL wiederbegegnen.

1.3.3 Programme ohne explizite Ergebnisse

Während alle APL-Elementarfunktionen Ergebnisse erzeugen, die von anderen Funktionen weiterverarbeitet werden können, ist es möglich, eigene Funktionen auch so zu gestalten, daß kein unmittelbares Ergebnis erzeugt wird. Beispiele für derartige Programmtypen sind z.B. die Ausgabe einer Liste auf einem Drucker - hier gibt es kein Ergebnis, das man weiterverarbeiten könnte - oder die Transaktionsfunktionen, die wir in Kapitel 3 behandeln wollen.

```
    ∇ UE PRINT X
[1]   ⍝| Druckausgabe der Variablen  X
[2]   ⍝  UE = Ueberschrift
[3]   DSPRINT UE,[1]X  ⍝ Aufruf DSPRINT
    ∇
```

Abb. 6. Drucken auf einem Terminaldrucker über DSPRINT: Der Aufruf DSPRINT soll andeuten, daß hier DSPRINT mit einem rechten Argument aufgerufen wird.

In Kapitel 9 werden unter dem Stichwort Dokumentation weitere Einzelheiten angesprochen, die in Programmen zu beachten sind. Dieser erste Überblick über benutzerdefinierte Funktionen mag hier als grundsätzliche Einführung in APL-Programme genügen. Im übrigen verweise ich auf die entsprechenden Erläuterungen in den diversen APL-Handbüchern (siehe Literaturverzeichnis).

1.4 Variablen in APL

In den vorangehenden Beispielen wurden bereits einfache Variablen eingeführt. Hier soll nochmals zusammenfassend der Begriff Variable und seine Bedeutung in APL dargestellt werden.

Die Programmiersprache APL geht davon aus, daß sich zur Ausführungszeit einer Funktion alle benötigten Variablen im Arbeitsbereich befinden. Im Gegensatz zu anderen Programmiersprachen, z.B. BASIC, PL/I oder COBOL, ist allerdings die Trennung zwischen Programm und Variablen in vielen Fällen nicht so offensichtlich. Das folgende Beispiel für das GEHALT mag dies verdeutlichen:

```
GEHALT ← 1200 3000 4500 2000 ...
```

Durch diese Anweisung wird eine Variable GEHALT aufgebaut. Wenn man die Variable GEHALT durch Eingabe von "GEHALT" abfragt, so erhält man den entsprechenden Zahlenvektor. Nun könnte man diese Gehaltszahlen auch in Form eines Programms abspeichern:

```
    ∇ Z ← GEHALT
[1] ⍝ Der Gehaltsvektor
[2] Z ← 1200 3000 4500 2000 ...
    ∇
```

Die obige Definition des Gehalts ist offensichtlich ein Programm. Durch Eingabe von "GEHALT" erhält man den entsprechenden Zahlenvektor. Programme und Variablen stehen also gleichberechtigt nebeneinander. Dieses Verhalten erhöht die Flexibilität der Sprache APL sehr.

Zur Demonstration wird im folgenden Kapitel ein einfaches Beispiel für ein Personalinformationssystem behandelt. Bei einer solchen Anwendung hat man es natürlich mit einer Vielzahl von Variablen zu tun. Durch das hier angesprochene Verhalten von Variablen und Funktionen lassen sich jedoch leicht alle Variablen durch entsprechende Funktionen ersetzen, die z.B. die Daten aus einer externen Datenbank lesen. Wir werden von dieser Koexistenz Programm/Variable im Verlauf dieses Buches noch öfter Gebrauch machen.

Nun gibt es in APL, wie wir an der ersten Definition von GEHALT gesehen haben, auch echte Variablen. Diese Variablen, ihre Namensgebung und ihre verschiedenen Strukturen, sollen nun etwas genauer betrachtet werden.

1.4.1 Der Variablenname

Variablennamen können beliebig gewählt werden. Der Name muß allerdings mit einem alphanumerischen Zeichen beginnen. APL-Funktionen wie +, × etc. dürfen natürlich in dem Namen nicht vorkommen. Die erlaubte Namenslänge variiert bei den unterschiedlichen APL-Systemen. An dieser Stelle sei besonders darauf hingewiesen, daß bei APL für die Verwendung eines Namens weder eine spezielle Deklaration - z.B. die Variable ist numerisch - wie in konventionellen Programmiersprachen (COBOL, PL/I) noch eine Klassifizierung durch bestimmte Namensbestandteile (A$ ist in BASIC eine Charakter-Variable) erforderlich ist. Variablen können daher innerhalb einer Anwendung ihren Typ ändern. Es ist also sehr wohl möglich, daß die Variable I zu einem Zeitpunkt eine Laufvariable für eine Programmschleife, zu einem anderen Zeitpunkt eine alphanumerische Variable, z.B. einen Namen, darstellt.

Im Interesse einer klaren Strukturierung und Dokumentation eines Anwendungssystems ist jedoch bei der Namensvergabe darauf zu achten, daß der Variablentyp innerhalb einer Anwendung erhalten bleibt. So stellen Variablen I, J etc. immer ganzzahlige Laufvariablen dar, X, Y etc. Parameter im Aufruf von Funktionen, und alle übrigen Variablen verweisen durch einen sprechenden Namen auf ihren Typ (z.B. NAME).

1.4.2 Variablentypen

Wir unterscheiden zunächst zwischen numerischen und alphanumerischen Variablen. Beide Variablentypen können in beliebigen Strukturen vorkommen:

Einfache numerische Variable (Skalare)

```
N ← 1200
```

Ein numerischer Zahlenvektor

```
N ← 1 2 3 4 5
```

Eine numerische Matrix

```
      1 2 3
N ←   4 5 6
      7 8 9
```

Diese Matrix wird durch die APL-Anweisung

```
N ← 3 3 ρ 1 2 3 4 5 6 7 8 9
```

erzeugt. Entsprechend können auch n-dimensionale Matrizen aufgebaut werden.

Einfache alphanumerische Variable (Skalare)

```
C ← 'A'
```

Ein alphanumerischer Vektor

```
C ← 'ABCDEFG'
```

Eine alphanumerische Matrix

```
      ABC
C ←   DEF
      GHI
```

Diese Matrix wird durch die APL-Anweisung

```
C ← 3 3 ρ 'ABCDEFGHI'
```

aufgebaut. Entsprechend können auch n-dimensionale Strukturen (n = 3 ist ein Würfel) erzeugt werden.

Die geschachtelte Variable

Wir haben soeben einfache APL-Variablen, z.B. Vektoren und Matrizen (Tabellen), gesehen. Eine Tabelle wollen wir uns hierbei als Rechteckmuster vorstellen, dessen einzelne Felder aus Zahlen oder Buchstaben bestehen, z.B.:

```
 1  2  3            MEIER
 4  5  6    oder    MUELLER
 7  8  9            SCHULZ
10 11 12            SCHMITT

numerische Tabelle    alpha. Tabelle
```

Entsprechend kennen wir den Vektor, der ebenfalls aus Zahlen oder Buchstaben bestehen kann. So ist z.B. der Text 'ABCDEFG' ein Buchstaben- oder Charakter-Vektor.

Wollte man nun meine Anschrift einer Variablen zuordnen, so könnte dies in der Form:

```
ANSCHRIFT ← 'Dieter Wagner 5480 Remagen'
```

geschehen. Wir hätten damit einen Charakter-Vektor, der aus 26 Zeichen besteht. Sicher ist dies jedoch nicht die angemessene Vorstellung von einer Anschrift. Die Anschrift ist, wie wir sehen, aus vier unterschiedlichen Elementen (Name, Vorname, PLZ und Ort) aufgebaut. Bei der Zuordnung dieser Anschrift zu einer Variablen sollte diese Struktur ebenfalls erhalten bleiben. Gemäß der folgenden Darstellung möchte ich die Anschrift also als einen Vektor betrachten, der aus vier Elementen besteht.

```
.→-------.  .→-------.          .→--------.
| Dieter |  | Wagner |  5480    | Remagen |
'--------'  '--------'          '---------'
```

Die einzelnen Elemente dieses Vektors (dies soll durch die Einrahmungen angedeutet werden) bestehen nicht nur aus Skalaren, sondern stellen selbst wieder Vektoren dar. Eine derartige Variable nennt man in APL2 geschachtelt (nested Array). Die folgende Matrix besteht somit aus 3 Zeilen und 3 Spalten, wobei jedoch die einzelnen Elemente dieser Matrix selbst aus Vektoren bzw. Zahlen bestehen.

```
.→------.        .→--------.
|Wagner |  5480  | Remagen |
'-------'        '---------'

.→------.        .→----------.
|Meier  |  7000  | Stuttgart |
'-------'        '-----------'

.→-----.        .→--------.
|Braun  |  2000  | Hamburg |
'-------'        '---------'
```

Eine geschachtelte Variable ("nested Array") ist also eine Variable, die aus unterschiedlichen Variablentypen zusammengesetzt sein kann. Bei diesen Variablen handelt es sich um Strukturen, deren einzelne Elemente nicht einfach, d.h. eine Zahl oder ein Buchstabe sind, sondern die selbst aus mehreren Elementen zusammengesetzt sind.

So enthält die Variable 'Hans' 'Steckenpferd' 5300 'Bonn' vier Elemente, wobei das dritte Element eine Zahl (also einfach) und die übrigen Elemente Zeichenvektoren unterschiedlicher Länge sind. Nun dürfen die einzelnen Elemente in einer derartigen geschachtelten Variablen auch aus komplexeren Strukturen bestehen. So könnte der Name, also das zweite Element in der Anschrift, aus dem Vektor des Familien- und des Geburtsnamens bestehen. Man müßte diese beiden Namen allerdings dann als ein einziges Element auffassen und den Vektor dafür "einpacken". Irgendwann wird das dann allerdings etwas unübersichtlich. Da wir uns hier aber nur mit kommerziellen Anwendungsbeispielen beschäftigen werden, genügt zum Verständnis dieser Art Variablen das aufgeführte Beispiel.

Eine geschachtelte Variable ("nested Array") ist eine Variable, z.B. Matrix oder Vektor, deren einzelne Elemente nicht nur aus Skalaren, sondern auch aus beliebigen Strukturen (z.B. wiederum einem Vektor) bestehen dürfen.

Im Zusammenhang mit relationalen Datenbanken werden wir wieder auf diese "nested Arrays" stoßen.

Will man ein einzelnes Element herausgreifen, in einer Anschrift z.B. den Namen, so wird hierfür eine Indizierung der einzelnen Elemente benötigt. Falls die Anschrift in der Variablen ANSCHRIFT gespeichert ist, ergibt AN-SCHRIFT[2] den Namen. Entsprechend wird in einer Tabelle durch TABEL-LE[1;2] indiziert, wobei sich der erste Index auf die Zeile und der zweite auf die Spalte bezieht. Soll an einer Position ein aus mehreren Elementen bestehendes Objekt, z.B. der Name, geändert werden, muß dieses Objekt vor der Zuweisung "eingepackt" werden. Man will dieses Objekt ja wie ein Paket als ein Element verstanden wissen. Dieses "Einpacken" erfolgt in APL2 mit ⊂'Na-me'. Der Name in der Anschrift kann somit über

```
ANSCHRIFT[2]←⊂'MEIER'
```

geändert werden.

Genauso erhält man beim Herausgreifen eines Elementes durch Indizierung auch immer das eingepackte Objekt. Falls man nun auf einzelne Buchstaben des Namens zugreifen möchte, ist dieses Element zunächst mit ⊃ANSCHRIFT[4] auszupacken, wodurch man wieder einen ganz normalen Charakter-Vektor erhält. Für dieses Herausgreifen inklusive Auspacken gibt es in APL2 verschiedene Möglichkeiten. Empfehlenswert ist die Schreibweise:

```
4⊃ANSCHRIFT
```

Hierbei kommt im Gegensatz zu der vorherigen Formulierung nur eine APL2-Funktion zum Einsatz.

Objekte sind allerdings nur dann einzupacken, wenn es aufgrund der logischen Struktur auch unbedingt erforderlich ist. Eine Anschrift ist somit immer als "nested Array" mit eingepackten Elementen zu verstehen, ein Name immer als einfacher Charakter-Vektor. Falls Sie dieses Grundprinzip einmal nicht einhalten sollten, werden Sie in der Programmierung immer auf große Unsicherheit stoßen, da Sie nie genau wissen, ob eine Variable eingepackt ist oder nicht. Also:

Immer nur dort geschachtelte Variablen verwenden, wo dies infolge der internen Struktur der Daten auch erforderlich ist.

Die Beachtung dieser Regel hat übrigens noch weitere Auswirkungen. Daß bei der internen Darstellung einer geschachtelten Variablen alle Strukturinformationen dieses Objektes ebenfalls gespeichert werden müssen, zieht einen größeren Speicherbedarf nach sich, was sich zumindest bei einem PC nachteilig auswirken kann. Darüber hinaus ist die Verarbeitung von normalen Variablen - also nicht geschachtelt - geringfügig schneller, man sollte also zwecks optimaler Performance auch hierfür die obige Regel beachten.

1.5 IDIOME in APL

Wir haben bisher einige Grundrechenarten in APL kennengelernt. Nun besteht
die Mächtigkeit von APL darin, daß man eine große Zahl sogenannter Ele-
mentaroperationen miteinander kombinieren kann, um spezielle Probleme zu
lösen. Diese Kombination von Elementarfunktionen zu Funktionsketten trägt
APL häufig den Vorwurf ein, "nicht lesbar" zu sein. Nun, unlesbare Programme
kann man sicher in jeder Sprache schreiben, und es ist eine Frage der Selbst-
disziplin, ob die eigenen Programme lesbar bleiben.

Mit zunehmender Erfahrung wird der Programmierer feststellen, daß bestimmte Kombinationen immer wiederkehren. So haben wir z.B. die Summe
durch $+/X$ berechnet. Den größten Wert eines Zahlenvektors können wir
durch $\lceil/V$ bestimmen etc. Ein solche Kombination von APL-Elementarfunktionen wollen wir IDIOM nennen. Bereits nach kurzer Zeit werden Sie sich einen eigenen Satz von Idioms angeeignet haben und die Bedeutung eines derartigen Idioms umittelbar erkennen. Ich möchte an dieser Stelle einige typische
Idioms und APL-Anweisungen vorstellen, die bei der Realisierung von kommerziellen Systemen immer wieder vorkommen. Man könnte fast sagen: Mehr
braucht man nicht.

Prüfen gegen Tabelle

```
M ∧.= V
```

Dieses Idiom prüft, ob der Vektor V in einer Zeile der Matrix M vorkommt.
Das Ergebnis ist der logische Vektor über die Zeilen, wobei dort eine 1 steht,
wo V in M vorkommt. Vektor und Matrix müssen allerdings gleich breit sein,
d.h., die Länge von V entspricht der Anzahl der Elemente in den Zeilen der
Matrix M.

Sortieren einer Zahlenmatrix

```
M[⍋M[;1];]
```

Dieses Idiom sortiert die Matrix entlang der ersten Spalte. ⍋ erzeugt den
Sortierindex eines numerischen Vektors. Dadurch wird die Matrix M mit der
richtigen Sortierung indiziert. Gleichermaßen kann diese Funktion auch für
alphanumerische Sortierung - dann aber mit dem Sortiervektor als linkes Argument - verwendet werden.

Entferne doppelte Elemente aus einem Vektor

```
((V⍳V)=⍳⍴V)/V
```

Entfernt doppelte Elemente im Zahlen- oder geschachtelten Vektor V.

Sorge dafür, daß ein Objekt zu einer Matrix wird

```
(¯2↑1 1,⍴X)⍴X
```

Unabhängig von der Struktur von X ist das Ergebnis immer eine Matrix.

Prüfen auf numerisch

```
0  ≠  1↑0ρX
```

Ergebnis ist 0 für numerische Variablen, 1 für alphanumerische Variablen.

Die Verzweigung im Programm

Falls der Programmablauf durch unterschiedliche Eingabedaten gesteuert werden soll, sind innerhalb eines Programms Verzweigungen erforderlich. Diese Verzweigungen können in vielfältiger Weise kodiert werden. Als Name des Labels sollte immer ein eindeutig erkennbarer Name verwendet werden. Ich benutze gerne ΔLn.

Schreiben Sie allerdings immer wie folgt:

```
→((Bedingung1),(Bedingung2),..)/ΔL1,ΔL2
```

Alternative Verzweigungen

```
→(Bedingung)↑ΔL1
```

Verzweigt zu Label L1, falls die Bedingung erfüllt ist.

```
→(Bedingung)↓ΔL1,ΔL2
```

Verzweigt zu L2, wenn die Bedingung erfüllt ist, sonst Verzweigung zu L1.

Vermeiden Sie alle anderen Arten der Verzweigungskodierung. Das mag manchmal zwar sehr elegant aussehen, der unerfahrene Programmierer wird jedoch in den seltensten Fällen verstehen, wie solche Verzweigungen funktionieren.

Verzweigen mit Execute Alternate

```
'→ΔF1'  ⎕EA  '→(X∈1 2 3)/ΔL2'
```

Diese Art der Verzweigung ist manchmal ganz praktisch, da fehlerhafte Bedingungen nicht unbedingt geprüft werden müssen (z.B. X ist kein numerischer Wert). Diese Technik aber bitte nicht übertreiben.

Zuweisen aus einem geschachtelten Vektor

```
(VAR1 VAR2 VAR3)←X
```

Die Variablen VAR1 - VAR3 werden aus dem geschachtelten Vektor aufgebaut. Die Ergebnisvariablen sind nicht eingepackt. Die Variable X muß hierfür aus genau drei eingepackten Elementen bestehen.

Prüfen einer Zeichenkette

```
1∊'ABC' ⊆   ⌹,X
```

Es wird geprüft, ob die Zeichenkette "ABC" in der Variablen X (einfach oder geschachtelt) vorkommt.

Entferne Leerzeichen aus einem Vektor

```
Z←Z ~ ' '
```

Aus dem Vektor Z werden alle Leerzeichen entfernt. Entsprechend können beliebige Zeichen aus einem Vektor entfernt werden.

Ersetzen von Zeichen

```
((Z='X')/Z)←'A'
```

In der Zeichenkette Z wird der Buchstabe X durch an A ersetzt. So können z.B. Kleinbuchstaben in Großbuchstaben umgeschlüsselt werden.

2. Erstellung eines Personal-Informationssystems

Dieses Beispiel soll veranschaulichen, wie APL-Funktionen realisiert werden, um einen einheitlichen Satz von miteinander kombinierbaren Programmen - etwa in Form einer natürlichen Sprache - zu erhalten. Es läßt sich sehr leicht auf andere Aufgabenstellungen übertragen, und ein APL-Programmierer sollte immer in der Lage sein, dieses Beispiel für eine APL-Demonstration "ohne Anleitung" zu verwenden.

Wir nehmen an, ein Personal-Informationssystem sei zu erstellen. Zwei Fragen müssen wir uns beim Start jeder Projektarbeit - so auch bei dieser stellen.

Was ist das Projektziel ?

Diese Fragestellung scheint trivial zu sein, in der Praxis erlebt man es jedoch immer wieder, daß entweder das Projektziel nicht endgültig und klar definierbar ist oder nur eine globale Vorstellung wie "Ich benötige ein integriertes Personal-System" vorliegt.

Welche Daten habe ich, und welche Daten benötige ich für das Projekt?

Mit einiger Erfahrung wird man meistens zumindest eine erste pragmatische Zusammenstellung der benötigten Daten erhalten. Für unser Beispiel benötigen wir sicher das GEHALT. Beginnen wir also mit der Variablen GEHALT, und versuchen wir, unter diesem Namen die Gehälter unserer Mitarbeiter zu speichern. Wir wissen ja:

```
GEHALT ← 3500 3700 2000 .....
```

Bei einer angenommenen Mitarbeiterzahl von 100 ist dies ein etwas aufwendiges Verfahren. Wir liegen jedoch richtig, wenn wir in APL passende Funktionen für die Erzeugung derartiger Zufallszahlen vermuten. Durch welches Symbol könnte eine Zufallszahl erzeugt werden - "?" liegt sicher nahe. Aber wie wird das "?" verwendet? Wir haben gelernt, daß jede Funktion ein rechtes und wahlweise ein linkes Argument besitzen kann. Also versuchen wir:

```
      ? 100
57

      ? 100
71
```

Wir erhalten zufällige Zahlen zwischen 1 und 100. Da aber 100 Zufallszahlen benötigt werden, erinnern wir uns:

```
     3 + 1 3 5 2
 4 6 8 5
```

Alle APL Funktionen lassen sich auf beliebige Strukturen anwenden, sofern dies sinnvoll definierbar ist. Also geht auch:

```
     ? 100 100 100 100 100
 24 19 87 77 2
```

Unser Eingangsproblem ist hiermit zwar noch nicht gelöst, aber einfacher geworden. Wir müssen jetzt nur überlegen, wie wir hundertmal die Zahl 100 erzeugen. Diese Vorgehensweise, ein kompliziert erscheinendes Problem stufenweise zu reduzieren und damit lösbar zu machen, wird uns im folgenden noch öfter begegnen.

Genau für diese Fragestellung - Erzeugung von Strukturen - steht in APL die Funktion ρ (Rho) zur Verfügung. Diese Funktion, Shape or Reshape genannt, erzeugt Strukturen oder liefert die Struktur (Dimension) einer Variablen. Hier einige Beispiele:

```
        5 ρ 100          liefert 5 mal die Zahl 100
100 100 100 100 100


        10 ρ 2           liefert 10 mal die Zahl 2
2 2 2 2 2 2 2 2 2 2


      2 3 ρ 1 2 3 4      liefert eine Matrix mit 2 Zeilen
1 2 3                    und 3 Spalten
4 1 2
```

Entsprechend erhalten wir:

```
A ← 1 2 3 4 5 3 2
    ρ A                 der Rang (hier Anzahl Elemente)
7                       einer Variablen
```

Damit können wir nun unser gewünschtes Gehalt erzeugen:

```
GEHALT ← ? 100 ρ 5000
```

Sehen wir uns diese Gehälter an.

2300 1200 4000 120 4500 1000 3 72 ...

Die Gehälter liegen also alle zwischen 1 DM und 5000 DM.

Aber das haben wir doch auch schon gelernt:

```
        L/ GEHALT
  2

        Γ/ GEHALT
5000
```

Da uns Gehälter unter 1000 DM nicht sinnvoll erscheinen, wollen wir die Gehälter so erzeugen, daß sie zwischen 1000 und 5000 DM liegen. Die Aufgaben lautet jetzt also: **Erzeuge 100 zufällige Zahlen zwischen 1000 und 5000.** Ohne die obige Vorarbeit sicher keine ganz leichte Aufgabe. Jetzt aber:

```
    GEHALT ← ? 100 ρ 4000
```

sind Gehälter zwischen 1 DM und 4000 DM.

```
    GEHALT ← GEHALT + 1000
```

Wir addieren zu jedem Gehalt 1000 DM und erhalten das gewünschte Ergebnis. Bevor wir die weiteren Daten für unser Personalbeispiel erzeugen, hier einige erste sinnvolle Auswertungen. Da wir bisher nur das Gehalt als Abfragebegriff zur Verfügung haben, können natürlich nur Fragen bez. des Gehaltes beantwortet werden. Also etwa wie folgt:

1. Wieviel Gehalt muß insgesamt gezahlt werden?

2. Wie hoch ist das größte (kleinste) Gehalt?

3. Wie viele Mitarbeiter verdienen mehr als 3000 DM?

4. Wie viele Mitarbeiter verdienen zwischen 2000 und 3000 DM?

5. ???

2.1 Eine quasinatürliche Abfragesprache

Wir wollen jetzt versuchen, diese Fragen mit APL zu beantworten. Ich möchte zeigen, daß die Programmiersprache APL Formulierungsmöglichkeiten enthält, die es auf einfache Art erlauben, eine Endbenutzersprache zu entwickeln, mit der diese Fragen beantwortet werden können.

Beginnen wir mit Frage 1:

```
      + / GEHALT
3430947
```

Der Anwender eines derartigen Personalsystems würde jedoch die Formulierung SUMME GEHALT vorziehen.

Also schreiben wir unser erstes Programm in diesem Beispiel:

```
    ∇ Z ← SUMME  X
[1] ⍝ Bestimme die Summe des Vektors X
[2] Z ← +/X
    ∇
```

Und ab sofort können wir sagen:

```
    SUMME GEHALT
3430947
```

Wie wir hier sehen, können in APL eigene Definitionen vorgenommen werden, die genauso wie die APL-Elementarfunktionen verwendet werden können. Auf diese Weise können alle Elementarfunktionen (z.B. +/) durch Wörter (z.B. SUMME) ersetzt werden. Im folgenden soll gezeigt werden, wie durch geschickte Auswahl dieser Wörter ein komplettes Abfragesystem in quasi-natürlicher Sprache realisiert werden kann.

Kommen wir nun zu Frage 2:

Wie hoch ist das minimale bzw. maximale Gehalt ?

```
    ⌈/ GEHALT        das maximale Gehalt
4900
```

Der Anwender eines derartigen Personalsystems würde jedoch die folgende Formulierung vorziehen:

```
    MAX GEHALT
```

Wir sehen, daß auch unser zweites Programm mit einem rechten Argument aufgerufen werden muß.

```
    ∇ Z ← MAX X
[1] ⍝ Bestimme den maximalen Wert des Vektors X
[2] Z ← ⌈/X
    ∇
```

Und ab sofort können wir sagen:

```
    MAX GEHALT
4900
```

Entsprechend definieren wir auch die Funktion MIN.

```
    ∇ Z ← MIN X
[1] ⍝ Bestimme den kleinsten Wert des Vektors X
[2] Z ← ⌊/ X
    ∇
```

Unsere natürliche Abfragesprache besteht nunmehr aus vier Begriffen, die wir völlig frei verwenden können. Mit diesem Satz von Funktionen lassen sich bereits verschiedene Fragestellungen beantworten, z.B. :

Wie hoch ist das kleinste Gehalt?

```
        MIN GEHALT
  1002
```

Wie viele Mitarbeiter verdienen mehr als 3000 DM?

```
        SUMME GEHALT > 3000
   61
```

Wie viele Mitarbeiter verdienen weniger als 2000 DM?

```
        SUMME GEHALT < 2000
   25
```

Wir wollen nochmals analysieren, warum wir dieses Ergebnis erhalten.

```
        GEHALT > 3000
   0 1 1 0 1 1 1 0 1 ...
```

Die einzige sinnvolle Interpretation dieses Vergleiches kann sein: Vergleiche jedes Gehalt mit dem Wert 3000. Als Ergebnis kann man natürlich nur die Aussage "wahr" (das Gehalt ist > 3000) oder "falsch" (das Gehalt ist nicht größer als 3000) erwarten. Entsprechend können wir auch das Ergebnis dieses Vergleiches nur als "1 = wahr" , "0 = falsch" interpretieren. Wendet man auf diesen Vektor die Funktion SUMME (+ /) an, so zählen wir die "1" und erhalten die Anzahl, für die dieser Vergleich zutrifft.

Um diesen Lösungsansatz herkömmlichen Programmiersprachen gegenüberzustellen, möchte ich kurz auf die Lösung dieser Aufgabe mit BASIC eingehen. Wie Sie sehen, verwende ich zur Veranschaulichung des Programmablaufes ein Flußdiagramm, das durch die aufgezeigte Blockbildung die Interpretation der einzelnen BASIC-Anweisungen erleichtern soll. Die einzelnen BASIC-Anweisungen brauche ich hierbei sicher nicht zu erläutern, da BASIC ja - wie die meisten Programmiersprachen - die englische Sprache auf der Anweisungsebene benutzt. Hier betrachtet man das Problem nicht gesamtheitlich, sondern erzeugt das Ergebnis in einer Schleife durch Vergleich der Einzelwerte. Wie man leicht sieht, erzeugt diese Betrachtungsweise einige zusätzliche Probleme.

1. Wir müssen wissen, wie viele Gehälter mit der Zahl 3000 verglichen werden sollen. Falls sich die Anzahl der Gehälter ändert, muß das Programm geändert werden.

2. Wir müssen wissen, mit welcher Zahl die Gehälter verglichen werden sollen. Falls sich dieser Vergleichswert ändert, muß das Programm geändert werden.

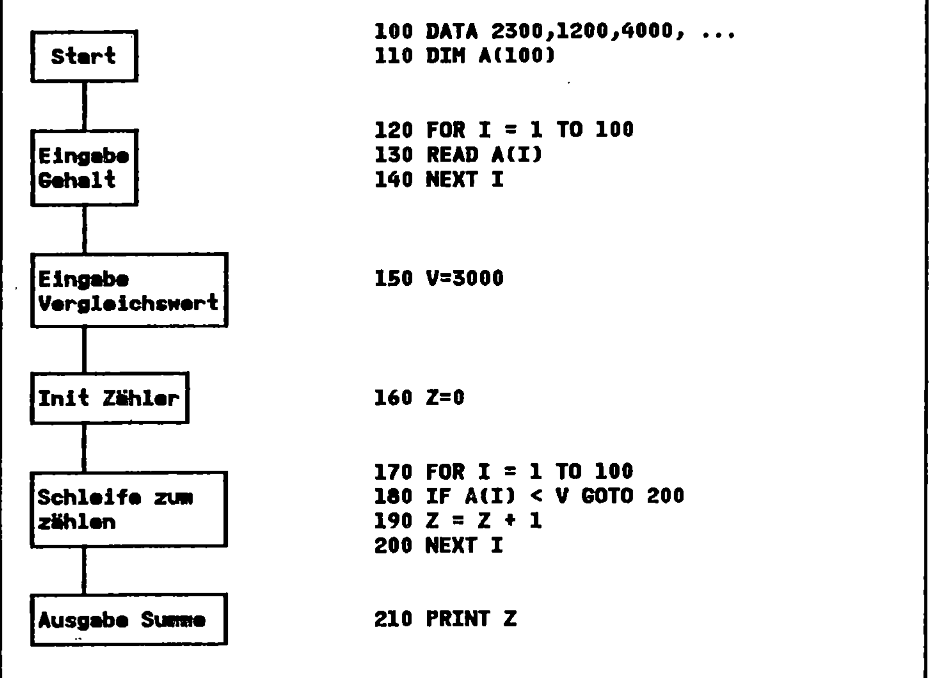

Abb. 7. BASIC-Programm: Bestimmung der Werte, die größer als der vorgegebene Wert sind.

Darüber hinaus verdecken die 12 Anweisungszeilen, die für die Behandlung dieses Problems erforderlich sind, die zugrunde liegende Fragestellung

"ANZAHL GEHALT > 3000".

Dies insbesondere deswegen, weil eine derartige Schleifenprogrammierung bei sehr unterschiedlichen Fragestellungen wie Summierung, Sortierung etc. erforderlich ist. Daher ist bei einer herkömmlichen Programmierung ganz besonders auf eine gründliche Dokumentation der Programme zu achten. Dies gilt natürlich gleichermaßen bei APL, die Dokumentation setzt jedoch auf einer höheren Ebene ein, da eine Dokumentation der Anweisung + /GEHALT > 3000 sicherlich nicht erforderlich ist.

Kommen wir nun zu unserer nächsten Frage:

Wie viele Mitarbeiter verdienen zwischen 2000 und 3000 DM? Zunächst muß diese Bedingung in ihre Einzelbestandteile zerlegt werden. Aus der Fragestellung ergeben sich unmittelbar die beiden Bedingungen:

Das Gehalt muß größer oder gleich 2000 DM sein, und
das Gehalt muß kleiner oder gleich 3000 DM sein, also:

```
(GEHALT ≥ 2000) ∧   (GEHALT ≤ 3000)
```

Sehen wir uns diese beiden Bedingungen in APL an:

```
        GEHALT > 2000
0 1 1 0 1 1 1 1 0 1 1 1 1 ...
```

```
        GEHALT < 3000
1 0 1 1 0 0 1 1 1 0 0 0 1 ...
```

Da alle APL-Funktionen auch auf Strukturen - in diesem Fall einen Vektor -
angewendet werden können, lassen sich diese logischen Vektoren (nur aus 0 und
1 bestehend) mit "∧" verknüpfen, und wir erhalten:

```
0 0 1 0 0 0 1 1 0 0 0 0 1 ...
```

Es handelt sich also um einen Vektor, der dort eine 1 hat, wo beide Bedingungen zutreffen. Wir formulieren daher unsere Frage:

```
SUMME (GEHALT ≥ 2000) ∧ (GEHALT  ≤3000)
```

Ich möchte auch diese Bedingung in einer natürlichen Sprache formulieren.
Bevor wir zur Programmierung (ist das bereits ein PROGRAMM?) schreiten,
müssen wir uns darüber klar werden, wie diese Bedingung formuliert werden
soll. Ich glaube, eine gute Wahl wäre:

```
GEHALT ZWISCHEN 2000 3000
```

oder auch

```
GEHALT ZWISCHEN 2000 UND 3000
```

Analysieren wir die erste Formulierung: Wir sehen, daß unser geplantes Programm ZWISCHEN zwei Argumente benötigt. Das linke Argument ist GE-
HALT oder ein sonstiger beliebiger Vektor, der dieser Prüfung unterworfen
werden soll. Das rechte Argument ist ebenfalls ein Vektor, der aus zwei Zahlen
besteht: Das erste erste Element stellt die Untergrenze dar, das zweite Element
die Obergrenze. Weiterhin muß das Programm ein Ergebnis produzieren; wir
wollen ja auf das Ergebnis die Funktion SUMME anwenden.

Also schreiben wir:

```
   ∇ Z ← X ZWISCHEN Y
 [1] A Pruefen, ob die Werte in X zwischen Y[1] und Y[2]
 [2] Z ←(X ≥ Y[1]) ∧ (X ≤ Y[2])
   ∇
```

Y[1] bedeutet hier eine Indizierung. Die eckige Klammer wird verwendet, um einzelne Elemente aus einer Struktur anzusprechen. Aus formalen Gründen und für eine einfachere Lesbarkeit wird zwischen "[,]" und "(,)" für die Indizierung und die logische Zusammenfassung unterschieden.

Unsere Abfragesprache besteht jetzt aus einem weiteren Sprachelement, über das wir frei verfügen können. Hier einige gültige Formulierungen:

SUMME GEHALT ZWISCHEN 2000 3000

SUMME GEHALT > 3000

SUMME GEHALT ZWISCHEN 0 2000

Wir interessieren uns nun für das tatsächliche Gehalt, das größer als 3000 DM ist. Wir wissen ja bereits:

GEHALT
2100 1500 3250 3100 4000 3001 2720 ...

und
GEHALT > 3000
0 0 1 1 1 1 0 ...

Es sind also alle diejenigen Gehälter auszuwählen, die auf eine "1" treffen. Gehälter, die auf eine "0" treffen, erfüllen nicht die geforderte Bedingung. Dies kann man sich auch so vorstellen, daß das BIT-Muster, also der logische Vektor, über den GEHALTS-Vektor gelegt werden muß. Hierbei sollten wie bei einem Sieb die Zahlen durchfallen, die auf eine "0" stoßen.
Sicher wird es in APL hierfür eine Funktion geben. Erinnern wir uns an den "/". Wir haben diesen Schrägstrich in Verbindung mit der Funktion "+" kennengelernt. "Setze das + - Zeichen zwischen alle Elemente des Vektors" war meine Erklärung. Ich hätte auch sagen können:

Reduziere den Vektor mit der Funktion +   (z.B. +/1 2 3 4)

Und hier sind wir schon kurz vor dem Ziel. Der "/" kann nämlich auf zwei unterschiedliche Arten eine Reduktion durchführen. Mit einer Funktion als linkem Argument wird diese Funktion für die Reduktion verwendet (die Funktion muß natürlich nach dem Prinzip verfahren: Aus zwei mach eins, wie das bei "+" der Fall ist). Die Reduktion wird dadurch erreicht, daß diese Funktion zwischen alle Elemente des rechts stehenden Vektors gesetzt wird. Mit einem logischen Vektor als linkem Argument bedeutet der Schrägstrich unser gesuchtes "Sieb". Also:

```
        1 0 1 1 0 / 1 2 3 4 5
  1 3 4

        0 1 1 0 1 / 1 2 3 4 5
  2 3 5

        0 0 0 0 1 / 1 2 3 4 5
  5
```

Wie erhält man aber die Gehälter, die größer als 3000 DM sind? Ganz einfach, wir sagen nur:

        (GEHALT > 3000)/GEHALT

Sie wissen natürlich, was jetzt kommt. Auch dies soll in einer "normalen" Sprache gesagt werden können. Für welche Formulierung entscheiden wir uns jedoch? Mein Vorschlag lautet:

        GEHALT MIT GEHALT > 3000

Ich glaube, mit einer derartigen Formulierung ließe sich arbeiten. Sicher könnten auch andere Ausdrücke gewählt werden, z.B. in der Art:

        GEHALT GROESSER 3000

Die Funktion GROESSER findet hier bereits die gesuchten Werte. Es wäre dann natürlich eine Funktion ANZAHL erforderlich, die die Anzahl der ausgewählten Gehälter liefert. Versuchen Sie einmal, die obigen Funktionen entsprechend umzustellen. Sie werden sehen, das geht ganz einfach.
    Betrachten wir aber unseren Lösungsansatz weiter: Die gesuchte Funktion MIT hat wieder ein linkes und ein rechtes Argument. Sie ist darüber hinaus recht einfach, denn sie muß nur die beiden Argumente vertauschen. Also schreiben wir:

```
    ∇ Z ← X MIT Y
[1] ⍝ Werte aus Vektor X mit Bedingung Y
[2] Z ← Y/X
    ∇
```

Und damit haben wir dieses erste Beispiel für ein Anwendungssystem fast abgeschlossen. Unser Personalinformationssystem erlaubt eine Vielzahl unterschiedlicher Fragen:

        SUMME GEHALT > 3000

        SUMME GEHALT ZWISCHEN 2000 3000

        GEHALT MIT GEHALT > 2000

        MAX GEHALT

        SUMME GEHALT MIT GEHALT < 3000

GEHALT MIT GEHALT ZWISCHEN 2000 4000

Mit einer Funktion UND könnte dies auch anders formuliert werden!

GEHALT MIT GEHALT ZWISCHEN 2000 UND 4000

usw.

Bevor wir dieses Beispiel abschließen, fügen wir noch eine einfache statistische Funktion unserem Informationssystem hinzu: Die Berechnung des durchschnittlichen Wertes einer Zahlenfolge. Damit können wir auch weitergehende Analysen mit diesem Spielbestand durchführen können.

```
    ∇ Z ← DURCHSCHNITT X
 [1] ⍝ Berechnung des Mittelwertes des Vektors X
 [2] Z ← (+/X) + ⍴ X
    ∇
```

oder auch:

```
 [2] Z ← (SUMME X) + ANZAHL X
```

wobei:

```
    ∇ Z ←   ANZAHL X
 [1] ⍝ Anzahl der Elemente des Vektors X
 [2] Z ← ⍴ X
    ∇
```

Definieren wir noch einige weitere Daten unserer Mitarbeiter:

```
    KINDER ← (?100⍴4)-1
```

(1 wird abgezogen - es gibt auch Mitarbeiter ohne Kinder.)

```
    FAMST  ← (?100⍴2)-1
```

(Familienstand 0 = ledig, 1 = verheiratet)

```
    ALTER  ← 20+?100⍴45
```

(Mindestalter 21 Jahre)

Jetzt ist dieses einfache Modell-System komplett, und es können sehr unterschiedliche Abfragen vorgenommen werden.

Gehalt der Mitarbeiter, die älter als 50 Jahre sind.

GEHALT MIT ALTER > 50

Durchschnittliches Gehalt der Mitarbeiter, die 2 oder 3 Kinder haben.

DURCHSCHNITT GEHALT MIT KINDER ZWISCHEN 2 3

Gehaltssumme der verheirateten Mitarbeiter.

SUMME GEHALT MIT FAMST = 1

Durchschnittliche Kinderzahl der Mitarbeiter.

DURCHSCHNITT KINDER

Durchschnittliche Kinderzahl der Mitarbeiter, die Kinder haben, also ohne die Mitarbeiter mit 0 Kindern.

DURCHSCHNITT KINDER MIT KINDER > 0

Anzahl der Kinder von Mitarbeitern, die älter als 50 Jahre sind.

KINDER MIT ALTER > 50

Anzahl der Kinder der ledigen Mitarbeiter.

KINDER MIT FAMST = 0

Da wir alle Personaldaten zufällig erzeugt haben, erhalten wir hier ebenfalls einen Wert > 0. Es gibt also ledige Mitarbeiter mit Kindern. Wenn uns das nicht gefällt, weil wir in unserem zufälligen Personalbestand nur Kinder von verheirateten Mitarbeitern speichern wollen, dann müßte es heißen:

KINDER ← KINDER x FAMST

Sie sehen, es ist ganz einfach, ein Personalinformationssystem in APL aufzubauen. Aber Achtung: Im Normalfall erhalten wir die Daten aus einem externen Personaldatenbestand. Damit unser System, so wie wir es entwickelt haben, auch auf diesen Fall angewendet werden kann, müssen aus den Variablen GEHALT, FAMST, KINDER etc. entsprechende Funktionen gemacht werden, die die Daten aus einem Datenbestand lesen.

Ich hoffe, an diesem Beispiel ist noch etwas deutlich geworden: Jede Funktion ist zwar sehr einfach zu schreiben und könnte fast als trivial bezeichnet werden, die Kombination der einzelnen Programme zu einer quasi-natürlichen Abfragesprache verlangt jedoch eine gründliche Analyse dieser Aufgabe. Das Problem liegt somit im Zusammenspiel all dieser Funktionen, wobei man teilweise im voraus wissen muß, welche zusätzlichen Funktionen in das System aufgenommen werden sollen. Wir haben dies an der Möglichkeit der Funktion

GROESSER gesehen, die die Notwendigkeit einer Funktion ANZAHL mit
sich brachte.

Dieses Beispiel hat fast den gesamten Sprachumfang von APL behandelt,
der zur Realisierung kommerzieller Systeme erforderlich ist. Ich bin sicher, man
kann sich an diese Formulierungstechnik gewöhnen und wird dann sehr schnell
auch komplexe Verfahren für die verschiedensten Zwecke entwickeln können.

2.2 Programme des Personalbeispiels

Sie sehen jetzt nochmals die komplette Liste der in diesem Kapitel verwendeten
Funktionen:

```
    ∇ Z ← SUMME X
[1] ⍝ Bestimme die Summe des Vektors X
[2] Z ← +/X
    ∇


    ∇ Z ← MAX X
[1] ⍝ Bestimme den maximalen Wert des Vektors X
[2] Z ← ⌈/X
    ∇


    ∇ Z ← MIN X
[1] ⍝ Bestimme den kleinsten Wert des Vektors X
[2] Z ← ⌊/X
    ∇


    ∇ Z ← X ZWISCHEN Y
[1] ⍝ Pruefe ob Werte in X zwischen Y[1] und Y[2]
[2] Z ← (X≥Y[1])∧(X≤Y[2])
    ∇


    ∇ Z ← X MIT Y
[1] ⍝ Werte aus X, fuer die die Bedingung Y zutrifft
[2] Z ← Y/X
    ∇


    ∇ Z ← DURCHSCHNITT X
[1] ⍝ Berechnen des Mittelwertes des Vektors X
[2] Z ← (+/X)÷⍴X
    ∇
```

```
    ∇ Z ← ANZAHL X
[1] ⍝ Anzahl der Elemente des Vektors X
[2] Z ← ⍴X
    ∇



    ∇ Z ← X GROESSER Y
[1] ⍝ Elemente aus X, die groesser als Y sind
[2] Z ← (X>Y)/X
    ∇



    ∇ Z ← X UND Y
[1] ⍝ Verketten X und Y
[2] Z ← X,Y
    ∇
```

3. Die Transaktion

In diesem und den folgenden Kapiteln werden Bausteine definiert, die geeignet sind, einen Rahmen für die unterschiedlichsten Dialoganwendungen aufzubauen. Bei diesem Designprozeß ist es wichtig, Lösungen zu erarbeiten, die

- **einfach**

- **transparent**

- **erweiterbar**

sind. Wir werden sehen, daß einige Lösungsansätze aus dem Bereich der klassischen Anwendungsentwicklung mit höheren Programmiersprachen stammen, andere aber stark durch die spezifischen Möglichkeiten der Programmiersprache APL geprägt sind. Aus der klassischen Anwendungsentwicklung wurde der Begriff "Transaktion" übernommen, der eine Dialoganwendung in diskrete Bausteine zu zerlegen gestattet. Mit dieser Thematik, d.h. mit der Frage, wie eine transaktionsorientierte Anwendung in APL realisierbar ist, werden wir uns zunächst auseinandersetzen.

Der Begriff "Transaktion" wird auch in der APL-Umgebung entsprechend dem üblichen Sprachgebrauch verwandt. Ich entschied mich hierfür bei der Realisierung komplexer Dialogsysteme mit APL, weil für die Abstimmung mit den Anwendungsorganisatoren und Programmierern aus dem IMS- bzw. CICS-Bereich eine gemeinsame Sprachregelung erforderlich war. Da die Einführung dieses Begriffes in die APL-Welt sicher einiger Erläuterungen bedarf, wollen wir zunächst die Frage beantworten: Was versteht man unter einer Transaktion?

Sobald man sich mit dem Thema Anwendungsentwicklung ernsthaft auseinandersetzt, stellt man fest, daß jede Anwendung in logische Einzelbestandteile zerlegbar ist und diese Verfahrensteile aus einer sehr begrenzten Zahl von Standardmodulen bestehen. Hierzu folgendes einfache Beispiel:

Für den Aufbau eines Personal-Informationssystems ist es erforderlich, Daten der Mitarbeiter zu erfassen, zu erweitern oder zu verändern und schließlich verschiedene Auswertungen durchzuführen. Der Aspekt eines konzeptionellen Datenbankdesigns, in dem die Definition der benötigten Daten und ihre wechselseitigen Abhängigkeiten (Entity/Relationship) behandelt werden, bleibt hierbei allerdings unberücksichtigt.

Welche Bausteine sind nun zur Realisierung eines solchen Verfahrens erforderlich? Sicher bietet sich zunächst die Frage an den Benutzer an, welche Anwendung aus dem Funktionsangebot des Personal-Informationssystems er ausführen möchte. Damit sind wir bereits bei unserer ersten Transaktion angelangt. Wir benötigen einen Funktionszweig, in dem die Auswahl aus der angebotenen Funktionsmenge getroffen wird. Üblicherweise nennt man diese Auswahlmöglichkeiten MENÜ. Falls wir uns für die Bearbeitung der Personalinformationen entscheiden, ist die Eingabe einer Personalnummer erforderlich. Man benötigt also einen zweiten Bildschirm (der Bildschirm wird immer nur als logisches Bild innerhalb einer Anwendung verstanden), auf dem die gewünschte Personalnummer eingeben werden kann, und schließlich sollen die bereits gespeicherten Personaldaten auf einem weiteren Bildschirm angezeigt und gegebenenfalls verändert werden können. Somit ergibt sich eine logische Hierarchie von Bildschirmen, die jeweils einer ganz bestimmten Aufgabe zugeordnet sind. Graphisch können wir uns dies entsprechend Abb. 8 vorstellen. Wir sehen, daß diese Anwendung aus verschiedenen, mehr oder weniger voneinander unabhängigen Funktionszweigen besteht. Einen derartigen Funktionszweig wollen wir Transaktion nennen.

Ich will also unter einer TRANSAKTION anwendungsbezogen eine ganz bestimmte Struktur der Problemlösung verstehen und gehe nicht davon aus, daß Transaktionen - oder besser gesagt, eine transaktionsorientierte Vorgehensweise - auf die klassischen Transaktionssysteme wie IMS/DC oder CICS beschränkt sind. Betrachten wir einmal das folgende sehr einfache Beispiel eines Personal-Informationssystem.

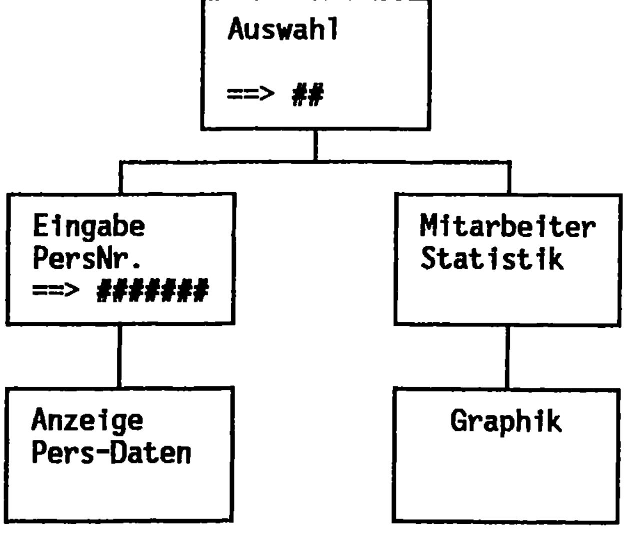

Abb. 8. Bildschirmhierarchie

Diese Transaktionen lassen sich in zwei grundsätzlich verschiedene Gruppen einteilen: Während man auf der obersten Ebene zunächst immer eine Auswahl aus dem angebotenen Funktionsspektrum trifft, werden auf der unteren Stufe die Daten aus dem Personalbestand dargestellt bzw. graphisch aufbereitet. Entsprechend der Graphik besteht diese Bildschirmhierarchie also aus fünf verschiedenen Transaktionen (Funktionsszweigen).

Funktionszweige/Transaktionstypen

- HAUPTAUSWAHLRAHMEN (Menütransaktion))

- EINGABE PERSONALNUMMER (Lesetransaktion)

- ANZEIGE PERSONALDATEN (Anzeigetransaktion)

- ANZEIGE der MITARBEITER-STATISTIK

- GRAPHISCHE DARSTELLUNG DER STATISTIK

Eine Transaktion besteht aus einem vordefinierten Verarbeitungsteil, der einer einzigen Bildschirmmaske zugeordnet ist. Innerhalb einer Transaktion wird eine logisch zusammengehörende Aufgabe in immer gleich ablaufenden Programmschritten gelöst. Die Freiheitsgrade des Benutzers beschränken sich auf das Ausfüllen von Datenfeldern dieser Bildschirmmaske.

Wir unterscheiden hierbei zwischen Anwendungstransaktionen, bei denen z.B. die in einer externen Datenbank gespeicherten Daten angezeigt und verarbeitet werden, und steuernden Transaktionen, bei denen z.B eine Funktionsauswahl getroffen wird.

3.1 Transaktionstypen

Programmtechnisch ist es erforderlich, diese Transaktionen noch genauer zu spezifizieren. Wir werden sehen, daß jede Transaktion in verschiedene, klar voneinander abgrenzbare Bestandteile zerfällt, und dies gibt uns die Möglichkeit, Rahmenprogramme für die Realisierung einer Transaktion zu entwickeln. Bevor wir jedoch in diese interne Logik einer Transaktion einsteigen, befassen wir uns zunächst mit den grundsätzlichen Unterschieden zwischen Menü- und Anwendungstransaktion.

3.1.1 Die Menütransaktion

Im Programmauswahlrahmen werden die verfügbaren Funktionen einer Anwendung zur weiteren Auswahl angeboten. Im allgemeinen geschieht dies dadurch, daß eine der Anwendung zugeordnete Auswahlziffer eingegeben wird.

Diese hierarchische Vorgehensweise bedeutet jedoch, daß man die verschiedenen Anwendungszweige nur über zwischengeschaltete Auswahlmenüs erreichen kann. Es ist daher immer die Möglichkeit vorzusehen, durch Eingabe einer Folge von Auswahlziffern direkt zur gewünschten Anwendung zu gelangen. Entsprechend der Menüstruktur aus Abb. 9 sollte also bereits im ersten Auswahlbild z.B. die Auswahl der persönlichen Mitarbeiterdaten angesteuert werden können. Wir werden auf die technische Realisierung einer derartigen Steuerung noch zu sprechen kommen.

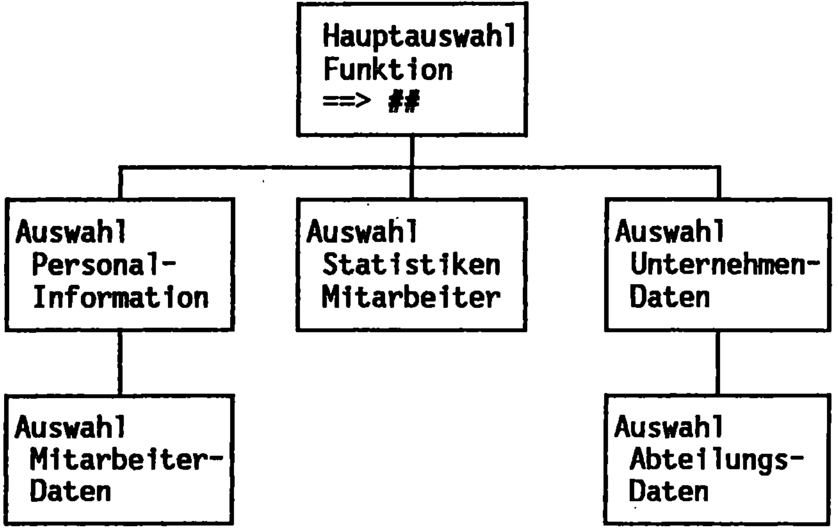

Abb. 9. Eine Hierarchie von Auswahlrahmen

Bevor aber dieser Sonderfall, der direkte Transaktionsaufruf, behandelt wird, betrachten wir zunächst das Grundmodell einer Menütransaktion, bei dem der Programmaufruf durch Eingabe der im Auswahlrahmen angebotenen Funktionsziffer erfolgt.

```
PERSO  -----------  Personal-Informationssystem  ------ Datum: 01.08.87
A U S W A H L R A H M E N                              Zeit: 14.30
Info: ##################################################################



        01 Funktion 1
        02 Funktion 2
        03 Funktion 3



Funktionsziffer ===> #
        Key-Feld 1 ..: ########
        Key-Feld 2 ..: ###########
        Key-Feld 3 ..: ########
        Drucker-Adr..: ########

##################################################################
PF: 1=Hilfe                                              12=Ende
```

Abb. 10. Der Menübildschirm

Wie der Abb. 10 zu entnehmen ist, werden auf dem Bildschirm einer Menütransaktion die verfügbaren Funktionen angezeigt. Im einfachsten Fall wird eine dieser Funktionen dadurch ausgewählt, daß in einem speziellen Feld, hier FUNKTIONSZIFFER genannt, die entsprechende Nummer eingegeben wird. Andere Alternativen, die programmtechnisch jedoch höhere Anforderungen stellen, sind die Auswahl der gewünschten Funktion mit einem Lichtstift oder einer "Maus" bzw. die Positionierung des Cursors auf die auszuwählende Funktion.

Für die Eingabe der Funktionsziffer ist nur eine Position vorgesehen. Wenn durch Eingabe einer Folge von Auswahlziffern bereits von diesem Auswahlrahmen beliebige Transaktionen aufgerufen werden sollen, muß dieses Feld natürlich in der Länge entsprechend erweitert werden. Man könnte allerdings für diesen Fall auch ein spezielles Command-Feld vorsehen, über das dann ebenfalls der Aufruf einer in diesem Auswahlrahmen nicht aufgeführten Anwendungstransaktion erfolgen kann.

An der Aufteilung dieses Musterbildschirms sieht man, daß neben der Funktionsziffer zum Ansteuern der gewünschten Transaktion auch verschiedene Schlüsselbegriffe eingegeben werden können. Dies erleichtert ganz wesentlich die Handhabung einer Anwendung, weil bereits in diesem Auswahlrahmen die zum Lesen der Datensätze erforderlichen Informationen angegeben werden können und keine speziellen Bildschirme für die Eingabe der Suchbegriffe zwischengeschaltet werden müssen.

In diesen Menütransaktionen darf allerdings außer der Verarbeitung der eingegebenen Funktionsziffer keine weitere Verarbeitung - z.B. Lesen eines Datensatzes mit dem eingegebenen Schlüsselbegriff - der aufgeführten Datenfelder stattfinden. Diese Verarbeitungslogik ist ausschließlich den Verarbeitungstransaktionen vorbehalten. Würde man nämlich in einer Menütransaktion bereits Daten für die Verarbeitung in Folgetransaktionen lesen, könnte ein Überspringen einzelner Menüs zu Verarbeitungsfehlern führen. Wir wären also gezwungen, auf den Direktaufruf einer Transaktion durch die Angabe einer Folge von Auswahlziffern zu verzichten.

```
   ▽ MODELL
[1] A| Modell einer Auswahltransaktion
[2] A   fuer ein Personalinformationssystem
[3] FORMAT 'PERSO'    A Formatieren Bildschirmmaske
[4] DISPLAY 'PERSO'   A Anzeige Bildschirm
[5] VERARBEITUNG      A Verarbeiten Eingabe FZ
   ▽
```

Abb. 11. Modell einer Auswahltransaktion

Die Eingabe der Druckeradresse sollte in einem Hauptauswahlrahmen immer vorgesehen werden, weil sie dem Benutzer die Steuerung des Drucks der in den einzelnen Transaktionen angezeigten Informationen erleichtert. Aus diesen Menütransaktionen heraus werden nun die folgenden Anwendungstransaktionen aufgerufen.

An dieser Stelle soll kurz der grundsätzliche Aufbau der Auswahl- oder Menü-Transaktion betrachtet werden. Wie dem Modellprogramm (Abb. 11) entnommen werden kann, ist es zunächst erforderlich, den Bildschirm zu formatieren, d.h. die festen Texte sowie die variablen Eingabefelder über die verfügbaren Bildschirmdienste (ich verwende GDDM - Graphical Data Display Manager) zu formatieren. Anschließend wird die Bildschirmmaske über die Funktion DISPLAY angezeigt.

Die Verarbeitung der eingegebenen Auswahlziffer sowie der eventuell erforderliche Aufbau der Schlüsselbegriffe erfolgt nach Betätigung der Daten-Freigabe-Taste und ist hier nur symbolhaft in der Zeile 5 durch VERARBEITUNG dargestellt.

3.1.2 Die Anwendungstransaktion

Im Gegensatz zu der oben beschriebenen Menütransaktion (Auswahlrahmen) handelt es sich bei der Anwendungstransaktion um die Verarbeitung von Daten. Hierfür werden normalerweise zunächst Daten mit einem Schlüssel aus einem Datenbestand gelesen und anschließend in geeigneter Form auf dem Bildschirm dargestellt.

```
PERS2  ----------- Personal-Informationssystem ------ Datum: 01.08.87
A N Z E I G E und V E R A E N D E R N Personalsatz    Zeit: 14.35
Info: ##################################################################

Personal-Nr..: ########

Name.........: ####################
Vorname .....: ####################

Plz/Ort......: #### ###################
Strasse......: ###################

Abteilung....: ###################
Kostenstelle.: ####


Eingabe Personalnummer ===> ########

Bei Betaetigung der "Datenfreigabe" werden die Daten gespeichert.
##################################################################
PF: 1=Hilfe   3=Zurueck                                    12=Ende
```

Abb. 12. Die Anwendungstransaktion: Ich verwende hier bewußt keine Umlaute - eventuell wird die Anwendung auch ohne "deutsche" Tastatur aufgerufen.

Gerade bei diesen Anwendungstransaktionen ergeben sich zahlreiche Realisierungsalternativen - sie sind ja schließlich auch die Verfahrensteile, für die das gesamte Anwendungssystem entwickelt wird. In Kapitel 9 werden daher mehrere Mustertransaktionen behandelt, die das gesamte Spektrum dieser Bausteine

umreißen. Mit Abb. 12 soll dagegen nur beispielhaft die Bildschirmmaske einer Anwendungstransaktion dargestellt werden.
Für die Realisierung dieser Anwendungstransaktionen ergeben sich zwei Alternativen:

1. Die Daten werden bereits im Auswahlrahmen gelesen, in dem auch der Schlüsselbegriff - z.B. die Personalnummer - eingegeben wird. Anschließend verzweigt man zur Anwendungstransaktion, bereitet die Daten für die Anzeige auf und stellt sie auf dem Bildschirm zur Verfügung.

2. Die Anwendungstransaktion wird direkt aufgerufen, wobei ihr lediglich der Schlüsselbegriff - die Personalnummer - mitgegeben wird.

Die zweite Art der Transaktion bezeichne ich als AUTARK oder SELF SUFFICIENT, weil eine solche Transaktion nur wenig von der aufrufenden Transaktion abhängt. Falls beim Lesen der Daten Fehler auftreten, verzweigt man einfach zurück zur aufrufenden Transaktion. Entscheidet man sich jedoch für die erste Alternative, so muß man sich bewußt sein, daß ein Direktaufruf einer Transaktion, unter Auslassung von zwischengeschalteten Menüs, zu Verarbeitungsfehlern führen kann. Es ist daher immer erforderlich, in einer Anwendungstransaktion zu überprüfen, ob der zu bearbeitende Datensatz bereits vorhanden ist. Wurde der Satz noch nicht gelesen, muß vor der Verarbeitung immer erst der Zugriff über den entsprechenden Suchbegriff erfolgen. Auch diese Realisierungsalternative können wir AUTARK nennen. Im Interesse einer großen Flexibilität eines Anwendungssystems sind daher ausschließlich AUTARKE Transaktionen zu verwenden.
Auch für diesen Transaktionstyp soll zunächst modellhaft ein Programmbeispiel dargestellt werden:

```
      ∇  MODELL1;rcode;PERSΔREC
[ 1]  Aι Modell einer Anzeigetransaktion
[ 2]  A   fuer ein Personalinformationssystem
[ 3]  PERSΔREC←READ PERSΔKEY   A Lesen Personalsatz
[ 4]      →(0≠rcode)/ΔF1      A Fehler beim Lesen ?
[ 5]  FORMAT 'PERS1'          A Formatieren Bildschirm
[ 6]  WRITE PERSΔREC          A Schreiben Personalsatz
[ 7]  DISPLAY 'PERS1'         A Anzeige Bildschirm
[ 8]  VERARBEITUNG            A Verarbeiten Dateneingabe
[ 9]      →0
[10]  ΔF1: RETURN        A Zurueck zur aufrufenden Trans.
      ∇
```

Abb. 13. Modell einer Anzeigetransaktion

Dieser Transaktionstyp unterscheidet sich von der vorherigen Auswahltransaktion dadurch, daß zunächst Daten aus einem Datenbestand gelesen (im Beispiel Lesen des Personalsatzes mit der Personalnummer) und vor Anzeige des Bildschirms in die definierten Bildschirmfelder geschrieben werden müssen.

Grundsätzlich haben wir an diesen beiden symbolischen Transaktionen und ihrer modellhaften Programmierung gesehen, daß jede Transaktion aus folgender Sequenz besteht:

- Lesen von Daten, falls erforderlich

- Auswahl und Aufbereiten des Bildschirms

- Füllen des Bildschirms mit Daten

- Anzeige des Bildschirms

- Verarbeitung der Eingabe

Wir werden uns natürlich bemühen, diese wiederkehrende Abfolge von Verarbeitungsschritten in einem generalisierten Rahmenprogramm zu definieren. Diese Standardfunktion soll uns dann die in diesen Modelltransaktionen noch aufgenommene Bildschirmformatierung (FORMAT 'PERS1') sowie die Anzeige des Bildschirms (DISPLAY 'PERS1') abnehmen, so daß wir uns nur noch mit der eigentlichen Verarbeitungslogik innerhalb dieser Transaktionen auseinandersetzen müssen. Zwecks einfacherer Dokumentation werden wir diese Einzeltransaktionen dann auch genauso nennen wie das Format, in diesen Beispielen also "PERS0" und "PERS1". Das Motiv dafür, eine generelle Rahmenfunktion für Transaktionen zu definieren, ist im wesentlichen, daß man bei der Programmierung mit APL normalerweise Programme entwickelt, die mit rechten und linken Argumenten aufgerufen werden. Das eröffnet unmittelbar die Möglichkeit, spezielle, transaktionsspezifische Verarbeitungslogik durch entsprechende Parameterübergabe in die Rahmenprogramme aufzunehmen.

Bevor ich auf die Einzelheiten der hierfür erforderlichen Standardtransaktion eingehe, soll zunächst gezeigt werden, wie diese Einzeltransaktionen in eine Anwendungsstruktur einbindbar sind. Die grundsätzliche Unterscheidung in Menü- und Anwendungstransaktion mag hier genügen, weil wir uns zunächst mit den Programmen befassen müssen, die zur Steuerung des gesamten Anwendungssystems nötig sind. Hierbei werden auch die erforderlichen APL-Funktionen detailliert beschrieben. Für das uneingeschränkte Verständnis dieser Funktionen sind allerdings gute Kenntnisse der Programmiersprache APL2 Voraussetzung. Da das vorliegende Buch diese nicht vermitteln soll, sondern nur Realisierungstechniken für kommerzielle Anwendungen behandelt, verweise ich auf die im Anhang aufgeführte APL-Literatur. Einige Techniken der Programmiersprache APL wurden ja bereits in den beiden vorherigen Kapiteln angesprochen, so daß zumindest die Grundstruktur der aufgeführten Programmbeispiele verstanden werden sollte.

3.2   Transaktionssteuerung

An dieser Stelle soll nun geklärt werden, wie man Transaktionen einsetzt und wie man sie steuert. Abbildung 14 soll zunächst die Steuerungsphilosophie verdeutlichen.

Wir benötigen eine Transaktionssteuerfunktion, die die gewünschten Einzeltransaktionen, sei es eine Menü- oder eine Anwendungstransaktion, direkt aufruft. Will man aus einer bestimmten Transaktion eine andere Transaktion aufrufen, kehrt man mit der erforderlichen Steuerinformation zur Hauptfunktion zurück und ruft von dort diese neue Transaktion auf.

Dieses Vorgehen gibt die Möglichkeit, einzelne Funktionszweige unabhängig voneinander zu entwickeln und das Anwendungssystem beliebig zu erweitern. Selbstverständlich sind hierfür bestimmte Voraussetzungen nötig. So müssen alle Transaktionen in dieser Struktur autark sein. Sie müssen einen eindeutigen Namen haben, über den sie aufgerufen werden. Über Steuerinformationen muß der Hauptfunktion mitgeteilt werden, welche Transaktion als nächste aufzurufen ist.

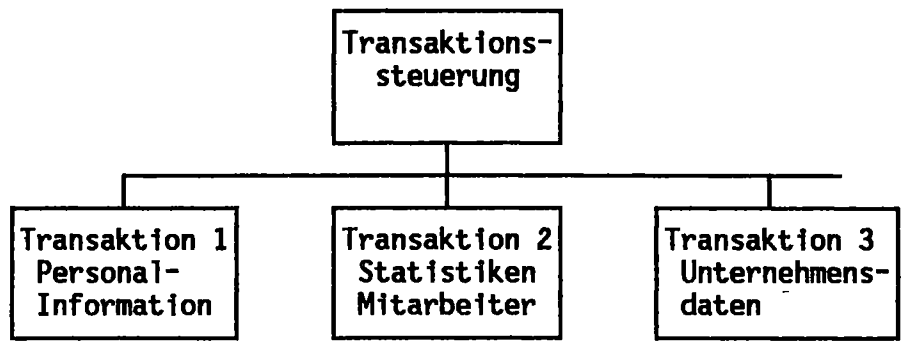

Abb. 14. Transaktionssteuerung: Die Einzeltransaktionen werden über eine übergeordnete Steuerungsfunktion verbunden.

Es wurde bereits erwähnt, daß verschiedene Einzeltransaktionen durch einen eindeutigen Namen angesprochen werden können. Weiterhin wurde gefordert, daß sie AUTARK sind und somit unabhängig von anderen Transaktionen innerhalb eines Anwendungsverbundes aufgerufen werden können. Dadurch sind die zentrale Transaktionssteuerung sowie die erforderlichen externen Programme für das Anwendungssystem (externe Programme bedeuten hier, daß sie nicht für die eigentliche Verarbeitungslogik der Einzeltransaktionen gedacht sind, sondern nur die steuernden Elemente der Anwendung darstellen) besonders einfach zu gestalten. Man erkennt an diesem Konzept eine gewisse Parallelität zu Transaktionssystemen wie IMS oder CICS, bei APL übernimmt allerdings eine Benutzerfunktion die Transaktionssteuerung.

In Abb. 15 ist das Modell einer solchen Steuerung dargestellt. Wir wollen diese Funktion nun im einzelnen analysieren, um das Verständnis für die grundlegenden Techniken dieser Anwendungssteuerung zu vertiefen. Die eingehende Behandlung dieser und aller weiteren Programme soll auch mit verschiedenen Programmiertechniken und Tricks vertraut machen, die dem APL-Programmierer für die Problemlösung zur Verfügung stehen.

```
    ∇ MODELL2;tc
[1] A| Modell fuer die Anwendungssteuerung
[2] A  fuer ein Personalinformationssystem
[3] A  tc = Transaktionssteuervariable
[4] tc← 2 10ρ ' '           A Initialisieren tc
[5] tcSEL 'PERSO'           A Aufruf erste Transaktion
[6] ΔL1: ±tc[1;]            A Ausfuehren Transaktion in tc
[7] →(~' 'Λ.=tc[1;])/ΔL1    A Weitere Transaktionen
[8] DIALOGENDE              A Ende Projektsteuerung
    ∇
```

Abb. 15. Die Transaktionsteuerfunktion

Zeile 4

Ich verwende hier die Transaktionsmatrix "tc", um anzugeben, welche Transaktion von dieser Steuerungsfunktion aufzurufen ist. Falls man einmal zu einer aufrufenden Transaktion zurückkehren will, muß man sich die Historie, d.h. die aufrufende Transaktion merken. Aus diesem Grunde hat die Transaktionsmatrix zwei Zeilen, in der zweiten Zeile steht immer die aufrufende Transaktion.

Soll aus einer Transaktion eine andere Transaktion aufgerufen werden, hat man lediglich die Matrix "tc" entsprechend zu setzen und zur Steuerung zurückzuverzweigen.

Zeile 5

Hier erscheint erstmals eine "externe" Steuerfunktion. Die Einzeltransaktionen werden aus der Steuerfunktion heraus aufgerufen. Die Funktion tcSEL ist für diesen Programmaufruf gedacht, in dieser Zeile muß zunächst die erste Transaktion - sie ist immer der Hauptauswahlrahmen - aufgerufen werden. Durch den Aufruf von tcSEL wird der Transaktionsname PERSO in die erste Zeile der Transaktionsmatrix "tc" eingetragen.

Zeile 6

Der Inhalt der ersten Zeile von "tc" (hier steht der Name der auszuführenden Transaktion) wird ausgeführt. Dadurch wird die Anwendungstransaktion aufgerufen. Die APL-Funktion ± wertet immer den Inhalt einer beliebigen Zeichenkette aus - hier die erste Zeile von "tc"; hier wird der Vorteil eines Interpreters erkennbar. Erst zur Ausführungszeit des Programms kann in dieser globalen Steuerfunktion erkannt werden, ob der Variablen "tc" ein "ausführbarer" Wert, also der Name einer gültigen Transaktion zugewiesen wurde.

Zeile 7

Falls die Transaktion so beendet wurde, daß in der ersten Zeile von "tc" der Name der aufzurufenden Transaktion, also ein Wert < > "Blank" steht, wird zur Ausführung dieser Transaktion (Zeile 6) verzweigt. Man muß also immer darauf achten, daß bei Beendigung einer Transaktion der Name einer Folgetransaktion in die erste Zeile der Matrix "tc" gestellt wird. Man erreicht dies durch Aufruf der externen Steuerfunktion tcSEL innerhalb der Transaktion oder über eine PF-Taste (Programm-Funktionstaste).

Zeile 8
Beenden der Anwendung mit der Funktion DIALOGENDE.

Dieses Konzept einer zentralen Transaktionssteuerung simuliert zunächst
die gewohnte Dialogsteuerung eines Transaktionssystems wie IMS oder CICS
von IBM und eröffnet damit auch in der APL-Umgebung die Möglichkeit, die
aus diesen Systemen stammende bewährte Vorgehensweise anzuwenden. Außerdem haben wir hier eine offene Transaktionssteuerung, denn wir können
dieses Programm ja beliebig unseren Anwendungsbedürfnissen anpassen. Falls
z.B. die Zugangsberechtigung zu einer Einzeltransaktion vor ihrem Aufruf
überprüft werden soll, kann die zentrale Steuerroutine sehr einfach um diese
Funktion erweitert werden.

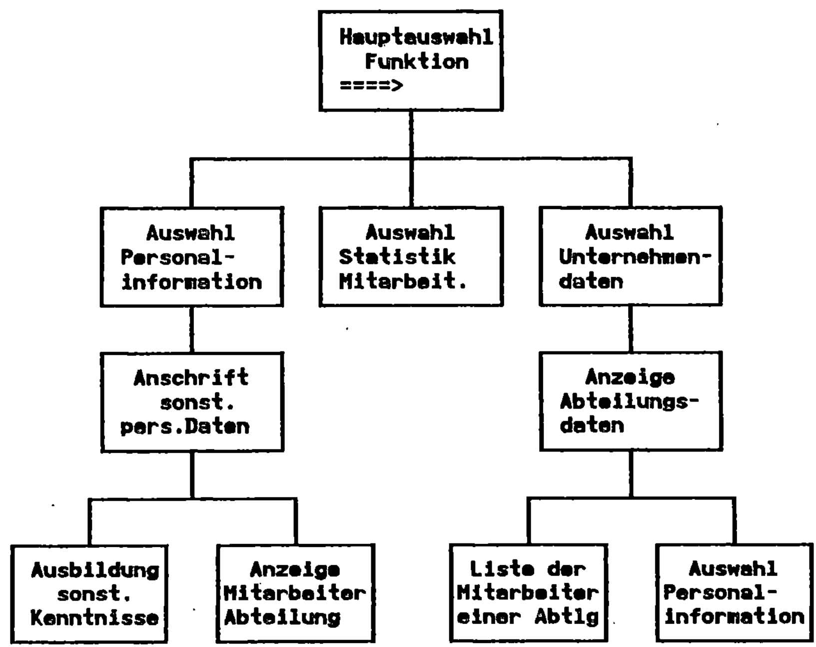

Abb. 16. Ein Transaktionsnetzwerk

Dies mag trivial erscheinen und eigentlich nicht erwähnenswert. Viele
APL-Anwendungen sind aber so gestaltet, daß eine Funktion immer die nächste aufruft, ohne ein klares Konzept, wie man die verschiedenen Anwendungszweige beenden kann. Die hier vorgestellte einfache Steuerungslogik soll dagegen verhindern, daß sich in einer Anwendung zu viele Funktionen untereinan-
der aufrufen, gegebenenfalls mit unerwünschten Rückkopplungseffekten, ohne
jemals richtig beendet zu werden.

Die Darstellung einer Bildschirmhierarchie gemäß Abb. 16 ist ja eigentlich
noch sehr transparent. Man hat in der Hierarchie immer einen klaren Weg, auf

dem die Anwendung durchlaufen wird. Stellen Sie sich aber vor, Sie wollten in dem Zweig "Auswahl Unternehmensdaten" kurzfristig bestimmte Mitarbeiterinformationen anzeigen. Sicher soll hierfür die bereits vorhandene Transaktion "Anzeige Personaldaten" verwendet werden. Also rufen Sie mit Ihrer Steuerung diese Personaltransaktion auf und kehren anschließend wieder zu dem Aufrufpunkt "Unternehmensdaten" zurück.

Oder Sie steigen zunächst in den Personalzweig ein und wollen dann die Abteilungsdaten eines Mitarbeiters sehen. Sicher werden Sie auch hier die Möglichkeit vorsehen, die bereits vorhandene Abteilungstransaktion direkt aufzurufen. Sie sehen schon: Aus der Personaltransaktion kann die Abteilungstransaktion aufgerufen werden und aus dieser wieder die Personaltransaktion usf.

Wenn wir diese Anwendungshierarchie nicht im Sinne unseres obigen Konzeptes realisiert hätten - d.h., vor Aufruf einer neuen Transaktion beendet man immer zunächst die laufende Transaktion und kehrt zur zentralen Steuerungsfunktion zurück -, sondern wie folgt: (Mit den Einrückungen soll angedeutet werden, daß man eine andere Transaktion immer direkt aus der aufrufenden Transaktion heraus aufruft, ohne diese zu verlassen. Man geht also in der hierarchischen Struktur immer entlang eines Pfades weiter.)

```
Hauptauswahlrahmen
  Auswahlrahmen Personal
    Anzeige Personaldaten
    Anzeige Abteilungsdaten
```

oder

```
Hauptauswahlrahmen
  Auswahl Unternehmensdaten
    Anzeige Abteilungsdaten
    Anzeige Personaldaten
```

so ergibt sich unmittelbar folgende Strukturmöglichkeit:

```
Hauptauswahlrahmen
  Auswahlrahmen Personal
    Anzeige Personaldaten
      Anzeige Abteilungsdaten
        Anzeige Personaldaten
          Anzeige Abteilungsdaten
```

Sie verlieren nach einigen gegenseitigen Aufrufen völlig die Orientierung in Ihrem Programm. Wie viele Stufen müssen Sie zurück setzen, um jemals wieder bei Ihrem Auswahlrahmen anzukommen? Deshalb sind autarke Transaktionen so wichtig, die über eine gemeinsame Steuerung aufgerufen werden. Bevor ich dieses Steuerungskonzept einführte, habe ich mich selbst einmal in einer Anwendung mit 80 verschiedenen Anwendungszweigen beinahe völlig verrannt.

An der obigen Struktur sehen wir noch ein weiteres Problem: Durch die Möglichkeit, in einem Anwendungszweig andere Anwendungszweige aufzurufen, haben wir sehr schnell unsere klare hierarchische Anwendungsstruktur verlassen und sind in einer Netzstruktur gelandet. Derartige Netzstrukturen bringen jedoch ganz besondere Steuerungsprobleme mit sich. Es reicht hier nämlich nicht mehr, nur die kurzfristige Historie - also die aufrufende Transaktion - zu kennen, denn dann fände man gegebenenfalls nicht mehr zum Ausgangspunkt zurück. Bei solchen Netzstrukturen (siehe Abb. 16) ist es notwendig, sich auch die Rücksprung-Transaktion zu merken.

Die Bewältigung dieser und ähnlicher Strukturprobleme ist eine elementare Aufgabe des Software-Engineering. Gerade bei der Realisierung der Bausteine für die Transaktionssteuerung müssen wir uns um ein offenes und damit leicht erweiterbares Konzept bemühen, um auch erst später erkennbare Strukturanforderungen integrieren zu können. Zielsetzung einer professionellen Vorgehensweise ist es, für diese und ähnliche Aufgaben generelle - und dokumentierte - Lösungen anzubieten, die es dem Organisator, aber auch dem Programmierer ermöglichen, alle Anwenderwünsche, auch wenn sie zu Netzstrukturen führen, leicht zu befriedigen.

Wenn wir unsere Steuerungslogik in der bisher allerdings nur skizzierten Art realisieren, kann auch die Anforderung nach einem direkten Transaktionsaufruf abgedeckt werden. Man muß nur eine Rückkehrtransaktion in der Funktion zum Aufruf einer Transaktion (tcSEL) vorsehen. An konkreten Programmbeispielen soll nun gezeigt werden, wie man diese Zielvorstellung - die Realisierung eines transaktionsorientierten Anwendungssystems - in APL erreichen kann. Dazu werden zunächst die erforderlichen externen Steuerungsfunktionen betrachtet, und anschließend gehe ich auf die interne Logik der verschiedenen Transaktionen ein.

3.2.1 Die externen Steuerungsfunktionen

Die nun aufgelisteten Programme stellen einen Satz von Steuerungsfunktionen dar, die in jedem Anwendungssystem verwendet werden können, gleichgültig, mit welcher Technik Sie Ihre Bildschirme definieren und die Einzelverarbeitung steuern.

Im wesentlichen werden für diese Transaktionssteuerung nur drei Funktionen benötigt: Man muß eine Transaktion gezielt aufrufen, zu der aufrufenden Transaktion zurückkehren und schließlich die Anwendung verlassen können. Diese Steuerungsfunktionen besprechen wir nun.

Der Transaktionsaufruf

Mit der Funktion tcSEL kann eine neue Transaktion aufgerufen werden. Im rechten Argument dieser Funktion steht der Transaktionsname. Als linkes Argument ist die Angabe einer Rückkehrtransaktion vorgesehen, um wie oben angesprochen in einem Netzwerk gezielt in Teilnetze verzweigen zu können. Da bei solchen Teilnetzen häufig eine unterschiedliche Behandlung der PF-Tasten erwünscht ist - z.B. darf bei einem Quereinstieg in ein Teilnetz die PF12-Taste für Dialogende nicht aktiv sein -, kann das rechte Argument so erweitert werden, daß man die Nummern der gültigen PF-Tasten mit angibt. Hierfür ist die Erweiterung des rechten Arguments zu einer geschachtelten Variablen zugelassen, z.B.: tcSEL 'TRANS3' 12.

Vor Aufruf einer neuen Transaktion mit der Funktion tcSEL muß die gerade aktive Transaktion beendet werden. Hierfür eignet sich eine globale Steuervariable "rc", mit der die notwendige Statusinformation gesetzt werden kann. Im Kapitel über die "Interne Transaktionssteuerung" werden diese sowie weitere erforderliche Steuervariablen ausführlich behandelt. An dieser Stelle ist es nur wichtig zu wissen, daß auch die Verarbeitungstransaktionen über globale Variablen gesteuert werden. Die Funktion tcSEL mag sehr komplex aussehen, da ich hier bereits einige Randprobleme der Transaktionssteuerung mit anspreche. Für eine einfache Steuerung sind allerdings nur die Zeilen 4 sowie 7 - 9 von Bedeutung.

```
    ∇ Y tcSEL X
[ 1] A| Aufruf Transaktion X
[ 2] A  X[1] = Transaktion , X[2] = zus. PF-Tasten
[ 3] A  Y    = Rueckkehrtransaktion falls gesetzt
[ 4] tc←⊖tc
[ 5] →(2==_X)/⎕LC+2
[ 6] X←(X)⍴(0)
[ 7] tc[1;]←(⁻1↑ptc)↑↑X
[ 8] rc←1  A rc = 1 beendet aktuelle Transaktion
[ 9] fc←0  A fc = 0 Keine Fehler
[10] 'pfk_QUER←⊂X[2]' ⎕EA 'pfk_QUER←pfk_QUER,⊂X[2]'
[11] →(2≠⎕NC 'Y')/0
[12] 'spal←⊂Y' ⎕EA 'spal←spal,⊂Y' A Setzen Rueckkehrtr.
    ∇
```

Abb. 17. Die Funktion tcSEL zum Transaktionsaufruf: Mit dieser Funktion werden die Transaktionen aufgerufen, zum Verständnis sind nur die Zeilen 4, 7 - 9 erforderlich.

Zeile 0
Die Funktion kann alternativ mit einem linken Argument - der Rückkehrtransaktion - aufgerufen werden.

Zeile 4
Drehen der Transaktionsmatrix "tc", damit die aktuelle Transaktion die vorhergehende Transaktion wird.

Zeile 5
Prüfen, ob mit zusätzlichen PF-Tasten aufgerufen wurde. In diesem Fall muß das Argument "nested" sein, d.h., die Variable besteht aus zwei Elementen, der aufzurufenden Transaktion und dem Vektor der gültigen PF-Tasten.

Zeile 6
Im nicht geschachtelten Fall wird 0 als zusätzliche PF-Taste angehängt.

Zeile 7
In die erste Zeile der Transaktionsmatrix wird die neue Transaktion eingestellt. Für eine etwas einfachere Steuerungstechnik reicht hier natürlich die Kodierung: tc[1;] ← 10↑X wobei angenommen ist, daß die Transaktionsnamen aus maximal zehn Zeichen bestehen.

Zeile 8

Durch Setzen der Kontrollvariablen "rc" auf 1 wird die aktuelle Transaktion beendet.

Zeile 9

Durch Setzen der Fehlervariablen "fc" auf 0 kann die aktuelle Transaktion beendet werden. Hierdurch wird nämlich angezeigt, daß bei der Ausführung der Transaktion kein Fehler aufgetreten ist (siehe interne Transaktionssteuerung).

Zeile 10

An die Variable pfk_QUER werden die zusätzlichen PF-Tasten angehängt. Diese Variable wird verwendet, um bei einem Transaktionsaufruf spezielle PF-Tasten für die Transaktion verfügbar zu machen. Die Bedeutung dieser Variablen ergibt sich nach der Erarbeitung der internen Steuerungslogik einer Transaktion im nächsten Abschnitt.

Zeile 11

Die Beschreibung dieser und der folgenden Zeile behandelt einige Sonderfälle, die für die Steuerung eines Transaktionsnetzwerkes von Bedeutung sind. Wie bereits erwähnt, können diese Zeilen für eine einfache Transaktionssteuerung überschlagen werden.

Im linken Argument der Funktion kann der Name einer Rückkehr-Transaktion angegeben werden, sie wird durch die Funktion RETURN aufgerufen. Hier wird nun geprüft, ob eine Rückkehr-Transaktion angegeben wurde.

Zeile 12

Die Rückkehr-Transaktion wird an die Variable "spal" angehängt. In dieser Variablen werden alle Rücksprungadressen gesammelt. Damit läßt sich der Aufrufpfad in einem Netzwerk zurückverfolgen, und über die Funktion RETURN können die richtigen Transaktionen wiedergefunden werden. Da die Ausführung unter ⎕EA Kontrolle erfolgt, wird bei einem ersten Aufrug mit Rückkehrtransaktion die Variable spal mit dem Wert von Y initialisiert.

Flipp/Flopp oder Rückkehr zur aufrufenden Transaktion

Mit der Funktion tcBACK wird immer die gerade verlassene Transaktion aufgerufen. Man wechselt hierdurch immer zwischen zwei "benachbarten" Anwendungen. Um dies zu erreichen, müssen nur die Transaktionsmatrix gedreht (Zeile 2) und die notwendigen Codes zur Beendigung der aktuellen Transaktion gesetzt werden. Da nur die zweizeilige Steuerungstabelle "tc" verwendet wird, kehrt man aber immer nur zur direkt davor liegenden Transaktion zurück. Wenn also einmal diese Funktion aufgerufen wurde, ist man bei einem erneuten Aufruf dieser Funktion wieder bei der Ausgangstransaktion gelandet.

Falls dieser Effekt nicht gewünscht wird, muß beim Aufruf der Transaktionen die gewünschte Rückkehr-Transaktion angegeben werden - wir haben ja gesehen, daß man diese Rücksprungadresse als linkes Argument der Funktion tcSEL angeben kann. Über die Funktion RETURN verfolgt man dann den

Pfad rückwärts, den man beim Aufruf der Transaktionen im Anwendungsnetzwerk durchlaufen hat.

```
    ∇ tcBACK
[1] ⍝| Zurueck zur aufrufenden Transaktion
[2] tc←⍴tc
[3] rc←1
[4] fc←0
    ∇
```

Abb. 18. Die Funktion tcBACK: Mit dieser Funktion kehrt man zur aufrufenden Transaktion zurück.

Beenden der Anwendung

Durch den Aufruf dieser Funktion wird die Anwendung beendet. Falls man weitere Aktivitäten durchführen möchte, z.B. LOGOF vom System, sind diese Anweisungen ebenfalls in die Funktion tcEND aufzunehmen.

```
    ∇ tcEND
[1] ⍝| Dialogende
[2] →
    ∇
```

Abb. 19. Die Funktion tcEND: Die APL-Anweisung in Zeile 2 beendet diese Funktion, ohne zu den aufrufenden Funktionen zurückzukehren.

Zurück bei Quereinstiegen

Quereinstiege in eine Transaktionshierarchie bedeuten, daß man, wie in Abbildung 16 dargestellt, eine Transaktion verläßt, um in einem anderen Transaktionszweig mit der Verarbeitung fortzufahren. Ähnlich wie bei dem direkten Transaktionsaufruf durch gekettete Auswahlziffern überspringt man hier u.U. zwischengelagerte Auswahlmenüs, man steigt also nicht auf dem hierarchisch vorgegebenen Pfad in eine Transaktion ein, sondern "quer". Falls ein Rücksprung an den Aufrufpunkt gewünscht ist, konnte beim Transaktionsaufruf mit tcSEL diese Rücksprung-Transaktion angegeben werden.

Die Funktion RETURN behandelt diese Rücksprungadressen und verzweigt entsprechend der Variablen "spal" zum Aufsetzpunkt.

```
     ∇ RETURN
[1] ⍝ Zurueck zur Rueckkehrtransaktion
[2] '→∆L1' ⎕EA '→('' ''⍺.=∊¯1↑spa1)/∆L1'
[3] tcSEL ¯1⊃spa1
[4] ⍝ Loeschen zusaetzlicher PF-Tasten
[5] pfk_QUER←¯1↓pfk_QUER
[6] →0 spa1←¯1↓spa1
[7]
[8] ∆L1:tcBACK  ⍝ keine Rueckkehrtransaktion
     ∇
```

Abb. 20. Zurück zur aufrufenden Transaktion: Über diesen Funktionsaufruf wird der hierarchische Pfad, der zur aktuellen Transaktion geführt hat, rückwärts verfolgt.

Zeile 2
Prüfen, ob eine Rückkehr-Transaktion vorhanden ist. Dies wird daran erkannt, daß die Variable "spa1" einen Wert ungleich Blank enthält. Die Verzweigung erfolgt hier mit ⎕EA. Dadurch ist es nicht erforderlich, zunächst das Vorhandensein der Variablen "spa1" zu prüfen.

Zeile 3
Aufruf der neuesten Rückkehr-Transaktion (letztes Element von spa1).

Zeile 5
Löschen der gesetzten zusätzlichen PF-Tasten aus pfk_QUER.

Zeile 6
Löschen dieser Rückkehr-Transaktion aus spa1 und Funktionsende.

Zeile 8
Falls keine Rückkehr-Transaktion gesetzt war, tcBACK.

Mit diesen vier Funktionen in Verbindung mit der zentralen Steuerungsfunktion haben wir bereits die Basis für ein beliebig komplexes Anwendungssystem gelegt. Wir wissen nämlich, wie man ohne großen Aufwand von einer Transaktion eine andere aufrufen und zum gewünschten Aufrufpunkt zurückkehren kann. Der wesentliche Aspekt hierbei ist, daß man derartige als zentrales Problem erkannte Funktionen unabhängig von einer konkreten Aufgabe zu realisieren versucht. In einem realen Projekt wäre es natürlich möglich gewesen, diese Steuerung in jeder Transaktion individuell zu programmieren. Dies wäre gemäß unserem Ansatz jedoch eine sehr schlechte Lösung gewesen, da so von vornherein eine gewisse Redundanz und damit ein erhöhter Wartungs- und Pflegeaufwand in das zu realisierenden Anwendungssystem eingebaut worden wäre. Diese Überlegung läßt sich gewissermaßen zu einem generellen Prinzip des Software-Engineering erheben:

- **Vermeide Redundanz**

- **Wenn identische Funktionen mehrmals auftreten, dann finde eine allgemeingültige Lösung**

3.2.2 Direkter Transaktionsaufruf

Kommen wir zum nächsten Steuerungsproblem innerhalb einer Anwendung. Bisher wurde gezeigt, wie man eine Transaktion aus einer zentralen Steuerungsfunktion heraus aufruft. Nun tritt bei komplexeren Verfahren jedoch der Wunsch auf, in einer Transaktion eine beliebige andere Transaktion gezielt aufzurufen. Dies ist eine zur Beschleunigung des Verfahrensablaufes insbesondere von erfahrenen Benutzern häufig geäußerte Forderung. Natürlich könnte man diese Aufrufe bei der Realisierung jeder Einzeltransaktion entsprechend berücksichtigen. Da jedoch Redundanzen in der Problemlösung vermieden werden sollen, werden wir auch für diese Aufgabenstellung eine allgemeingültige Lösung suchen.

Bevor wir uns mit den Realisierungsmöglichkeiten beschäftigen können, muß klar sein, wie dieser Aufruf aus der Sicht des Benutzers gestaltet werden soll. Zunächst muß jeder direkte Transaktionsaufruf davon ausgehen, daß der Name der gesuchten Transaktion/Anwendungsfunktion bekannt ist. Unter dieser Voraussetzung ist dann die Möglichkeit zu schaffen, diesen Transaktionsnamen auf jedem Bild einzugeben. Hierfür bieten sich im wesentlichen drei Alternativen an:

1. Auf jeder Bildschirmmaske wird eine Kommandozeile vorgesehen, in die der gewünschte Transaktionsname eingegeben werden kann.

2. Wir erlauben, daß in einem beliebigen Eingabefeld die geforderte Transaktion durch Eingabe von z.B. "= Transaktion3" aufgerufen wird. Hierbei muß natürlich sichergestellt werden, daß das Zeichen "=" nicht für Anwendungsdaten verwendet wird.

3. Eine dritte Möglichkeit besteht darin, die zusammengesetzten Auswahlziffern der zu durchlaufenden Auswahlrahmen etwa in der Form "= 1.3.7" anzugeben.

Falls wir jedoch eine logische Transaktionshierarchie wie in Abb. 21 durchlaufen, dürfen mit dieser dritten Alternative die Anwendungen 4 und 5 nicht erreicht werden. Die Transaktionen 4 und 5 werden nämlich nicht durch eine Auswahlziffer in einem Menü ausgewählt, sondern sind Folgebilder der Transaktion 3. Diese beiden Transaktionen entsprechen somit keinen Auswahlziffern. Weiterhin muß der Benutzer bei dieser dritten Alternative alle verfügbaren Menü-Codes kennen, um die einzelnen Anwendungen zu erreichen.

An diesen verschiedenen Möglichkeiten sieht man, daß eigentlich alle drei Alternativen vorzusehen sind. Alternative 1 ist nur ein spezieller Aspekt von 2, denn ein spezielles Kommandofeld ist auch nur ein Eingabefeld, das jedoch beim Bildschirmdesign immer vorgesehen werden muß. Falls man sich also für 2 entscheidet, wäre 1 lediglich ein Spezialfall.

Wie sieht das nun mit Alternative 3 aus? Es ist sicherlich notwendig, aus der Eingabe einer Funktionsziffer auf den geforderten Transaktionsnamen zu schließen, denn mit der Eingabe von "= 1.3.7" soll eine ganz bestimmte Transaktion aufgerufen werden. Hier bietet sich die Transaktion TRANS137 an. Alternative 3 läßt sich somit dann recht einfach abdecken, wenn wir bei der Namensvergabe unserer Transaktionen als Namen einen festen Anteil, z.B. PERS für ein Personalsystem, gefolgt von den geketteten Funktionsziffern wählen. Wir wollen daher festhalten:

Transaktionsnamen sind so zu wählen, daß von ihnen auf die erforderlichen Auswahlziffern geschlossen werden kann.

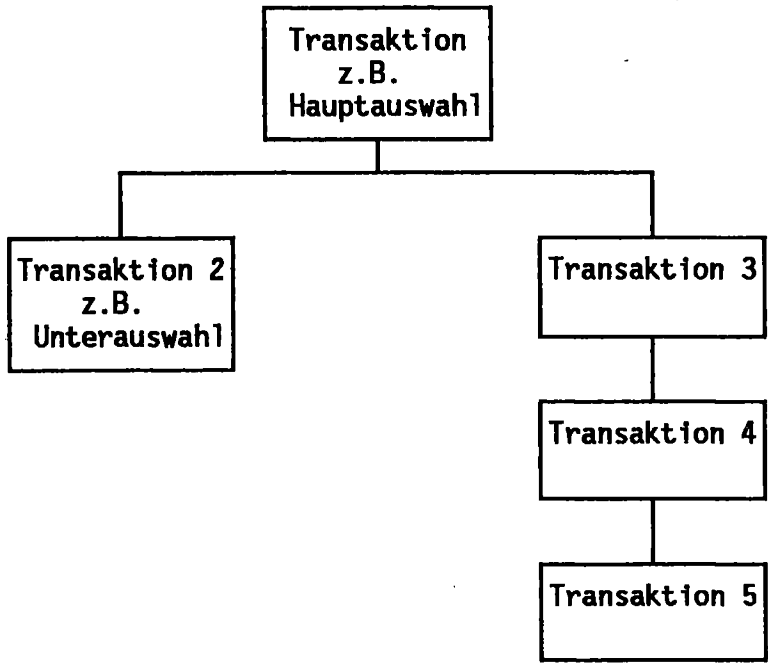

Abb. 21. Transaktionshierarchie

Wir entscheiden uns für die Alternative 2 mit dem Zusatz, daß auch die Eingabe von ″= 1.3.7″ erlaubt ist. Wie sieht das nun in der konkreten Realisierung aus? Innerhalb jeder Transaktion wäre eine Abfrage einzubauen: ″Ist eine andere Transaktion aufzurufen?″ Das könnte sicher recht einfach dadurch geschehen, daß man nach Beendigung der Bildschirmanzeige durch Betätigen einer Daten-Freigabe-Taste prüft, ob in einem Feld an der ersten Position ein ″=″ eingegeben wurde. In diesem Fall beendet man die aktuelle Transaktion und ruft die gewünschte Anwendungsfunktion auf.

Diese Vorgehensweise, d.h. die Behandlung des direkten Transaktionsaufrufes in den einzelnen Transaktionen, ist in Abb. 22 dargestellt. Bei einer echten Realisierung dieser flexiblen Transaktionsaufrufe müssen wir jedoch darauf achten, daß das ″=″-Zeichen einer speziellen Interpretation unterliegt und nicht als normales Zeichen verwendet werden kann.

An diesem Punkt sehen wir ganz deutlich, daß bei dieser Vorgehensweise unser Problem "Programmierung einer benutzerfreundlichen Anwendung" gelöst wird. Es müssen jedoch jedesmal identische Verarbeitungsschritte in die einzelnen Programme eingebaut werden. Neben dem Problem, dies bei der Anwendungsentwicklung immer zu berücksichtigen, ergeben sich auch vermehrte Fehlermöglichkeiten durch die aufwendigeren Programme. Außerdem widerspricht diese Vorgehensweise unserer Forderung nach Redundanzfreiheit.

```
     ∇ MODELL4
 [ 1] ⍝ ....
 [ 2] ....

 ....

 ....
 [ 6] ⍝ so koennte eine andere Transaktion
 [ 7] ⍝ aufgerufen werden
 [ 8] S←⍺LES ⍀FELD    ⍝ Lesen aller Eingabefelder
 [ 9] →(~'=' ∈ S)/⍙WEITER    ⍝ Kein Direktaufruf durch =
 [10] ⍝ Pruefen, welche Zeichenkette hinter =
 [11] ⍝ ????
 [12] tcSEL 'PERS137'    ⍝ da stand z.B. =1.3.7
 [13]    →0
 [14] ⍙WEITER:    ⍝ weiter in normaler Verarbeitung
 [15] ⍝ ...
```

Abb. 22.   Programm zum Aufruf anderer Transaktionen: Eine ungeschickte Art (diese Kodierung muß immer wiederholt werden), eine andere Transaktion direkt aufzurufen.

Wir sollten an dieser Stelle also eine saubere Strukturanalyse einer Einzeltransaktion durchführen. Aus was besteht sie, welche Standards sind in jeder Transaktion vorzusehen? Unser nächstes Ziel ist also eine Rahmentransaktion, die alle bisher aufgetauchten Probleme behandeln kann; denn nicht jeder Organisator oder Programmierer einer Anwendung wird diese Strukturüberlegungen von sich aus anstellen. In den folgenden Kapiteln behandeln wir daher die Realisierung einer einzelnen Transaktion? Zuvor wollen wir jedoch die Technik der Bildschirmdefinition bei APL betrachten..

4. Grundprinzipien der Bildschirmformatierung

Für jede Bildschirmdefinition benötigt man spezielle Angaben über die Lage der einzelnen Felder auf dem Bildschirm. Die Mindestangaben hängen nur wenig von der verwendeten Bildschirmunterstützung ab, ich will daher zunächst auf die wesentlichsten Informationen für eine Bildschirmdefinition eingehen.

Der Bildschirm (Abb.23) ist aus verschiedenen Feldern aufgebaut, dem festen Maskentext, z.B. Überschriftszeile oder Information über die Auswahlmöglichkeiten, und variablen Feldern, die abhängig von der Verarbeitungslogik gefüllt werden - z.B. das Tagesdatum oder das Feld zur Eingabe der gewünschten Funktionsziffer.

```
PERSO  ----------- Personal-Informationssystem ------ Datum: 01.08.87
H A U P T A U S W A H L R A H M E N
Info:  ##################################################################


          01  Funktion 1
          02  Funktion 2
          03  Funktion 3



Funktionsziffer ===> #
       Key-Feld 1 ..: ########
       Key-Feld 2 ..: ############
       Key-Feld 3 ..: ########
       Drucker-Adr..: ########

#####################################################################
PF: 1=Hilfe                                                  12=Ende
```

Abb. 23. Ein Auswahl- oder Menübildschirm

Zur Bestimmung der Lage der Felder auf dem Bildschirm benötigen wir eine Format-Matrix, die prinzipiell aus:

Zeile, Spalte, Höhe, Breite (Länge), Typ

besteht. Die 2 in der Spalte Typ steht hier für ein Ausgabefeld, die 0 beschreibt ein Eingabefeld. Neben diesen Angaben in der Format-Matrix können in Abhängigkeit vom verwendeten Bildschirmsupport (GDDM mit AP126 oder AP124) weitere Informationen wie Anzeigeintensität, Farbe etc. mit aufgenommen werden. Die Mindestangaben für eine Format-Matrix, unabhängig vom verwendeten Bildschirm-Support, sind also:

```
Zeile Spalte   Höhe Breite Typ
-----------------------------------
  1     1       1    5      2
  1    20       1   30      2
  1    51       1   10      2
  1    62       1    6      2
  1    70       1    8      2
...
  5    17       1   20      0
  7     1      10   10      2
```

Für die festen Rahmentexte ist eine Textmatrix erforderlich, die den entsprechenden Maskentext enthält. Diese Textmatrix hat prinzipiell folgenden Aufbau:

```
 1 PERSO
 2 Personal-Informationssystem
 6 HAUPTAUSWAHLRAHMEN
 7 Info
...
```

In dieser Textmatrix steht neben dem Maskentext die Nummer des Feldes, in das der Text geschrieben werden soll. Diese Angaben sind mindestens erforderlich, um einen Bildschirm zu definieren. Bei den meisten Maskengeneratoren werden diese Angaben in einer Format-Matrix "f" und einer Textmatrix "t" gespeichert.

Darüber hinaus verwendet man gerne für variable Felder - also Felder, in die von einem Anwendungsprogramm in Abhängigkeit von der Verarbeitungslogik unterschiedliche Daten geschrieben werden sollen - Feldnamen. Die Angaben für diese Feldnamen werden entsprechend der Textmatrix in einer Matrix "l" (Label) vorgenommen.

```
 5 DATUM
 8 PGMMSG
15 PERS_KEY
21 PRINTERID
```

Auch hier wird die Verbindung zum entsprechenden Feld auf dem Bildschirm über die Feldnummer vor dem Feldnamen hergestellt. Falls Feldnamen verwendet werden, gehen alle Maskengeneratoren davon aus, daß eine Variable mit diesem Namen automatisch in das Maskenfeld mit dem entsprechenden Namen geschrieben wird. Da der Bildschirm allerdings immer über die Feldnummern adressiert wird, ist zunächst die Bestimmung der Feldnummer aus der Matrix "l" erforderlich.

Zusammenfassung

Alle Bildschirmdefinitionen erfolgen über drei Matrizen, die im allgemeinen folgende Namen haben:

f = Format-Tabelle
t = Formattext
l = Feldnamen oder Labels

Bei APL2 können diese 3 Variablen in einem geschachtelten Vektor zusammengefaßt werden, dem man z.B. den Namen **F_Formatname** gibt.

In den APL-Handbüchern wird detailliert beschrieben, wie eine Bildschirmformatierung im einzelnen erfolgt. Zur Erleichterung des Verständnisses der im folgenden Kapitel zu behandelnden Transaktionen soll an dieser Stelle noch kurz auf die Bildschirmformatierung am Beispiel von GDDM eingegangen werden.

4.1 Bildschirmformatierung mit GDDM

Das Programm GDDM (Graphical Data Display Manager) unterstützt die Bildschirmaufbereitung bei APL2. Wie bei APL üblich, erfolgt die Kommunikation mit APL-externen Programmen über sogenannte Partnerprogramme. Diese Partnerprogramme können über gemeinsam genutzte Variablen Informationen mit der APL-Anwendung im Arbeitsbereich (Workspace/WS) austauschen. Abbildung 24 soll dieses Konzept veranschaulichen.

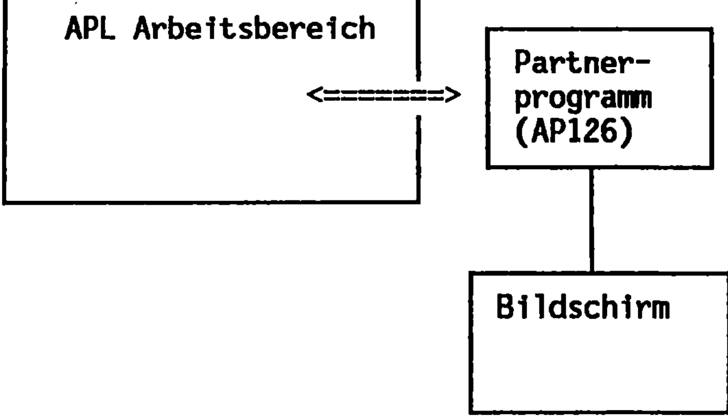

Abb. 24. Partnerprogramm AP126: Das Partnerprogramm wird als "APL-externes" Programm über gemeinsame Variablen angesprochen.

Zur Kommunikation mit dem Partnerprogramm, hier der AP126, ist zunächst die Verbindung über gemeinsame Variablen herzustellen. Hierzu wird das gewünschte Partnerprogramm ausgewählt und ihm über die Anweisung

```
126 ⎕SVO "'CTLs' 'DATs'
```

mitgeteilt, daß man die zwei Variablen CTLs und DATs gemeinsam benutzen möchte. Nachdem das Partnerprogramm das Angebot zur gemeinsamen Nutzung dieser beiden Variablen angenommen hat, kann man der Kontrollvariablen CTLs in Verbindung mit der Datenvariablen DATs Befehle zuweisen, die das Partnerprogramm für GDDM ausführen soll. Eine ausführliche Beschreibung des Befehlsumfangs, den GDDM für Aufbereitung und Bearbeitung einer Bildschirmmaske bietet, findet man in den GDDM-Handbüchern.

Bei der Kommunikation mit GDDM über den AP126 ist zu beachten, daß für jedes GDDM-Makro in APL2 eine Nummer vergeben wird. Alle erforderlichen numerischen Werte werden über die Kontrollvariable an GDDM weitergegeben, die alphanumerischen Informationen über die Datenvariable DATs. Wir wollen für diese gemeinsamen Variablen die Namen CTLs und DATs verwenden, da diese Namen auch die verschiedenen Standardfunktionen von APL2 benutzen, z.B. der bei APL2 mitgelieferte Arbeitsbereich GRAPH-PAK für kommerzielle Graphiken. Hier ist nämlich zu berücksichtigen, daß man jeweils nur über ein aktives Variablenpaar mit GDDM kommunizieren darf. Durch Verwendung gleicher Variablen können so die Möglichkeiten dieser Anwendungen in den Bildschirmmasken, z.B. Anzeige eines Balkendiagramms mit GRAPHPAK oder Aufruf von ICU (Interactive Chart Utility), der Graphikkomponente von GDDM, genutzt werden.

Prinzipiell kann ein Bildschirm mit Hilfe von GDDM über das Programm xFORM formatiert werden. Ich überlasse es dem Leser, die verwendeten GDDM-Codes in Verbindung mit dem entsprechenden GDDM-Handbuch zu interpretieren. Normalerweise muß sich der APL-Programmierer nicht mit diesen Makros auseinandersetzen, da diese Funktionen über Standardroutinen in den APL-Implementierungen zur Verfügung gestellt werden sollten.

Auf einige Besonderheiten, die durch den Display-Manager GDDM gegeben sind, möchte ich jedoch besonders hinweisen. GDDM kennt bei der Formatierung eines Bildschirms zunächst auf der physischen Ebene den konkreten Bildschirm, die "Device", auf der logischen Ebene verwendet GDDM unterschiedliche Bildschirmseiten, sogenannte Pages. Für die Formatierung eines Bildschirmes und die Anzeige der Daten verlangt GDDM also zunächst immer die Auswahl einer Bildschirmseite. Dieses logische Seitenkonzept bedeutet nun, daß man in einer Anwendung für jede Bildschirmmaske auch eine eigene GDDM-Page verwenden kann. Der Vorteil einer solchen Vorgehensweise ist, daß jeder Bildschirm nur einmal formatiert werden muß. GDDM legt in seinen internen Puffern für jede Bildschirmmaske einen Bereich an, der über die Page-Nummer identifiziert wird. Möchte man also auf eine einmal formatierte Bildschirmmaske zurückgreifen, muß man über das entsprechende GDDM-Makro nur die richtige GDDM-Page aufrufen. Deshalb ist in Abb. 25 auch eine Page-Nummer im Aufruf der Formatierungsfunktion angegeben.

Durch konsequentes Einhalten dieser Technik erzielt man eine ganz erhebliche Performance-Verbesserung der Anwendung, besonders dann, wenn man zur Unterstützung des späteren Benutzers intensiv von eingeblendeten Hilfetexten Gebrauch machen will. Betrachten wir jedoch zunächst einige ausgewählte Zeilen der Formatierungsfunktion genauer:

```
      ∇ xFORM PNR;FC;cez;cNUM
[ 1] A| Formatieren des Bildschirms mit Definitionen
[ 2] A   f = Formatmatrix, t = Formattext
[ 3] A fuer GDDM (AP126). PNR = gewuenschte GDDM-Page
[ 4] A FORMATMATRIX:
[ 5] A 1  2  3  4  5  6                7      8
[ 6] A XX YY HH LL TYP INTENSITAET FARBE SYMBOLSET
[ 7] A 9             10 11     12
[ 8] A HIGHLIGHT END NULLS BLANKS
[ 9] A  13               14
[10] A DEZIMALSTELLEN CODE
[11] CTLs←303,PNR           A Loeschen ausgewaehlte Page
[12] CTLs←302,PNR,24 80 A Formatieren Page
[13]    →(0≠1↑FC←CTLs)/ΔF1
[14] CTLs←305,PNR           A Auswaehlen Page
[15]    →(0≠1↑FC←CTLs)/ΔF1
[16] CTLs←402,(1↑ρf),13,,(ι1↑ρf),f[;ι12]
[17]    →(0≠1↑FC←CTLs)/ΔF1
[18]
[19] A ..   Schreiben feste Texte (Rahmen) ..
[20] (≙,t[;ι3],'  ') xWRT 0 3↓t
[21] CTLs←430,(L/f[;5]ι1 0),1 1 A Cursor auf Eingabefeld
[22]    →0,CTLs
[23] ΔF1:'Fehler bei xFORM / Code : ',⍕FC
      ∇
```

Abb. 25. Formatieren mit GDDM: Die Formatierung mit GDDM erfolgt immer auf einer frei wählbaren logischen Seite. Die Formattabellen sind globale Variablen.

Zeile 6 - 9

Die Formatmatrix besteht aus 14 Spalten, d.h. jedes Feld ist mit 14 Attributen versehen. Neben den spezifischen GDDM-Attributen wie Feldlänge, Typ oder Nulls/Blanks (gibt an, ob Leerstellen in Nulls umgeschlüsselt werden sollen - dann kann man Zeichen innerhalb eines Feldes einfügen, ohne zunächst am Ende des Feldes die entsprechende Anzahl von Leerstellen zu entfernen), wurden auch anwendungsspezifische Attribute mit aufgenommen.

Zeile 11 - 15

Da jede Bildschirmmaske auf einer eigenen GDDM-Page (PNR) formatiert werden soll, ist zunächst die ausgewählte Seite zu löschen und anschließend entsprechend der vorgegebenen Bildschirmgöße zu definieren und für die Formatierung auszuwählen.

Zeile 16

Zur Formatierung der Bildschirmmaske wird die Format-Matrix benötigt. An diese Tabelle ist eine erste Spalte angehängt, und zwar die Feldnummer, so daß die Format-Tabelle für GDDM 13 Spalten enthält. Dem Aufruf des GDDM-

Calls ASDFMT entspricht hier der Code 402, und die erforderliche Parameterliste (Struktur der Format-Tabelle, Format-Tabelle) wird bei der Übergabe an die gemeinsame Variable CTLs an diesen Code angehängt. Für die Formatierung sind nur numerische Werte erforderlich, so daß die Variable DATs nicht gesetzt werden muß.

Zeile 20

In dieser Zeile wird der feste Maskentext mit der Funktion xWRT geschrieben. Als linkes Argument benötigt diese Funktion die Feldnummern, die in den ersten drei Spalten der Textmatrix "t" stehen. Um diese Feldnummern als Zahlen zu erzeugen, müssen die als Texte gespeicherten Ziffern in Zahlen umgewandelt werden. Vor dem Aufreihen mit "," wird hier eine Leerspalte angehängt, da andernfalls die einzelnen Ziffern für das ⊛ nicht durch eine Leerstelle getrennt wären.

Zeile 21

Der Cursor wird auf das erste nicht gesperrte Feld positioniert. Man erkennt dies an der Format-Matrix, die in Spalte 5 den Typ des Feldes ($0 =$ Ein-/Ausgabe, $1 =$ numerische Ein-/Ausgabe) enthält.

An dieser GDDM-Funktion sieht man, daß in einer bestimmten Reihenfolge formatiert werden muß:

- Definition einer neuen GDDM-Seite (Anzahl Zeilen/Spalten)

- Auswahl der GDDM-Seite

- Formatieren der GDDM-Seite (Definition der Felder)

- Schreiben der Anwendungsdaten

- Anzeige des Bildschirms (in der Funktion xFORM nicht mehr dargestellt)

Beim Aufbau der Format-Matrix, in der die Angaben einer Zeile alle Feldattribute eines Feldes enthalten, können neben den echten Attributen auch anwendungsspezifische Angaben aufgenommen werden. So ist hier in Spalte 13 die Anzahl der Dezimalstellen vorgesehen - die Formatierungsfunktionen von GDDM kennen keine Dezimalstellen - und in Spalte 14 eine zusätzliche Information über die Qualität eines Ausgabefeldes. Formatierungsfunktionen für einen Bildschirm kennen nur Ein- oder Ausgabefelder, es besteht kein Unterschied zwischen einem festen Maskentext oder einem gesperrten Feld, in dem Anwendungsdaten angezeigt werden. Will man in einem Anwendungsgenerator diese Unterschiede berücksichtigen, so kann dies in einer zusätzlichen Spalte, hier also Spalte 14, geschehen.

GDDM kennt außer diesen Bildschirmseiten noch Partitions. Was ist das, und wozu kann man diese einsetzen? Der Vorteil dieser logischen Unterteilung kommt besonders dann zum Tragen, wenn man zur Nutzerunterstützung Hilfetexte in den aktuellen Bildschirm einblenden will. Betrachten wir also im folgenden die Fenstertechnik und ihre Realisierung mit GDDM.

4.2 GDDM-Fenstertechnik

Auf der Bildschirmmaske in Abb. 26 ist ein Hilfetext dargestellt, der z.B. dann erscheint, wenn bei einer Cursor-Position im Feld Drucker-Adr die F1-Taste gedrückt wird. Dieses Fenster - allgemein Window genannt - überlagert alle eventuell darunterliegenden Maskenfelder.

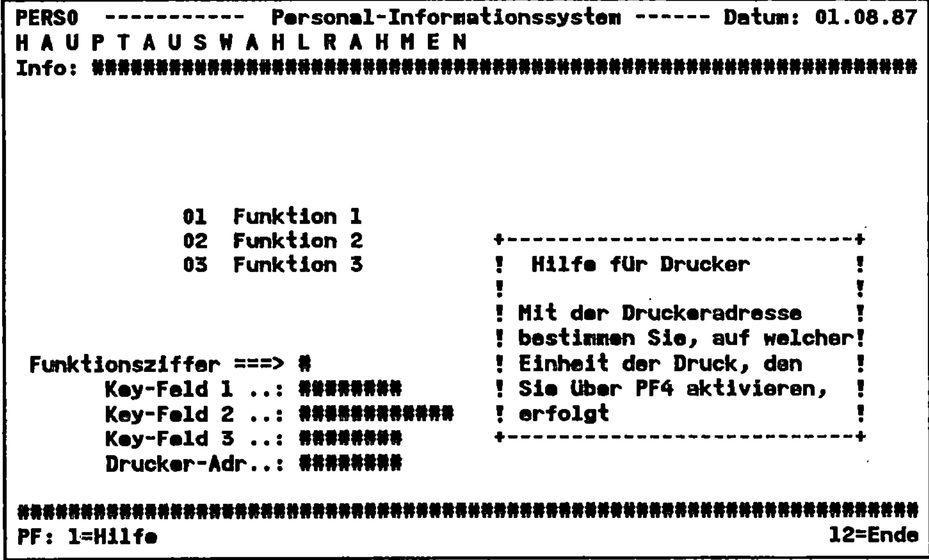

Abb. 26. Ein Bildschirm mit eingeblendetem Hilfe-Fenster

Wenn die normale Verarbeitung wieder aufgenommen werden soll, ist zunächst dieses Window zu entfernen und der Bildschirm in seinem Originalzustand darzustellen. Hier kann das logische Seitenkonzept von GDDM helfen. Der Bildschirm mit dem eingeblendeten Hilfetext wird auf einer neuen GDDM-Page formatiert. Um nun den Bildschirm wieder im Originalzustand anzuzeigen, ruft man die alte GDDM-Seite mit dem entsprechenden GDDM-Makro (305, PNR) auf.

An dieser Stelle möchte ich jedoch auf eine noch effektivere Windowtechnik - das Partitioning - eingehen. Hierbei kann jede logische GDDM-Seite in unterschiedliche Blöcke, die sich auch gegenseitig überlagern dürfen, unterteilt werden. Diese Window-Funktion in Abb. 27 nutzt die Möglichkeiten von GDDM voll aus. Mit ihr kann der auf der Bildschirmmaske (Abb. 26) eingeblendete Hilfetext dargestellt werden; später wird noch etwas detaillierter auf die Hilfetexte eingegangen. Hier steht zunächst nur die technische Realisierung mit GDDM zur Diskussion. Betrachten wir nun die Window-Funktion im einzelnen:

```
     ∇ X xWINDOW W;I;f
[ 1] A|POP-UP Windows
[ 2] A X = Position fuer Window
[ 3] A W = Text fuer Window
[ 4]
[ 5] →(2=□NC 'partnr')/ΔL1
[ 6]    partnr←1
[ 7] ΔL1:partnr←partnr+1
[ 8] CTLs←1025,partnr                    A Delete Partition
[ 9] CTLs←1021,partnr,6,X,(pW), 1 1 A Create Partition
[10] CTLs←1024,partnr                    A Select Partition
[11]
[12] A Aufbau der Formatmatrix entspr. Groesse W
[13] f←1 14p1 1 1,(pW),2 2 1 0 2 0 0 0 2
[14] xFORM 1                             A Formatieren Window
[15] 1 xWRT ,W                           A Schreiben Text
[16] CTLs←101                            A Anzeige Bilschirm
[17]   ic←3↑CTLs                         A Interrupt-Code
[18] CTLs←431 1                          A Cursor-Position
[19]   cp←5↓CTLs
[20]
[21] CTLs←1025,partnr                    A Loeschen Partition
[22]    □AI←CTLs
[23] partnr←partnr-1
     ∇
```

Abb. 27. Fenstertechnik mit GDDM-Partitions

Zeile 0
Zum Aufruf der Funktion werden 2 Argumente benötigt. Im linken Argument gibt man die Zeile und Spalte an (linke obere Ecke des Windows), wo das Fenster eingeblendet werden soll. Das rechte Argument enthält den einzublendenden Hilfetext.

Zeile 5-7
Das Partitioning-Konzept sieht vor, daß mehr als eine Partition - also Windows - übereinander gelagert werden können. Diese Partitions können fortlaufend nummeriert werden. Diese Möglichkeit ist hier vorgesehen, d.h., in der Variablen "partnr" werden die Partitions hochgezählt und in Zeile 21 wieder heruntergezählt.

Zeile 8
Die geforderte Partition wird aus Sicherheitsgründen zunächst gelöscht, damit durch eine eventuelle Fehlbedienung keine Überlagerungen auftreten.

Zeile 9
Mit dem GDDM-Aufruf "1021" wird die Partition angelegt. Über Einzelheiten der hier verwendeten Parameter informiert das GDDM-Benutzerhandbuch.

Zeile 10
Die Partition wird ausgewählt. Die Vorgehensweise ist also identisch mit der normalen Formatierung eines Bildschirms.

Zeile 13
Hier wird die Format-Matrix entsprechend der übergebenen Größe des Hilfetextes aufgebaut.

Zeile 14
Über die bereits behandelte Funktion xFORM wird das Window formatiert. Man beachte, daß innerhalb des "alten" Bildschirms ein neues Fenster definiert wurde, so daß nur dieses Fenster formatiert werden muß.

Zeile 15
Der Hilfetext wird in das Fenster geschrieben. Die hier aufgeführte Funktion xWRT werden wir noch kennenlernen.

Zeile 16
Der GDDM-Aufruf "101" dient zum Anzeigen eines Bildschirms. Durch diesen Befehl wird somit der oben dargestellte Bildschirm angezeigt.

Zeile 17
Bei Einsatz dieser Window-Funktion für die Anzeige von Hilfetexten muß bekannt sein, ob das Fenster durch Betätigung einer PF-Taste verlassen wurde. Die ersten drei Elemente der Kontrollvariablen CTLs enthalten als Antwort auf die Zuweisung des Anzeigebefehls ASREAD (101) in Zeile 16 die Angabe über die Art der Eingabeunterbrechung.

Zeile 18/19 Durch diese GDDM-Operationen wird die aktuelle Cursorposition in der Variablen cp bestimmt.

Zeile 21/22
Die soeben definierte Partition wird wieder gelöscht. Hierdurch verschwindet das Fenster, und der Bildschirm wird in seinem Originalzustand angezeigt.

Zeile 23
Wie bei Zeile 5 angesprochen, wird die Partition-Nummer wieder heruntergezählt.

In dieser Window-Funktion wurden nur sehr vereinfachend die Möglichkeiten der GDDM-Fenstertechnik angesprochen. Natürlich ist es auch möglich, vollständige Anwendungsmasken in dieser Technik darzustellen. Dies gilt z.B. für das Einblenden von Windows zur Eingabe einer Druckeradresse und weiterer Angaben für die Druckersteuerung wie Seitenlänge etc.

Bei Nutzung dieser Fenstertechnik ist zu beachten, daß bei der normalen Formatierung eines Bildschirms ein Partition-Set definiert ist, denn nur dann können weitere Partitions für diese Maske angelegt werden. Daher muß unmittelbar nach dem Sharing der gemeinsamen Variablen die entsprechende Definition durchgeführt werden. Mit der folgenden Anweisung (Aufruf eines GDDM-Makros) kann ein solcher Partition-Set angelegt werden.

```
CTLs ← 1001 1 4 24 80 0 1
```

Der numerische Code für den GDDM-Befehl ist 1001, und es wird ein Partitionset für einen 24x80 Bildschirm angelegt.

4.3 Pull-Down-Fenster in Bildschirmmasken

In der bisher dargestellten Transaktionsstruktur bin ich von dem klassischen hierarchischen Konzept ausgegangen. Dies bedeutet, daß man die unterschiedlichen Transaktionen eines Anwendungssystems in einer Baumstruktur gem. Abb. 8 darstellt und die verschiedenen Verarbeitungstransaktionen über eine Menüauswahl erreicht. Man kann dies Konzept auch als Aktion-Objekt Paradigma bezeichnen, denn man wählt hierbei immer zunächst eine Funktion/Aktion aus und identifiziert anschließend das Objekt, z.B. den Personalstammsatz, auf das die Funktion angewandt werden soll. Dieser Ansatz ist in vielen Fällen unzweckmäßig, insbesondere dann, wenn viele unterschiedliche Aktionen auf dasselbe Objekt angewandt werden können. Dies gilt z.B. bei Textverarbeitungssystemen aber auch in vielen kommerziellen Anwendungen, bei denen zur effektiven Vorgangsbearbeitung zusätzliche Informationen aus der Anwendungsstruktur dargestellt werden müssen. Bei einer hierarchischen Aktion/Objekt Implementierung bedeutet dies immer eine Unterbrechung des aktiven Arbeitsprozesses, denn man kann diese Zusatzinformationen nur über die darüberliegenden Menübildschirme erreichen.

```
Aktions  List  Options  Specials                                      Help
---------------------------------------------------------------------------
  DSG_LIST      Objektübersicht aus Bibliothek: USERID.PERSONAL

  Verarbeitungskennung eingeben: S=Select (Anzeige), E=Edit, D=Delete
  V
  K T Objekt-Name          Beschreibung
  _ T PERSO                Starttransaktion des Personalinfosystems
  _ T PERS1                Personalstammdaten
  _ T PERS2                Fähigkeiten/Ausbildungsgang des Mitarbeiters
  _ T PERS3                Kostenstellendaten




                                                      Seite: ___ ______
  ---------------------------------------------------
  Command ===>
  DatFreig  F1=Hilfe      F7=Rueckw  F8=Vorw              F12=Abbrechen
```

Abb. 28. CUA-konformer Bildschirm mit Aktionsleiste

Die erweiterten technischen Möglichkeiten der Personalcomputer (PC) haben hier den Blick auf ein neues Paradigma, die Objekt/Aktion Modellierung geöffnet. Entsprechend Abb. 28 wird hierbei zunächst ein Objekt ausgewählt und über Pulldown-Fenster, das über die Aktionsleiste in der obersten Bildschirmzeile aktiviert wird, die gewünschten Aktionen für dies Objekt ausgewählt. Durch diese Technik gewinnt man an Flexibilität, kann auf Auswahlmenüs verzichten und schafft somit ein benutzerfreundlicheres Interface zwischen Anwender und Dialogsystem. Unter dem Begriff CUA (Common User Access) ist diese Darstellungsform ein Hauptelement der IBM-Anwendungsarchitektur SAA (System Application Architecture), allen Lesern aber sicher auch von den gängigen PC-Oberflächen, wie sie sich in den verschiedenen Produkten (PC Text, Word, Windows 3 oder Präsentation Manager von OS2) darstellen sehr vertraut.

Auf der Basis der soeben behandelten Fenstertechnik möchte ich nun darstellen, wie eine solche Oberfläche sehr einfach implementiert werden kann. Betrachten wir dazu nochmals die Abbildung 28.

Der hier dargestellte Bildschirm zeigt eine Übersicht verschiedener Transaktionen eines Personalinformationssystems. In der Aktionsleiste werden die Funktionsblöcke dargestellt, deren Einzelfunktionen auf ein ausgewähltes Objekt angewandt werden können. Positioniert man den Cursor auf eines dieser Aktionsfelder und betätigt die ENTER-Taste, so erscheint ein Pulldown-Menü, aus dem die gewünschte Funktion durch Cursorauswahl aktiviert wird. So erscheint z.B. bei Aktivierung des Aktionsfeldes "List" das Fenster:

```
+-------------------+
| Transaktionen     |
| Bildschirme       |
| Hilfetexte        |
| Datenprüfung      |
| SQL-Zugriffe      |
+-------------------+
```

Wie kann man nun die vorgestellte Fenstertechnik zur Realisierung dieser Aktionsleiste verwenden? Ich habe dargestellt, daß die Bildschirmdefinition über die Variablen f,t und 1 erfolgt, die zwecks einfacherer Handhabung in einer geschachtelten Variablen gespeichert sein können. Erweitert man nun diese Bildschirmdefinition um eine weiteres Feld - nennen wir es "v" (Verarbeitung) -, so kann hier die gewünschte Definition vorgenommen werden. Die einzelnen Elemente von v sind geschachtelte Variablen der folgenden Struktur.

Sie erkennen an dieser Struktur, daß für jedes Aktionsfeld ein dreielementiger Vektor angelegt wird, der im ersten Element die Feldnummer und im zweiten die Funktion enthält, die zu dem im dritte Element aufgeführten Text gehören. Diese Festlegung gestattet es in sehr einfacher Art und Weise eine Aktionszeile für eine Bildschirmmaske zu definieren und in der Bildschirmvariablen **F_Formatname** abzuspeichern.

```
  +->-----------------------------------------------------------------+
  | .->----.   .->----------.   .->----------------.                  |
  | | 2  |   | LIST 'T' |   | Transaktionen  |                  |
  | '------'   | LIST 'P' |   | Bildschirme    |                  |
  |            | LIST 'H' |   | Hilfetexte     |                  |
  |            | LIST 'C' |   | Datenpruefung  |                  |
  |            | LIST 'S' |   | SQL-Zugriff    |                  |
  |            '----------'   '----------------'                  |
  '------------------------------------------------------------------'
```

Wie wir noch sehen werden, erfolgt die gesamte Steuerung einer Transaktion durch eine Rahmenfunktion, in der dann auch diese Spezialfelder ohne zusätzliche Programmierung behandelt werden können (siehe Kap. 5.2.3). An dieser Stelle soll nun nur noch gezeigt werden, wie die bereits behandelte Fensterfunktion xWINDOW zur Einblendung des Pulldown-Fensters und Aktivierung der ausgewählten Funktion eingesetzt werden kann.

```
     ∇  FN PULLDOWN TEXT
[1] A| PullDown mit Funktionsausfuehrung
[2] A TEXT  : Zeilentexte im PullDown
[3] A FN    : Funktionsmatrix entsprechend TEXT
[3] A cPOPUP: Zeile/Spalte fuer Fensterposition
[4]
[5] cPOPUP xWINDOW TEXT
[6] →(ic[1]≠0)/0      A Kein ENTER, dann Ende
[7] ≙FN[cp[2];]       A Ausfuehren Funktion in FN
     ∇
```

Abb. 29. Einblenden PullDown mit Funktionsausführung

Zeile 0
Wir rufen die Funktion PULLDOWN mit zwei Argumenten auf. Im linken Argument stehen die Funktionen (das zweite Element des oben beschriebenen Vektors v) und im rechten der einzublendende Text.

Zeile 5
Die Funktion xWINDOW verlangt als linkes Argument die Position, i.e. Zeile und Spalte des Bildschirmes, an der das Fenster eingeblendet werden soll. Ich verwende hier eine Variable cPOPUP, die man außerhalb dieser Funktion entsprechend aus der aktuellen Cursorposition errechnen kann (siehe Abb. 36).

Zeile 6
Wird das Fenster nicht mit der ENTER-Taste verlassen, wird die Funktion beendet.

Zeile 7
Es wurde eine Funktion im Fenster ausgewählt. Um die richtige Funktion aus der Funktionsmatrix FN zu finden, benötigen wir die Cursorposition bei der xWINDOW verlassen wurde. Dort wurde bereits durch Abfrage der Kontrollvariablen CTLs in Zeile 17 die Art der Eingabeunterbrechung festgestellt. Erweitert man diese Funktion dort um die beiden Anweisungen

```
CTLs ← 431 1
cp ← 5 ↓ CTLs
```

so erhalten wir in der Variablen cp die Feldnummer sowie Zeile und Spalte des Feldes in der der Cursor steht. Dieser Wert wird zur Aktivierung der gewünschten Funktion in der Matrix FN verwendet.

4.4 Ergänzende Hinweise zu GDDM

Ich werde bei der Behandlung der internen Transaktionssteuerung immer die hier besprochenen gemeinsamen Variablen (shared variables) für GDDM verwenden. Es ist jedoch nicht beabsichtigt, den kompletten Satz der benötigten Formatierungsfunktionen zu beschreiben, sondern nur an Beispielen deutlich zu machen, wie diese Variablen verwendet werden können.

Für die konkrete Programmierung sollte man daher immer auf einen Maskengenerator zurückgreifen, der alle diese Funktionen beinhaltet. Dies könnte z.B. das Programm IBM-APE (Application Prototype Environment), das im Anhang für den PC beschriebene Programm ADS oder ein entsprechendes Werkzeug sein.

Keinesfalls dürfen jedoch die gemeinsamen Variablen sowie die erforderlichen Formatierungsbefehle direkt in den Verarbeitungsprogrammen verwendet werden. Wenn nämlich irgendwann die Anwendung auf einen anderen Bildschirmsupport umgestellt werden sollte, müßten alle Anwendungsprogramme nach diesen Makros durchsucht und entsprechend geändert werden. Bei Verwendung von sogenannten Cover-Funktionen - also Funktionen, die die Aufrufe der externen Partnerprogramme verdecken - müssen nur diese Programme angepaßt werden. Aus diesem Grunde verwende ich in allen Programmen, bei denen ein direkter Aufruf der gemeinsamen Variablen für GDDM vorkommt, den Buchstaben "x" an der ersten Stelle dieser Programme. Vielleicht ist das ein nützlicher Hinweis für jemand, der sich eine eigene Bildschirmunterstützung entwickeln will.

Eine Bildschirmmaske wird im wesentlichen über eine Format-Matrix definiert. In dieser Format-Matrix kann für die einzelnen Felder immer nur ein sehr begrenztes Typenkennzeichen - wir kennen nur Eingabefelder und Ausgabefelder - angegeben werden. Nun kann aber die Qualität der Ausgabefelder ganz unterschiedlich sein. So ist z.B. sowohl der feste Maskentext NAME als auch der Inhalt des variablen Feldes NAME in Anzeigemasken ein Ausgabefeld. Um diese unterschiedliche Qualität der Ausgabefelder zu unterscheiden, verwenden viele Maskengeneratoren (so auch APE) für die Definition von variablen Feldern grundsätzlich Feldnamen.

Eine andere Möglichkeit, die ich bevorzuge, besteht darin, die Format-Matrix so zu erweitern, daß durch Eintragungen in einer speziellen Spalte dieser Matrix die Charakteristik der einzelnen Felder genauer angegeben werden kann. Mit dieser Technik kann man bereits an der Format-Matrix erkennen, ob es sich bei einem Feld um ein echtes Ausgabefeld oder nur um einen festen Rahmentext handelt. Es kann somit unter bestimmten Bedingungen auf die Verwendung von Feldnamen, aus denen die Lage eines bestimmten Feldes errechnet werden muß, verzichtet werden. Daher wurde in der Format-Matrix in Spalte 14 ein erweiterter Feldtyp aufgenommen (Abb. 25). In Verbindung mit dem eigentlichen Feldtyp in Spalte 5 können so auch variable Ausgabefelder definiert werden. So wird beim Anwendungsgenerator ADS (siehe Anhang) der Code 4 für Literale (z.B. für das Tagesdatum), der Code 5 für einen festen Maskentext und der Code 3 für ein gesperrtes Eingabefeld verwendet.

Entsprechend dem Aufruf der Funktion xWRT in den Abbildungen 25 und 27, erfolgt in diesen Programmen das Schreiben von Feldern mit GDDM grundsätzlich über Feldnummern (Aufruf von xWRT in Zeile 15, Abb. 27). Durch den Verzicht auf Feldnamen, bei denen ja immer zunächst der Name in die entsprechende Feldnummer umgerechnet werden muß, erreicht man mit dieser Erweiterung der Format-Matrix auch eine etwas bessere Performance. Die Bildschirm-Formatierungsfunktionen bei dem Anwendungsgenerator ADS (siehe Anhang) zeigen dieses Konzept.

5. Interne Transaktionssteuerung

Bisher haben wir gesehen, daß für die Steuerung einer Anwendung eine globale Anwendungssteuerung benötigt wird, daß zu jedem verwendeten Format eine Transaktion (Anwendungsfunktion) gleichen Namens gehört und wie die gesamte Anwendung von der zentralen Steuerungsfunktion kontrolliert wird. Abbildung 30 soll dies nochmals aufgreifen:

Die Steuerung erfolgt über eine Variable "tc", die als zweizeilige Matrix in der ersten Zeile den auszuführenden Transaktionsnamen und in der zweiten Zeile die aufrufende Transaktion enthält. Zum Wechsel zwischen verschiedenen Transaktionen muß nun lediglich der gewünschte Name in die erste Zeile dieser Matrix eingetragen werden. Für diese Steuerungsaufgaben benötigen wir die bereits besprochenen "externen" Programme:

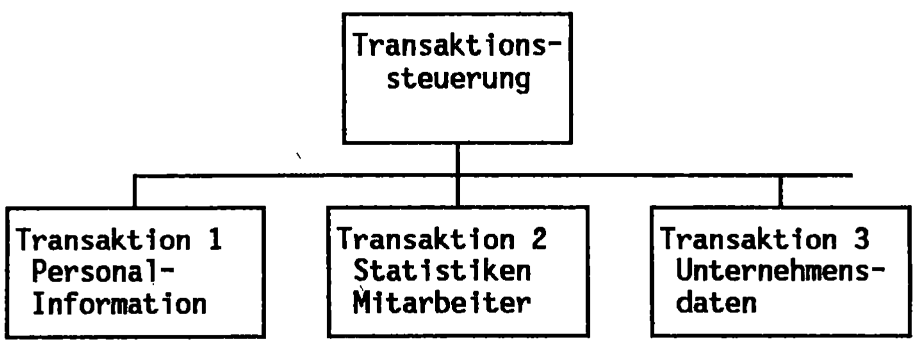

Abb. 30. Transaktionssteuerung eines Projektes

o 'NAMEalt' tcSEL 'NAME'
wählt die zum Format NAME gehörende Transaktion aus. Hierbei werden gleichzeitig die "alte" Transaktion in die zweite Zeile von tc eingestellt sowie verschiedene zum Verlassen der "alten" Transaktion benötigte Codes gesetzt. Falls im linken Argument ein Transaktionsname mitgegeben wird, ist dies die Rückkehr-Transaktion für die Funktion RETURN.

o tcBACK
kehrt zur vorherigen Transaktion zurück (hierfür werden nur die Zeilen aus tc vertauscht).

o tcEND
beendet die Anwendung, d.h. Rücksprung in die APL-Umgebung oder in das
Trägersystem (TSO/CMS) - im zweiten Fall muß der Befehl)OFF über
einen STACK aufgerufen werden.

o RETURN
Die linken Argumente der Funktion tcSEL werden für die Rückkehr zur
aufrufenden Transaktion in dem geschachtelten Vektor spal gespeichert.
RETURN ruft immer die letzte Transaktion in diesem Vektor auf, und somit
ist auch der Rücksprung über mehrere Transaktionen möglich.

Zur Ausführung der einzelnen Transaktionen wertet die zentrale Projektsteuerung den Inhalt der Variablen tc aus und ruft die zugehörige Anwendungsfunktion auf.

5.1 Bildschirm-Steuerungslogik

Bisher wurde ein Design-Konzept erarbeitet, das die globale Steuerung eines
Anwendungssystems übernehmen kann. Es orientierte sich wesentlich an der
Strukturierung einer Dialoganwendung in voneinander unabhängige Transaktionen, in denen jeweils unterschiedliche Geschäftsvorfälle behandelt werden.
Diese Zielsetzung führte auch zu der Forderung, alle Transaktionen in einem
Anwendungsverbund gezielt unter Ausschaltung zwischengelagerter Menüs
aufzurufen.
Wir wollen nun untersuchen, ob sich auch für die einzelnen Transaktionen
ein Strukturprinzip finden läßt, das eine modulare und redundanzarme Anwendungsprogrammierung ermöglicht. Um uns diesem Ziel zu nähern, betrachten wir zunächst folgende allgemeingültige Dialogstruktur:

Eingabe	V e r a r b e i t u n g	Speichern (Ausgabe)

Die Eingabe steht hier für die Nutzeraktionen am Bildschirm, die Verarbeitung
beinhaltet sowohl die unterschiedlichen Formen der Eingabeprüfungen als auch
die eigentliche Verarbeitungslogik, und der Block Speichern steht für alle Lese-
und Schreiboperationen in bezug auf eine Datei oder Datenbank.
Während wir es im Block "Verarbeitung" meistens mit einem **nonpredictable
Code**, zu tun haben, d.h. mit Programmteilen, für die im Sinne einer vorweg-
genommenen Standardisierung kaum Vorkehrungen zu treffen sind, können
wir in den beiden anderen Bereichen sehr wohl von einem **predictable Code**
sprechen, d.h., es ist vorhersehbar, welche Verarbeitungsteile in diesen Abschnitten vorkommen werden. Entsprechend werde ich mich bei der Suche nach
einer standardisierten Vorgabe für die verschiedenen Transaktionen auch vorwiegend an der Steuerung der Eingabe - also dem predictable Code - orientieren. Abbildung 31 zeigt, wie eine Transaktion in Blöcke gegliedert werden kann,

wobei vorwiegend die Eingabestruktur betrachtet wird. Jede Transaktion zerfällt in folgende Bestandteile:

- Formatieren des Bildschirms

- Aufbereiten und Füllen der variablen Felder

- Anzeige des Bildschirms

- Behandlung der Unterbrechung (PF-Taste oder Enter)

- Prüfen und Verarbeiten der Eingabedaten

Bei dieser Strukturierung sind deutlich zwei unterschiedliche Blöcke zu erkennen:

- Bildschirmoperationen

- Verarbeitungsoperationen

Die Aufgabe besteht also darin, einen Rahmen für die Realisierung dieser beiden Aufgaben zu schaffen. Da es es sich hier auf der einen Seite um einen **predictable Code** handelt, sollte zumindest für diesen Teil eine standardisierte Lösung gefunden werden. Für den **nonpredictable Code**, die letztlich entscheidenden Verarbeitungsteile, denn in ihnen werden so komplexe Dinge wie die Berechnung der Tilgungsrate eines Kredits durchgeführt, müssen wir Schnittstellen bereithalten, in denen der Programmierer die organisatorischen Vorgaben effektiv umsetzen kann.

Man erkennt deshalb am Ablaufdiagramm für die Bildschirm-Steuerungslogik auch jeweils die Ansteuerung verschiedener Exits, in denen die individuellen Vorgaben der Anwendung in den entsprechenden Programmcode umgesetzt werden können.

Die Grundidee besteht darin, alle möglichen und damit vorhersehbaren Aktivitäten des Endbenutzers in einer Standardtransaktion zu integrieren, ohne auf die Flexibilität einer individuellen Programmierung zu verzichten. Nach der Formatierung des Bildschirms (siehe hier auch den Abschnitt GDDM) wird dem Programmierer zum ersten Mal die Kontrolle übergeben. In diesem ersten EXIT kann er spezielle Aufbereitungen vornehmen, und zwar bevor der Bildschirm angezeigt wird. Nachdem der Bildschirm für die Eingabe dargestellt wurde, erhält der Programmierer erneut die Kontrolle, um die eigentlichen Verarbeitungsroutinen - Eingabeprüfungen, Datenspeicherungen und Verarbeitungslogik - auszuführen.

Das Lösungskonzept für die Software-Engineering-Aufgabe sieht somit eine Rahmentransaktion mit drei wohldefinierten Programmierer-Schnittstellen vor. Der Aufruf dieser Schnittstellen (Exits) wird automatisch von der Rahmentransaktion angesteuert; dieses Rahmenprogramm kann durch geeignete Namensvereinbarungen die individuellen Programme erkennen. So wird in allen diesen Exits der Transaktionsname als Namensbestandteil erscheinen.

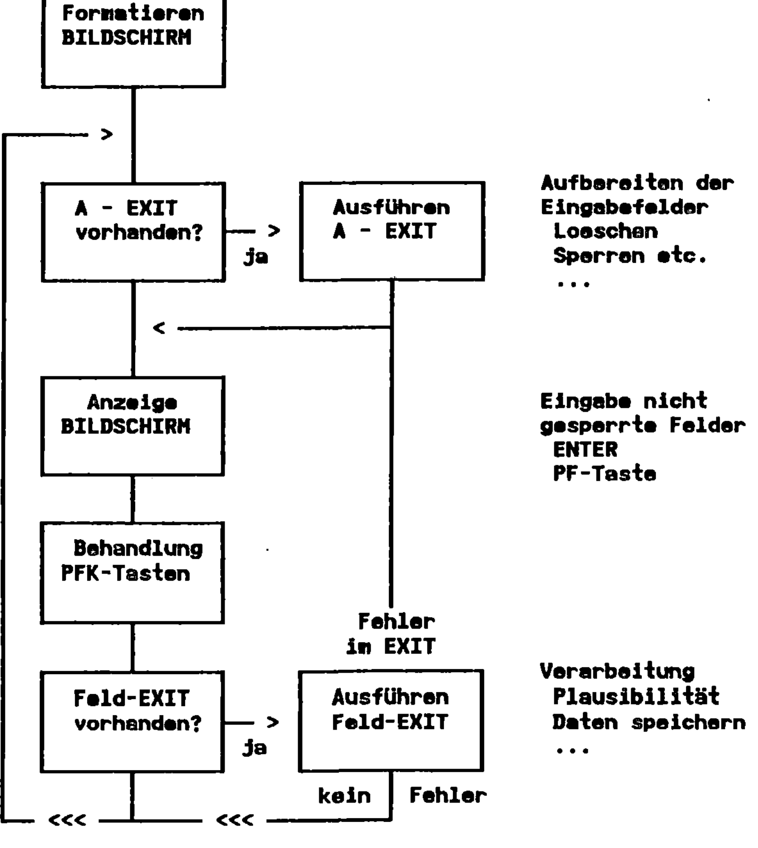

Abb. 31. Die Bildschirmsteuerungslogik: Jede Bildschirmtransaktion zerfällt in logisch gegliederte Blöcke.

Um die angedeuteten Schleifen zu realisieren - bei Auftreten eines Fehlers muß ja der Bildschirm für eine Korrektur der Eingabedaten erneut angezeigt werden -, werden verschiedene Steuervariablen eingeführt. Hierfür bietet sich z.B. die Variable fc (Fehlercode) sowie eine Variable rc (Returncode) an. Zusätzlich ist eine Variable erforderlich, aus der sich die Art der Eingabebeendung ergibt - man kann eine Eingabe durch Betätigen der ENTER-Taste, durch eine PF-Taste oder durch einen Lichtstift beenden. Diese Variable wollen wir ic (Interrupt-Code) nennen.

Mit diesen Steuervariablen ist es möglich, die gesuchte Standardsteuerungsfunktion für die unterschiedlichen Transaktionstypen zu entwickeln. Sie erlaubt, über wohldefinierte Programmierschnittstellen die individuelle Anwendung in ihrem Ablauf zu kontrollieren. Diese Schnittstellen sind die in Abbildung 29 aufgeführten Exits. Dieser Lösungsansatz hängt ganz wesentlich mit den interpretativen Eigenschaften von APL zusammen. Die Steuerungsfunktion kann nämlich erst zur Ausführungszeit erkennen, welche Schnittstellen-Programme (Exits) in der Transaktion ausgeführt werden sollen. Sie muß dabei zusätzlich überprüfen, ob es diese Programme gibt, denn wenn kein spezieller Anwen-

dungsexit vorhanden ist, kann dieser auch nicht ausgeführt werden. Dieses
Konzept ist übrigens bei vielen Anwendungsgeneratoren zu finden, auch bei
nicht auf APL-Basis entwickelten, da zumindest der anwendungssteuernde Teil
bei einem Generator interpretierend arbeiten muß. Wir wollen nun diese Architektur etwas genauer untersuchen und uns insbesondere mit ihrer Realisierung auseinandersetzen. Im Vordergrund stehen dabei natürlich die verschiedenen EXITs, denn sie geben dem Programmierer die volle Kontrolle über
seine Verarbeitungsmöglichkeiten.

5.1.1 Schirm-Exit A

In diesem Exit steht der formatierte Bildschirm vor seiner physischen Anzeige
am Bildschirm zur Verfügung. Der Programmierer kann in dieser Routine die
Felder des Bildschirms aufbereiten (z.B. löschen oder mit bestimmten Werten
vorbelegen). Weiterhin können auch einzelne Felder für eine Veränderung gesperrt werden, falls die Update-Möglichkeit an bestimmte Berechtigungsprü-
fungen gebunden ist.
    Damit die Steuerfunktion diesen Exit aufrufen kann, nennen wir ihn:
EXPERSOΔA. Bei dieser Namensvereinbarung folgt dem Präfix EX der Transaktionsname, in diesem Beispiel die Transaktion PERS0. Abgeschlossen - wir
benötigen ein spezielles Trennzeichen, um das Ende des Transaktionsnamens
zu kennzeichnen - wird der Funktionsname durch ΔA. Nach Rückkehr aus
dieser Routine wird der Bildschirm angezeigt und die Tastatur zur Dateneingabe
freigegeben.

5.1.2 Feld-Exit

Während der Bildschirmanzeige können Daten in die nicht geschützten Felder
eingegeben werden. Nach Betätigung der ENTER-Taste werden die Daten
eingelesen und die FELD-EXIT-ROUTINE - sofern vorhanden - ausgeführt.
In diesem Exit können z.B. Daten geprüft oder andere Transaktionen aufgerufen werden. Auch hier wählen wir für das Exitprogramm einen geeigneten
Namen: EXPERSOΔ1. Die Steuerfunktion kann also erkennen, ob für die
spezielle Transaktion ein Exit vorhanden ist, in dem der Programmierer die eigentlichen Verarbeitungsschritte, den **nonpredictable** Code, realisiert hat. Hierfür
stehen dem Programmierer alle Informationen zur Verfügung, die durch die
Bildschirmfunktion aufgebaut wurden. Dazu gehören sicher die Inhalte der
einzelnen Datenfelder, Cursorposition und die Art der Eingabeunterbrechung
(Enter-Taste, PF-Taste etc.)
    Wenn die Eingabe nicht korrekt ist, kann durch Setzen des Fehlercodes
'fc←1' zur Anzeige des Bildschirms zurückgekehrt werden. Nach korrekter
Beendigung der Prüfungen können die Daten für Folgeschirme aufbereitet oder
der eingegebene Satz gespeichert werden.

5.1.3 Funktionstasten

Wird die Eingabe durch eine Funktionstaste abgeschlossen, ruft die Steuerung
zunächst die definierte Funktion auf. Auch hierfür wählen wir den bereits bekannten Namensaufbau: PFPERSOΔ5. Diese Funktion wird bei Betätigung

der PF5-Taste aktiviert. Eine möglichst redundanzfreie Programmierung wäre aber bei ausschließlicher Verfolgung dieses Ansatzes nicht erreichbar. So müßte z.B. für die Funktionstaste PF3, den Rücksprung zur vorherigen Transaktion mit tcBACK, für jede Transaktion eine identische Funktion vorgesehen werden. Der erweiterte Lösungsansatz besteht nun darin, daß bei Betätigung einer Funktionstaste grundsätzlich zwei Alternativen vorgesehen sind:

- Die gewünschte Funktion ist in allen Anwendungszweigen identisch zu behandeln.

- Es ist eine spezielle Verarbeitung gefordert, z.B. Speichern eines Datensatzes bei PF2.

Diese Unterscheidung in lokale und globale Funktionstasten kann man ebenfalls leicht über eine entsprechende Namensvergabe erreichen. Wir wählen PFPERSΔ3, wobei wir davon ausgehen, daß die gesamte Anwendung PERS heißt, es sich hier also um ein Personalinformationssystem handelt, und die einzelnen Transaktionen entsprechend PERS1, PERS2 etc. genannt werden.

5.1.4   Die interne Struktur

Abb. 32 zeigt die interne Struktur der erforderlichen zentralen Steuerungsfunktion. Die globalen Steuervariablen fc (Fehler-Code), rc (Return-Code) und ic (Interrupt-Code) sind hierbei von zentraler Bedeutung, da mit ihnen alle Verzweigungen in der inneren Transaktionsstruktur kontrolliert werden.

fc   Falls ein Fehler auftritt - der Fehlercode wird dafür auf 1 gesetzt -, verzweigt die interne Steuerung sofort zur Bildschirmanzeige.

rc   Soll die Transaktion beendet werden, wird durch Setzen des Return-Codes auf 1 die interne Steuerung verlassen.

ic   Der Interrupt-Code gibt Auskunft über die Unterbrechungsart. Für Unterbrechungen durch ENTER steht die Variable auf 0, bei Programmfunktionstasten auf 1 und auf der Nummer der PF-Taste.

Diese interne Logik werden Sie in allen Transaktionen wiederfinden. Durch diese drei Steuervariablen gelingt es, wie in Abb. 32 dargestellt, alle Steuerungsprobleme innerhalb einer Transaktion zu lösen. Nach Anzeige des Bildschirms und Betätigen einer Unterbrechungstaste wird geprüft, ob diese Unterbrechung durch ENTER oder eine PF-Taste erzeugt wurde. Entsprechend verzweigt man entweder direkt zum Exit für die Ausführung der Verarbeitungsfunktionen oder führt zunächst die gewünschte Funktion für die PF-Taste aus. Im Feldexit kann gegebenenfalls geprüft werden, ob er auch bei Betätigung einer PF-Taste durchlaufen werden soll. Wird z.B. bei korrekter Eingabe von Daten die PF3-Taste betätigt, soll keine Datenspeicherung erfolgen. Diese und ähnliche Standards lassen sich leicht in die hier dargestellte Transaktionslogik integrieren, und damit läßt sich ein generelles, aber dennoch offenes Vorgehensmodell für alle Dialoganwendungen schaffen.

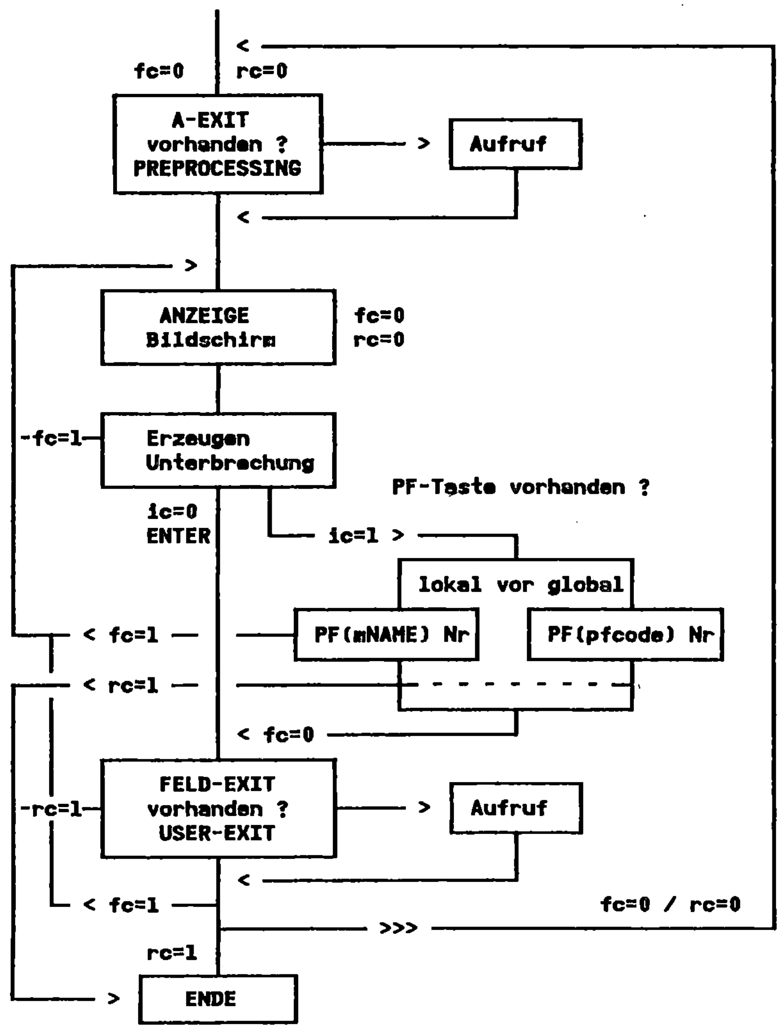

Abb. 32. Die interne Transaktionslogik: Die Verzweigungen zeigen, wie die interne Steuerung jeder Bildschirmtransaktion erfolgen kann.

Diesem Konzept entsprechend gibt es zu jeder Transaktion genau zwei Funktionen, in denen die individuelle Verarbeitungslogik abgebildet ist. Diese Funktionen sind darüber hinaus von allen Standardaktivitäten der Bildschirmabfrage befreit. Zur Behandlung der Programmfunktionstasten haben wir ebenfalls maximal eine Funktion, in der individuelle, transaktionsabhängige Verarbeitungslogik realisiert ist. Im Sinn eines effektiven Software-Engineerings ist somit ein Modell gefunden, das zu einer redundanzfreien und damit leicht wartbaren Anwendungslösung führt. Auf der Basis dieser internen Transaktionslogik entwickeln wir nun die erforderlichen Rahmenprogramme.

5.2   Transaktionsfunktionen

Bevor wir uns den einzelnen Funktionen zuwenden, erinnern wir uns nochmal an die Aufgaben, die wir ihnen zugedacht haben.

- Die zentrale Steuerfunktion soll den Bildschirm formatieren und Exits aufrufen, in denen der individuelle Verarbeitungscode verfügbar ist.

- Eine Eingabefunktion muß das Interface zum Screen-Service des entsprechenden Partnerprogramms - ich verwende hier bekanntlich GDDM - zur Verfügung stellen.

- Wir benötigen eine Routine, in der die Bildschirmdaten, soweit verändert, eingelesen werden und in der die Behandlung der Programmfunktionstasten erfolgt.

- Eine Prüffunktion muß den ggf. vorhandenen Feldexit aufrufen und den direkten Transaktionsaufruf durch Eingabe des Transaktionsnamens oder einer entsprechenden Auswahlziffer ermöglichen.

Nun können wir die für unsere Projektarbeit benötigten Steuerungsfunktionen definieren. Zunächst behandeln wir die zentrale Steuerfunktion, in der das oben behandelte Transaktionsmodell abgebildet ist.

5.2.1   Die Rahmentransaktion

An dieser Funktion ist erkennbar, daß einerseits durch die aufrufbaren User-Exits alle Freiheitsgrade gegeben sind, die Anwendung in der von uns gewünschten Art und Weise mit Logik zu versehen. Andererseits ist diese Standardisierung aber auch Grundvoraussetzung für den wahlfreien Aufruf einer beliebigen Transaktion aus den gerade aktiven Transaktionen heraus.

Bei der Behandlung der externen Transaktionssteuerung wurde gezeigt, daß zum Aufruf einer neuen Transaktion die aktuelle Anwendungsfunktion verlassen werden muß - man erreicht dies durch Setzen der Kontrollvariablen rc←1 -, wobei über die erste Zeile der Matrix "tc" die Information über die nächste aufzurufende Transaktion an die Steuerung weitergegeben wird. Zusätzlich sollte dieser Aufruf keine individuelle Programmierung innerhalb der Anwendungsfunktionen erfordern, sondern eine standardisierte Vorgehensweise bei der internen Transaktionssteuerung sollte alle Möglichkeiten des direkten Transaktionsaufrufes zur Verfügung stellen. Durch die Standardisierung der Rahmentransaktion kann diese Forderung über eine entsprechende Modifikationen der Funktion uSEREXIT erreicht werden, die nach Beendigung der Eingabe den Aufruf des FELD-Exits steuert (siehe Zeile 20).

Die Funktion trans

Zeile 11
Durch die Funktion xPREFORM wird der Bildschirm formatiert. Bei dieser Formatierung - sie ist natürlich abhängig von dem verwendeten Full-Screen-Partnerprogramm - wird auf eine Format-Matrix zurückgegriffen, die alle er-

forderlichen Informationen über die Lage der einzelnen Bildschirmfelder enthält. Für das Verständnis der folgenden Funktionen ist wichtig, daß wir von einer Format-Matrix mit dem Aufbau

Zeile, Spalte, Höhe, Breite(Länge), Typ

ausgehen. Über den Formatnamen, der als linkes Argument im Aufruf dieser Transaktionsfunktion angegeben wird, kann die Funktion xPREFORM auf die zugehörigen Format-Tabellen zugreifen.

```
      ∇ mNAME trans ZE;F;T;L;fc;cp;rc;ic;EF
[ 1] A| Allgemeine Transaktion fuer Formate
[ 2] A F   = Format-Matrix
[ 3] A T   = Format-Text
[ 4] A L   = Feld-Namen
[ 5] A ic  = Interrupt-Code
[ 6] A cp  = Cursor-Position
[ 7] A fc  = Fehler-Code
[ 8] A rc  = Return-Code
[ 9] A ZE  = nested Vektor der Eingabedaten
[10]
[11] xPREFORM mNAME         A Formatieren Bildschirm
[12]    A ΔIN 'EX',mNAME,'Δ1' A Laden Exits
[13]    A ΔIN 'EX',mNAME,'ΔA' A Laden Exits
[14]    EF←(F[;5]ι0 1)/ι1↑ρF  A Feldnummern der E-Felder
[15]
[16] ΔL0: EF xWRT ZE         A Schreiben variable Daten
[17] ΔEX 'EX',mNAME,'ΔA'     A Ausfuehren A-Exit
[18] ΔL1: eING               A Interrupt-Handling
[19]    →(rc=1)/0
[20] uSEREXIT                A Ausfuehren Feld-Exit
[21]    →((fc≠0),rc≠0)/ΔL1,ΔL0
      ∇
```

Abb. 33. Die Transaktionsfunktion "trans":   Standardisierung der internen Transaktionslogik

Zeile 12/13

Hier ist vorgesehen, die Exits aus einer externen Programmbibliothek zu lesen. Die Funktion ΔIN soll dieses Laden andeuten, was natürlich nur dann nötig ist, wenn die Exits noch nicht im Arbeitsbereich vorhanden sind.

Zeile 14

Zum einfacheren Verständnis werden hier die Nummern der Eingabefelder der Variablen EF zugewiesen. Hierbei wird Spalte 5 der Format-Matrix, in der der Feldtyp gespeichert ist, ausgewertet.

Zeile 16

Die variablen Eingabedaten werden in die Bildschirmmaske geschrieben. Ich gehe hier von einer APL2 nested Struktur im rechten Argument von "trans" aus.

Falls Sie ausschließlich mit Feldnamen arbeiten, wie dies z.B. bei APE Vers.2 der Fall ist, kann diese Zeile natürlich entfallen.

Zeile 17
Vor der Anzeige des Bildschirms erhält der Programmierer die Kontrolle, um über den A-Exit, der hier ausgeführt wird, noch spezielle Aufbereitungen - z.B. Sperren von Feldern für die Eingabe, falls keine Berechtigung zum Ändern von Daten vorliegt - durchzuführen. Die Funktion ΔEX soll andeuten, daß die Ausführung dieses Exits mit einer entsprechenden Fehlerbehandlung des Programmcodes erfolgen kann.

Zeile 18
Die Funktion eING führt die Anzeige des Bildschirms sowie die Behandlung der Bildschirmunterbrechung durch.

Zeile 19
Sie sehen hier die Bedeutung der Steuervariablen "rc". Falls durch eine PF-Tastenfunktion dieser Code gesetzt wurde, wird die Transaktion beendet.

Zeile 20
Hier erfolgt nun die zentrale Behandlung und Ausführung der individuellen Benutzerexits.

Zeile 21
Abfrage der gesetzten Codes und entsprechende Verzweigung.

Gemäß der Darstellung der internen Transaktionslogik geschieht die gesamte Steuerung der Bildschirmanzeige über eine zentrale Funktion, die hier in Zeile 18 aufgerufen wird. Diese Funktion, die die Eingabedaten liest und gegebenenfalls bei Beendigung der Eingabe durch eine PF-Taste die zugehörige Funktion aufruft, wollen wir nun betrachten.

5.2.2   Die Eingabeoperation

Die Funktion eING ruft die Bildschirmanzeige auf und behandelt die verschiedenen Unterbrechungstypen (ENTER- oder PF-Taste). Als Unterroutine wird hier das Programm xINP - entsprechend dem verfügbaren Bildschirmsupport (GDDM oder AP124) - verwendet, in dem die Bildschirmroutinen aufgerufen und die erforderlichen Codes gesetzt werden. Damit ist auch diese Steuerfunktion der Eingabeunterbrechung unabhängig von der verwendeten Bildschirmunterstützung.

Die Funktion eING

Zeile 6
Aufruf der Bildschirmanzeige. In dieser Funktion werden auch die Codes "mc" und "ic" gesetzt.

Zeile 7
Wurden keine Daten verändert, müssen die Felder nicht erneut eingelesen werden.

```
     ∇ eING;PFK
[ 1] A| Eingabeoperation fuer Transaktionen
[ 2] A   mc = modifizierte Feldnummern
[ 3] A   ic = Interrupt-Code
[ 4] A   ef = Nummern der Eingabefelder
[ 5]
[ 6] ΔL0: xINP        A Anzeige Bildschirm und Interrupt
[ 7]   →(0=ρmc)/ΔL1
[ 8]   ZE←xLES EF      A Lesen E-Felder ZE (lokal in trans)
[ 9] ΔL1:→(fc≠0)/ΔL0 A Fehler beim Lesen (num Felder)
[10]   →(ic[1]≠1)/0    A Keine PF-Taste
[11]
[12] A ... lokale PF-Funktion ....
[13] PFK←'PF',mNAME,'Δ',⍕ic[2]
[14]   →(3=⎕NC PFK)/ΔL2
[15]
[16] A ... globale PF-Funktion ....
[17] →(~ic[2]∊∊pfk,¯1↑pfk_QUER)/ΔF1
[18] PFK←'PF',pfcode,'Δ',⍕ic[2]
[19]   →(3≠⎕NC PFK)/ΔF1  A Ausfuehren PF-Funktion
[20] ΔL2: ⍎PFK
[21]   →(fc=0)↓ΔL0,0
[22]
[23] ΔF1:→ΔL0 pgmmsg←'Funktionstaste nicht aktiv'
     ∇
```

Abb. 34. Eingabeoperation für Transaktionen: Lesen der Eingabefelder und Aufruf der PF-Tasten

Zeile 8
Die Eingabefelder werden eingelesen und der Variablen ZE zugewiesen.

Zeile 10
Falls die Eingabe nicht über eine Funktionstaste beendet wurde, wird das Programm verlassen.

Zeile 13/14
Prüfen, ob eine lokale PF-Funktion vorhanden ist. Lokale PF-Funktionen haben den Formatnamen als Namensbestandteil.

Zeile 17/18
Prüfen, ob die aufgerufene PF-Taste als erlaubte PF-Taste in der Variablen pfk enthalten ist. Hierdurch können in den Transaktionen bestimmte PF-Tasten aus dem globalen Satz ausgeschlossen werden.

Es wird zusätzlich geprüft, ob die PF-Taste durch Setzen der Variablen pfk_QUER aktiv gesetzt wurde. Dies kann natürlich entfallen, wenn man - wie bei den externen Steuerungsfunktionen besprochen - nur eine einfachere Steuerungstechnik wählt.

Zeile 19
Prüfen, ob eine globale PF-Funktion vorhanden ist. Globale PF-Funktionen haben als Namensbestandteil den Inhalt der Variablen "pfcode", z.B. den Anwendungsnamen PERS. Dieser Name wurde der Variablen PFK zugewiesen.

Zeile 20/21
Ausführen der ausgewählten PF-Funktion. Wird in ihr der Fehler-Code gesetzt, so wird zur Bildschirmanzeige (Label L0) zurückverzweigt.

Das folgende Programm wird nach Beendigung der Dateneingabe aufgerufen und dient unter anderem der Verarbeitung der eingegebenen Datenfelder. Über diese Schnittstelle in der internen Transaktionssteuerung erhält der Programmierer somit die volle Kontrolle über die weiteren Verarbeitungsschritte seiner Transaktion.

5.2.3   Prüfung der Eingabefelder

Dieses Steuerprogramm zur Ausführung der Feldexits wurde bereits um den schon angesprochenen Direktaufruf neuer Transaktionen erweitert. In allen Transaktionen sollte ja die Möglichkeit vorgesehen werden, durch Eingabe von "=TRANSAKTION" eine beliebige neue Anwendungsfunktion aufzurufen.
Falls dieser Aufruf nicht gewünscht wird, ist nur Zeile 5/6 des Exit-Programms erforderlich - dann könnte natürlich der Aufruf des User-Exits auch gleich in der zentralen Transaktionsfunktion erfolgen, und damit wäre auf das Programm uSEREXIT zu verzichten. Es zeigt sich jedoch eher, daß weitere Standardisierungsanforderungen in diese Exitroutine aufgenommen werden müssen, wodurch diese Funktion eine große Komplexität erhalten kann. Beispiele für solche zusätzlichen Anforderungen sind das Blättern in einer Liste durch Überschreiben der angezeigten Seitennummer oder die Ausführung von Systembefehlen in einer speziellen Commandzeile auf dem Bildschirm.

Die Funktion uSEREXIT

Zeile 2
Der Aufruf einer neuen Transaktion soll mit "=" in einem Eingabefeld beginnen. Um das Gleichheitszeichen nun auch in echten Anwendungsdaten verwenden zu können, ist eine Steuervariable cSEL erforderlich, über die seine Bedeutung gesteuert werden kann.

Zeile 3
Falls "=" eingegeben wurde, verzweige sofort zum Transaktionsaufruf.

Zeile 6
Ausführen des Feldexits und Beenden der Funktion in der folgenden Anweisungszeile. Dieser Exit wird natürlich nur dann aufgerufen, wenn er auch im Arbeitsbereich vorhanden ist (Zeile 5).

Zeile 10

Bestimmen desjenigen Eingabefeldes, in dem "=" eingegeben wurde, und Speichern des Inhalts dieses Eingabefeldes in der Variablen TC.

```
      ∇ uSEREXIT ;TC
[ 1]    A| Ausfuehren Feldexit
[ 2] '→∆L1' ⎕EA '→(1≠cSEL)/∆L1'
[ 3] →('='∈∈ZE)/∆L2      A Direktaufruf neue Transaktion
[ 4]
[ 5] ∆L1:→(3≠⎕NC 'EX',mNAME,'∆1')/0   A EXIT vorhanden?
[ 6]    ∆EX 'EX',mNAME,'∆1'   A Ausfuehren EXIT
[ 7]    →0
[ 8]
[ 9] A ... Direktaufruf einer Transaktion ...
[10] ∆L2:TC←(∈('='=∈↑"ZE)/ZE)~'='
[11]    →('.'∈TC)/∆L3          A Aufruf mit Auswahlziffer
[12]    tc[1;] tcSEL TC
[13]    →0
[14] ∆L3: tc[1;] tcSEL pfcode,TC~'.' A Ziffer ohne Punkt
      ∇
```

Abb. 35. Aufruf der Userexits: Ausführen der individuellen Benutzerprogramme oder Direktaufruf einer Transaktion

Zeile 11

Prüfen, ob ein "." in diesem Feld eingeben wurde. In diesem Fall soll die Funktion mit den entsprechenden Auswahlziffern aufgerufen werden.

Zeile 12

Aufruf der ausgewählten Transaktion mit Rückkehr-Transaktion. Die Rückkehr-Transaktion ist hier natürlich die aktive Transaktion, also Zeile eins der Transaktionsmatrix.

Zeile 14

Zusammensetzen der neuen Transaktion aus den eingegebenen Ziffern und der Variablen "pfcode". Aufruf der neuen Transaktion mit Rückkehr-Transaktion.

Im Abschnitt über die Fenstertechnik mit GDDM wurde angesprochen, wie die Bildschirmdefinition so erweitert werden kann, daß auch eine Aktionsleiste mit den entsprechenden Pulldown-Fenstern realisierbar ist. Die Aktivierung dieser Auswahlmöglichkeiten kann nun zusätzlich in das Programm uSEREXIT eingebaut werden. Dazu muß dieses Steuerprogramm so erweitert werdem, daß es erkennt, ob der Cursor auf einem Aktionsfeld steht, um anschließend das Fenster einzublenden und die gewählte Funktion aufzurufen. In Abb. 36 ist diese Erweiterung dargestellt.

```
 ∇ uSERXIT;TC;cPOPUP
[ 1] A| Ausfuehren Feldexit
[1.1] →((↑cp)∈↑‶V)/APOPUP
[ 2] ....

[15] A ... So koennten PULLDOWN-Fenster behandelt werden
[16] APOPUP: cPOPUP ← 1 0 + f[↑cp;1 2] A Lage PullDown
[17] (FUNKTION TEXT) ← (((↑cp)=↑‶v)/v)[2 3]
[18] FUNKTION  PULLDOWN TEXT
 ∇
```

Abb. 36. Aufruf von PullDown Fenstern

Zeile 1.1
Steht der Cursor in einem Feld, dessen Feldnummer in den jeweils ersten Elementen des Vektors v enthalten ist - dort sind ja die Definitionen für die Aktionsleiste enthalten -, so wird zum Aufruf des Pulldown-Fensters verzweigt.

Zeile 16
Die Fensterposition läßst sich anhand der Formatmatrix f und der entsprechenden Cursorposition errechnen. Da das Feld unterhalb der Aktionsleiste eingeblendet werden soll, wird eine Zeile zuaddiert (1 0 +)

Zeile 17
Aus der Variablen v werden die linken und rechten Argumente für die Fensterfunktion aufgebaut.

Zeile 18
Über die Funktion PULLDOWN (Abb. 29) wird das Fenster aufgerufen und die ausgewählte Funktion aktiviert.

Nun ist noch das Interface zum eingesetzten Bildschirm Partnerprogramm erforderlich. Die Eingabefunktion eING, die den Bildschirm anzeigt und die Eingabeunterbrechung behandelt, sollte ja unabhängig von einem speziellen Bildschirm-Support die interne Anwendungssteuerung ermöglichen.

Somit kann das bisher behandelte Konzept völlig unabhängig von einer konkreten Bildschirmunterstützung betrachtet werden. Es ist gleichermaßen für GDDM-Masken, ISPF-Masken oder AP124-Masken einsetzbar und könnte sogar in eine nicht APL-gestützte Anwendungsentwicklung eingebracht werden.

5.2.4 Bildschirmanzeige und -unterbrechung

Mit der Funktion xINP werden der Bildschirm angezeigt und verschiedene Codes der Terminalunterbrechung aufbereitet. Diese Funktion ist abhängig vom verwendeten Fullscreen-Support (AP126 für GDDM oder AP124 etc.). Das hier gezeigte Programm basiert auf GDDM und muß daher bei anderen Partnerprogrammen modifiziert werden. Dabei ist darauf zu achten, daß alle

aufgeführten Codes erzeugt werden. Mit dieser Einschränkung kann xINP als
Modell für einen beliebigen Bildschirm-Support betrachtet werden.

```
      ∇ xINP;N ;Z
[ 1]  A| Anzeige und Interrupthandling
[ 2]  A cp = Cursor-Position
[ 3]  A ic = Interrupt-Code
[ 4]  A        0= Enter, 1,N = PF-Taste
[ 5]  A mc = modifizierte Feldnummern
[ 6]
[ 7]  xWRITE                    A Schreiben der Feldnamen
[ 8]  CTLs←101                  A Display Screen
[ 9]     Z←3↑CTLs
[10]     ic←Z[1 2]
[11]  CTLs←420,N←ι1↑ρf          A modifizierte Feldnummern
[12]     mc←N↑(-3×N)↑CTLs
[13]     mc←(mc≠0)/mc
[14]  CTLs←431 1                A Cursor-Position
[15]     cp←5↓CTLs
      ∇
```

Abb. 37. Anzeige des Bildschirms: Der Bildschirm wird unter GDDM-
Steuerung angezeigt.

Zeile 7

Die Funktion xWRITE, auf die ich nicht näher eingehen möchte, füllt alle
Bildschirmfelder, für die ein Name vergeben wurde, mit dem Inhalt einer entsprechenden Variablen aus dem APL-Arbeitsbereich. Diese Funktion könnte
auch im Programm eING aufgerufen werden. Der Vorteil des Aufrufs an dieser
Stelle liegt darin, daß man diese Funktion so auch zum Refresh der Anzeige
innerhalb eines Anwendungsexits - z.B. Prompt des Benutzers bei Löschabsicht
- aufrufen kann.

Zeile 8 ff

Bei der Kommunikation mit dem Partnerprogramm AP126 für GDDM sind
alle GDDM-Commands einem entsprechenden nummerischen Code zugeordnet. Der CODE 101 bedeutet hier den Aufruf von ASREAD, der Anzeige des
Bildschirms und Warten auf eine Unterbrechung.

Entsprechend sind die weiteren Anweisungen dieser Funktion zu interpretieren, was jedoch Kenntnisse der genauen Syntax des GDDM verlangt (siehe
Literaturverzeichnis).

Zeile 10

Die Variable ic wurde bereits mehrfach angesprochen und enthält die Information, ob die Eingabe durch ENTER (ic = 0) oder durch PF-Taste (ic = 1) beendet wurde. Sie enthält immer zwei Elemente, wobei die zweite Zahl die
Nummer der betätigten PF-Taste enthält.

Zeile 13

In der Variablen mc sind alle Nummern der veränderten Bildschirmfelder enthalten. Damit kann in den Exits geprüft werden, ob diese auch bei unveränderten Daten ausgeführt werden sollen.

Zeile 14/15
Bei Abfrage der Cursor-Position erhält man in der Variablen cp die Feldnummer sowie Zeile und Spalte des Cursors innerhalb dieses Feldes. Damit ist es z.B. möglich, eine feldbezogenen Hilfe in einer Anwendung zu realisieren.

Damit ist ein Rahmenwerk geschaffen, in das auch nachträglich neue generelle Problemlösungen eingebracht werden können. Diese sind dann automatisch in allen bereits vorhandenen Transaktionen verfügbar. Als Beispiel einer solchen Erweiterung mag die Einführung von Feldprüfungen gelten, die bei Änderung eines Feldes automatisch ausgeführt werden sollen.

Alle hier aufgeführten Programme und Lösungsansätze sollen deutlich machen, daß eine interpretative Sprache wie APL ein leistungsfähiges Werkzeug zur Implementierung effektiver Algorithmen für die Realisierung kommerzieller Anwendungen darstellt. Viele dieser Konzepte lassen sich sicherlich auch auf andere Programmiersprachen und Sytemumgebungen übertragen. Bei der Implementierung dieser Methoden für die APL-Anwendungsentwicklung ist allerdings zu beachten, daß alle hier besprochenen Programme ein spezielles Bildschirmdesign verwenden und somit an ihre Systemumgebung angepaßt werden müssen. Sie erlauben jedoch, unabhängig von der verwendeten Maskentechnik

o *GDDM in Verbindung mit APL2 oder VSAPL*

o *AP124 in Verbindung mit PC APL*

einen Rahmen für die eigene Projektarbeit zu schaffen. Zum tieferen Verständnis dieser Steuerungstechnik dient sicherlich die Analyse der entsprechenden Funktion des im Anhang auf Diskette beigefügten Anwendungsgenerators ADS für IBM-PC/APL2, bei dem die hier angesprochenen Bildschirmfunktionen an das Partnerprogramm AP124 angepaßt wurden.

5.3   Die APE-Transaktion

Als Beispiel für die Anpassung dieser Vorgehensweise an ein spezielles Anwendungswerkzeug sei der Anwendungsgenerator IBM-APE (Application Prototype Environment) betrachtet. Ersetzte man z.B. die Funktion xINP durch SMOD, so sähe die Funktion trans dann etwa wie in Abb. 38 aus.

Man sieht an diesem Beispiel, daß die grundsätzliche Strukturierung einer Dialoganwendung nur wenig vom eingesetzten Masken-Generator abhängt. Wenn das Entwicklungssystem eine offene Architektur anbietet - wie dies auch bei IBM-APE der Fall ist -, kann man für die Anwendungsentwicklung klare Steuerungsstrukturen entwickeln. Man gewinnt dadurch nicht nur eine bessere Überschaubarkeit eines Anwendungsnetzwerkes, sondern legt auch die Basis für spätere Erweiterungen und Ergänzungen. In dieser Funktion wird die globale Steuerungstechnik auch für IBM-APE verfügbar gemacht. Alle Funktionen, die sich auf die Bildschirmformatierung sowie das Lesen und Schreiben von Daten beziehen, wurden hierbei durch die entsprechenden APE-Funktionen ersetzt.

```
     ∇ mNAME trans X;fc;rc;ic;mc;FN;PF
[ 1] A| Modell fuer eine APE Transaktionsfunktion
[ 2] fc←rc←0                    A Init Kontrollvariablen
[ 3] mc←''
[ 4] SDISP mNAME                A Init Panel
[ 5]
[ 6] A .. Preprocessing .....
[ 7] ΔL0:→(3≠□NC FN←'EX',mNAME,'ΔA')/ΔL1
[ 8]   ⍎ FN
[ 9]
[10] ΔL1: SMOD mNAME            A Display Panel
[11]   pgmmsg←sysmsg←' '
[12]   mc←SMODF                 A modifizierte Felder
[13]   ic←(~SKEN),SKPF          A Interrupt-Code
[14] →(ic[1]=0)/ΔL2            A Enter-Taste
[15] →(ic[2]=0)/ΔL0            A Ungueltige Eingabe
[16]
[17] A .. Behandlung PF-Tasten ..
[18] ΔPF:→(3=□NC PF←dLB 'PF',mNAME,'Δ',⍕ic[2])/ΔPF2
[19]   →(~ic[2]∊pfk)/ΔPF3      A Ungueltige PF-Taste
[20]   →(3≠□NC PF←dLB 'PF',pfcode,'Δ',⍕ic[2])/ΔPF3
[21] ΔPF2:⍎PF
[22]   →ΔL2
[23] ΔPF3:→ΔL1 pgmmsg←'Ungueltige PF-Taste'
[24]
[25] A .. Feld-Exit ............
[26] ΔL2:→(3≠□NC FN←dLB 'EX',mNAME,'Δ1')/ΔEND
[27]   ⍎ FN
[28]
[29] ΔEND:→((fc=0)∧rc=1)/0
[30] →(fc=1)↓ΔL0,ΔL1
     ∇
```

Abb. 38. Modell einer Transaktionsfunktion für APE

Zeile 0

Aus Verträglichkeitsgründen hat auch diese Transaktionsfunktion zwei Argumente in ihrem Aufruf. Da bei dem Anwendungsgenerator APE variable Felder nur über den Feldnamem angesprochen und auf dem Bildschirm dargestellt werden, würde sich hier das rechte Argument erübrigen.

Zeile 4

Über die Funktion SDISP wird der Bildschirm mit dem ausgewählten Format formatiert. Diese Funktion entspricht der Funktion xPREFORM in der vorherigen Transaktionsfunktion.

Zeile 7

Falls ein A-Exit existiert, wird sein Name hier der Variablen FN zugewiesen und in der folgenden Zeile ausgeführt.

Zeile 10
Durch die Funktion SMOD werden alle Felder mit den Variablen gleichen Namens aus dem Arbeitsbereich gefüllt, und der Bildschirm wird für die Dateneingabe angezeigt.

Zeile 12/13
Die APE-Funktionen SMODF, SKEN und SKPF liefern die Codes für die Art der Eingabeunterbrechung (also ENTER-Taste oder PF-Taste).

Zeile 14
Wird die Eingabe mit ENTER beendet, verzweigt man zum Aufruf des Feld-Exits in Zeile 26.

Zeile 18
Falls eine lokale, d.h. eine für diesen Bildschirm definierte PF-Funktion vorhanden ist, wird sie der Variablen PF zugewiesen und in Zeile 21 ausgeführt.

Zeile 19
Für die Aktivierung einer globalen PF-Taste muß die Tastennummer in der Variablen pfk stehen.

Zeile 26
Hier wird der Name der Exit-Funktion der Variablen FN zugewiesen. Durch die Funktion dLB werden eventuell vorhandene Leerstellen in dem zusammengesetzten Namen der Exit-Funktion entfernt. Der Aufruf des Exits erfolgt in Zeile 27.

Zeile 29
Die Transaktionsfunktion wird nur verlassen, wenn kein Fehler in den Exits aufgetreten ist und der Returncode auf "1" gesetzt wurde.

Zeile 30
Ist ein Fehler aufgetreten, so wird zur Anzeige des Bildschirms (Label L1) verzweigt. Ansonsten wird der A-Exit bei Label L0 aufgerufen.

Ich habe einige der zum Aufbau eines Anwendungsgenerators für umfangreiche Dialogsysteme erforderlichen Funktionen aufgeführt. Dies soll jedoch nicht darüber hinwegtäuschen, daß sie bei weitem nicht ausreichen, um einen Anwendungsgenerator vollständig zu beschreiben. So habe ich z.B. ganz auf die Beschreibung einer Technik zum Bildschirm-Design verzichtet. Gerade der Aufbau der Bildschirmmasken aber nimmt bei der Anwendungsentwicklung eine zentrale Rolle ein, so daß man gut beraten ist, wenn man speziell für diese Aufgaben auf einen verfügbaren Maskengenerator zurückgreift. Für PC-APL2 wird im Anhang ein Anwendungsgenerator beschrieben, der den hier besprochenen Anforderungen genügt.

Nun verlassen wir die Transaktionen und ihre Steuerung, um uns mit einigen weiteren Details zu befassen, die bei der Realisierung von Dialoganwendungen auftreten können.

6. Kontrollvariablen

Ein wesentliches Element der Implementierung von APL ist sein Arbeitsspeicherkonzept. Das heißt, daß sich zur Ausführungszeit einer Funktion alle benötigten Variablen im Arbeitsbereich befinden müssen. Dies bedeutet allerdings auch, daß eine Variable in allen Funktionen bekannt ist, es sei denn, man definiert diese Variable als lokal innerhalb einer Funktion. Die "Lokalität" erreicht man durch Aufführen des Variablennamens in der Kopfzeile einer Funktion. Hierbei ist zu beachten, daß lokale Variablen in Unterprogrammen der entsprechenden Funktion wiederum bekannt sind, für diese also keine lokale Variablen darstellen. Bei der Programmierung muß man sich immer über die Konsequenzen dieses Verhaltens im klaren sein. Verwendet man z.B. die Laufvariable "I" einer Schleife in mehreren geschachtelten Funktionen, so ist es zwingend erforderlich, diese Variable in allen Funktionen lokal zu machen, d.h., in der Kopfzeile der Funktion aufzuführen. Ansonsten erhält man sehr leicht Endlosschleifen, da das Setzen der Schleifenvariable im Unterprogramm Rückwirkungen auf das aufrufende Programm hat. Entsprechend diesem Verhalten spricht man in APL auch von lokalen, globalen oder semiglobalen Variablen.

In den vorherigen Kapiteln wurden schon mehrmals globale Variablen für Steuerungsprobleme in der Anwendungsentwicklung verwendet. Erwähnt seien nur die Variablen tc sowie fc und rc, um den Aufruf der einzelnen Transaktionen zu steuern. Diese globalen Steuerungsvariablen sind jedoch mit großer Vorsicht zu gebrauchen. Für einen fehlerfreien Ablauf der Anwendung muß man sicherstellen, daß sie immer den für die Ausführung richtigen Wert zugewiesen bekommen. Da diese globalen oder semiglobalen Variablen ja nicht nur auf eine einzelne Transaktion beschränkt sind, kann fehlerhaftes Setzen einer solchen Variablen in Folgetransaktionen zu unerklärbaren Konsequenzen führen.

Dennoch sind sie ein notwendiges Element jeder Anwendungsentwicklung. Sie sollten jedoch nur dort eingesetzt werden, wo allgemeine Probleme in einem Anwendungssystem generell gelöst werden sollen. So handelt es sich auch um grundsätzliche Probleme, wenn nun mehrere Kontrollvariablen eingeführt werden. Bei diesen Kontrollvariablen unterscheide ich zwischen globalen Variablen, die zur Steuerung des Anwendungssystems erforderlich sind, und speziellen Aufbereitungsvariablen, die nur für eine zweckmäßige Darstellung der Anwendungsdaten auf einem Bildschirm benötigt werden.

Betrachten wir zunächst die globalen Steuervariablen, da diese bereits aus der internen und externen Transaktionssteuerung bekannt sind.

6.1 Globale Steuervariablen

Wir haben uns bereits ausführlich mit der Kontrolle und Steuerung der Transaktionen befaßt. Ich möchte daher an dieser Stelle noch einige Hinweise geben, wie globale Steuervariablen generell behandelt werden sollten.

Die Transaktionssteuervariable tc sowie der Fehlercode fc wurden bereits angesprochen. Dies sind zwei typische Vertreter von globalen Kontrollvariablen, die zwar nicht unbedingt einen sprechenden Namen besitzen, als Abkürzung verstanden aber sehr leicht einprägbar sind. Wir sehen hieran, daß man bei der Namensvergabe auf eine kurze und einprägsame Notation achten muß. Ganz wesentlich ist es, daß diese Variablen nur einen fest definierten Werteumfang annehmen dürfen. So ist der Inhalt der Variablen "tc" immer ein gültiger Transaktionsname, und der Fehlercode kann nur die Werte 0 oder 1 annehmen.

Nun benötigt der Programmierer häufig weitere Kontrollvariablen, die für spezielle Steuerungswünsche erforderlich sind. Hier liegt das Problem darin, daß im Zuge der Programmierung sehr schnell eine Variable eingeführt wird, deren Wertebereich nicht sauber definiert ist. Auch aus dem Namen der Variablen kann in den seltensten Fällen auf die gewünschte Verwendung als Steuervariable geschlossen werden. Ich möchte daher folgende Empfehlung für die Verwendung von globalen Kontrollvariablen geben:

- Die Einführung bzw. Verwendung einer globalen Kontrollvariablen ist immer sehr sorgfältig zu dokumentieren.

- Aus dem Namen der Variablen muß immer auf einen begrenzten Wertevorrat geschlossen werden können.

- Als Name sollte immer eine sehr kurze und einprägsame Zeichenkette gewählt werden.

- Falls man keinen sprechenden Namen findet - z.B. pfk für die gültigen PF-Funktionen -, sollte man immer eine Variable spa verwenden.

Die letzte Empfehlung möchte ich noch ein wenig erläutern: Bei der Programmierung von Dialoganwendungen unter IMS-DC verwendet man für die Weitergabe von Informationen zwischen verschiedenen Transaktionen die spa (Scratch Pat Area). Hier ist also bereits ein Name vorgegeben, der keinen Bezug zu einer speziellen Aufgabe hat, sondern nur zum Austausch von Informationen zwischen unterschiedlichen Transaktionen dient. Warum sollte man bei der Anwendungsentwicklung mit APL nicht auf diesen Namen zurückgreifen? Ich verwende daher für die Kontrolle einer Dialoganwendung entweder die Abkürzung eines sprechenden Namens oder die Variablen spa1, spa2 etc. Um sicher zu gehen, daß diese Kontrollvariablen auch richtig verwendet und insbesondere dokumentiert werden, empfiehlt es sich, alle globalen Variablen in der Hauptfunktion zu initialisieren. So hat man immer eine gute Kontrolle und Dokumentation aller Variablen, die sich auch nach Beendigung einer Anwendung im Arbeitsspeicher befinden dürfen.

6.2 Lesen und Schreiben von Daten mit GDDM

Es soll gezeigt werden, wie das Lesen und Schreiben von Daten mittels GDDM und dem Partnerprogramm AP126 über Kontrollvariablen effektiv gesteuert werden kann. Wir haben gesehen, daß zur Formatierung einer Bildschirmmaske sowie zur Darstellung der Anwendungsdaten das Partnerprogramm AP126 dient, über das die verschiedenen GDDM-Makros aufgerufen werden. Die hierüber angebotenen Darstellungsmöglichkeiten reichen jedoch nicht aus, um alle Anwendungswünsche - z.B. Darstellung von numerischen Werten in kommerzieller Schreibweise - zu befriedigen. Es sind daher weitere Kontrollvariablen erforderlich, um diese Anwendungserfordernisse über Standardfunktionen abzudecken. Betrachten wir zunächst einmal die Basisfunktionen zum Lesen und Schreiben von Daten auf den Bildschirm.

Wie bereits erwähnt, ist zur Definition einer Bildschirmmaske eine Formatmatrix erforderlich, in der die verschiedenen Felder beschrieben sind. Diese Formatmatrix hat hier und in allen folgenden Funktionen den Aufbau:

Spalte 1   Zeilenr. des Feldes

Spalte 2   Spaltenr. des Feldes

Spalte 3   Höhe des Feldes

Spalte 4   Länge (Breite) des Feldes

Spalte 5   Typ des Feldes (0 = Eingabe,1 = numerisch,2 = Ausgabe)

```
     ∇ Z← xLES X;L
[1]  A| Lesen der Feldnummern X
[2]  A L sind die Feldlaengen entspr. Formatmatrix
[3]  CTLs←,422,X,((ρX),1)ρL←×/f[X←,X;3 4]
[4]     →(0≠fc←CTLs)/ΔF1
[5]  Z←DATs
[6]  Z←(∈Lρ¨ιρL)⊂Z      A Felder zu nested Array
[7]     →0
[8]  ΔF1:sysmsg←'Fehler (xLES) bei AP126 Code: ',⍕fc
[9]  Z←' '
     ∇
```

Abb. 39. Lesen von Daten vom Bildschirm: Die Standard-Lesefunktion ohne spezielle Aufbereitung für Klein- in Großbuchstaben etc.

Diese Lesefunktion ist die Ausgangsbasis für die Einführung verschiedener Kontrollvariablen zur Behandlung spezieller Aufbereitungsanforderungen beim Einlesen der Daten vom Bildschirm. Die für das Partnerprogramm AP126 verwendeten gemeinsamen Variablen heißen hier CTLs und DATs. Ich will an dieser Stelle nicht die Funktion in allen Einzelheiten dokumentieren. Nur soviel sei erwähnt:

Zeile 3

Durch Übergabe der Ziffer "422" sowie der Feldnummern und Feldlängen der gewünschten Feldnummern "X" werden die Feldinhalte für Zeile 5 zur Verfügung gestellt. An der Darstellung dieser Zeile ist es vielleicht nicht ganz offensichtlich, daß der Lesecode 422 mehrmals gesetzt wird. Es wird zunächst eine Matrix der Form

```
422   5   7
422   7  10
422  10  10
```

aufgebaut. Das Feld 5 wird also in der Länge 7, Feld 7 in der Länge 10 und Feld 10 in der Länge 10 gelesen. Dies ist erforderlich, weil GDDM nur Lesen von Einzelfeldern erlaubt, die CALL-Struktur von GDDM orientiert sich ja wesentlich an den klassischen Programmiersprachen wie FORTRAN, COBOL oder PL1, bei denen die Einzelsatzverarbeitung im Vordergrund steht. Um nun bei APL das GDDM-Interface AP126 nicht mehrmals aktivieren zu müssen, wird diese Matrix aufgereiht und somit der mehrmalige Aufruf des AP126 überflüssig gemacht.

Zeile 6

Nach der Zuweisung der Leseaufrufs 422 an die Kontrollvariable CTLs stehen die aufgereihten Daten in der Datenvariablen DATs. Da die Feldinhalte als geschachtelter Vektor dargestellt werden sollen, muß über die APL-Funktion PARTITION (⊂) der nach Z eingelesene Vektor entsprechend den vorgegebenen Feldlängen L in die einzelnen Elemente eines geschachtelten Vektors zerlegt werden. Als linkes Argument wird hierfür ein numerischer Vektor erzeugt, in dem für jedes Feld eine Ziffer in der gegebenen Feldlänge steht. Als Beispiel für dieses Argument betrachten wir das Beispiel:

```
(⍷4 3 5ρ¨1 2 3)   ↔   1 1 1 1 2 2 2 3 3 3 3 3
```

Bevor wir zu den verschiedenen Kontrollvariablen kommen, nehmen wir uns noch kurz die Standard-Schreibfunktion (Abb. 40) vor:

```
     ∇ X xWRT Y;L;fc
[1]  ⍝| Schreiben Daten in Feldnummern X
[2]  ⍝  L sind die Feldlaengen entspr. Formatmatrix F
[3]  Y←∈(L←×/f[X;3 4])↑¨Y ⍝ nested zu String fuer GDDM
[4]  DATs←Y
[5]  CTLs←,424,X,[1.1] L   ⍝ GDDM write
[6]     →(0=1↑fc←CTLs)/0
[7]  ⍙F1:sysmsg←'Fehler (xWRT) bei AP126 Code :',⍕fc
     ∇
```

Abb. 40.   Schreiben von Daten auf den Bildschirm: Die Standard-Schreibfunktion ohne spezielle Aufbereitung von numerischen Daten etc.

Auch hier sei nur erwähnt, daß zum Schreiben von Daten mittels GDDM der Befehlsaufruf "424" in Zeile 5 verwendet wird. Auch hier wird der Schreibbefehl mehrmals - für jedes Feld ist ein Aufruf erforderlich - an die Kontrollvariable übergeben.

Zusammenfassend ist festzuhalten, daß bei der Kommunikation mit GDDM Charakter-Daten immer über die Datenvariable DATs und numerische Daten über die Kontrollvariable CTLs ausgetauscht werden. Da der Aufruf des AP126 einen gewissen Overhead bedeutet, sollten immer einige Aufrufe gesammelt und zusammenhängend der Daten- und Kontrollvariablen übergeben werden. Im Prinzip würde es sich hier anbieten, über einen STACK alle GDDM-Befehle bis zur gewünschten Anzeige des Bildschirms zu sammeln und erst dann der Daten- und Kontrollvariablen zu übergeben. Aus Übersichtsgründen habe ich jedoch hier auf diese Möglichkeit verzichtet.

6.2.1 Die Eingabezeichen

Bei Anzeigen eines Eingabeschirms ist es im allgemeinen wünschenswert, die Eingabefelder in ihrer definierten Länge anzuzeigen. Nun haben alle hier erwähnten Fullscreen-Systeme wie AP126 (GDDM) oder AP124 die Möglichkeit, jedes Feld mit bestimmten Anzeigeattributen zu versehen. Hierzu gehören z.B. unterstrichene oder Reverse-Video-Felder. Diese Feldattribute werden direkt von verschiedenen Bildschirmen unterstützt, so daß der Programmierer im Normalfall solche Maskierungen in seinem Anwendungsprogramm nicht berücksichtigen muß.

Falls die Hardware - also der konkrete Bildschirm - diese Attribute nicht unterstützt, müssen alle Eingabefelder vor der Anzeige mit einem speziellen Zeichen, z.B. "_", vorbelegt werden. Selbstverständlich ist dieses Zeichen vor der Verarbeitung des eingelesenen Feldes zu entfernen - es handelt sich ja nur um eine Maskierung der Daten.

Wir erkennen an diesem Teilproblem, daß es sich hier um eine laufend zu wiederholende Funktion handelt und diese Aufgabe somit generell zu lösen ist. Die Schreibfunktion für Daten muß also - in Abhängigkeit von der eingesetzten Hardware - alle Leerstellen in einer Zeichenkette (das auf dem Bildschirm auszugebende Feld) durch ein definiertes Eingabezeichen ersetzen. Entsprechend ist beim Einlesen der Felder dieses Zeichen wieder zu entfernen.

Da diese Aufbereitung nicht immer erforderlich ist, verwende ich zur Steuerung der Maskierung der Eingabefelder zwei globale Variablen, und zwar eine Steuervariable cez (Kontrolle Eingabezeichen) und die Variable ez, die das gewünschte Maskierungszeichen enthält. Hierdurch kann man ohne Programmänderung bestimmen, ob die Eingabefelder mit dem in der Variablen "ez" gespeicherten Zeichen vorbelegt werden sollen. Es so z.B. möglich, nach Abfrage der Terminalcharakteristik (GDDM stellt solche Makros zur Verfügung) die Maskierung ein- oder auszuschalten.

Bei der Wahl des Maskierungszeichens muß beachtet werden, daß dieses Zeichen beim Einlesen der Daten wieder entfernt wird. Bei numerischen Feldern wäre somit der "." als Maskierung ungeeignet, weil man in diesem Fall keine Dezimalzahlen eingeben könnte. Der Unterstrich "_" ist z.B. bei Eingabe von Suchbegriffen für SQL (Structured Query Language) ungeeignet, da er dort als Platzhalter für beliebige Zeichen im Suchbegriff verwendet wird. Wir sehen daran, daß die Möglichkeit für individuelle transaktionsabhängige Festlegung des Maskierungszeichens von großer Bedeutung ist.

Schreib- und Lesefunktionen müssen nun diesen Anforderungen angepaßt werden. Bei dieser Erweiterung wird nicht zwischen einer Maskierung von Ein- und Ausgabefeldern unterschieden (bei Ausgabefeldern könnte eine Maskierung standardmäßig entfallen).

```
      ∇ X xWRT1 Y;L;fc
[ 1]  ⍝ Schreiben Daten in Feldnummern X
[ 2]  ⍝  L sind die Feldlaengen entspr. Formatmatrix f
[ 3]  Y←∊(L←×/f[X;3 4])↑¨Y  ⍝ nested zu String fuer GDDM
[ 4]
[ 5]  ⍝ Modifikation 1: Einfuegen ez (Eingabezeichen)
[ 6]  '→⍙L1' ⎕EA '→(cez≠1)/⍙L1'
[ 7]  ((Y=' ')/Y)←ez
[ 8]
[ 9]  ⍙L1:DATs←Y
[10]  CTLs←,424,X,[1.1] L  ⍝ GDDM write
[11]    →(0=1↑fc←CTLs)/0
[12]  ⍙F1:sysmsg←'Fehler (xWRT) bei AP126 Code : ',⍕fc
      ∇
```

Abb. 41. Schreiben von Daten auf den Bildschirm: Modifikation zum Einfügen von Eingabezeichen

Entsprechend dem Wert von "cez" wird das Eingabezeichen eingefügt (Zeilen 6 und 7).

Zeile 6
Die Verzweigung erfolgt mit Execute-Alternate. Dadurch muß nicht geprüft werden, ob die Variable cez einen korrekten Wert enthält.

Zeile 7
Das Ersetzen der Blankstelle durch das Zeichen in ez erfolgt durch eine selektive Zuweisung. Diese "selektive" Zuweisung - eine Besonderheit in IBM-APL2 - bedeutet, daß man einer durch eine Selektion ausgewählten Stelle einer Variablen einen neuen Wert zuweisen kann.

Zeile 12
Wenn beim Schreiben der Daten durch GDDM ein Fehler erkannt wird - der Returncode ist in diesem Fall ungleich Null -, wird der Variablen sysmsg die entsprechende Fehlernachricht zugewiesen. Falls auf dem Bildschirm eine Nachrichtenzeile sysmsg vorgesehen ist, wird diese Fehlernachricht auf dem Bildschirm automatisch angezeigt. Der Benutzer weiß also, daß etwas nicht in Ordnung ist, und kann die Anwendungsbetreuung, den Benutzerservice, benachrichtigen.

Diese einheitliche Fehlerbehandlung findet sich in allen GDDM-Funktionen. Dadurch ist es auch für den Programmierer sehr viel einfacher, eine fehlerhafte Benutzung dieser Makros zu erkennen.

An dieser Stelle noch eine kurze Bemerkung zur Überprüfung der Kontrollvariablen: Da das Ersetzen der Leerzeichen nur bei einem Wert von 1 erfolgen soll, ist zunächst zu prüfen, ob diese Variable im Arbeitsbereich vorhanden ist; anschließend ist der Wert dieser Variablen abzufragen. Durch die Verzweigung mit EXECUTE-ALTERNATE erübrigt sich diese Überprüfung. Es wäre jedoch besser, wenn man in einer der Hauptfunktionen, z.B. der Transaktionssteuerfunktion, sicherstellt, daß die Variable cez immer einen Wert besitzt. Dann ist eine Überprüfung der Existenz der Kontrollvariablen nicht erforderlich, was zu einer Performance-Verbesserung beiträgt, insbesondere da diese Funktionen sehr häufig benutzt werden.

Während bei der Schreibfunktion xWRT1 alle Leerstellen einer Zeichenkette durch das ausgewählte Füllzeichen ersetzt werden, muß dieses Zeichen beim Einlesen des Feldes natürlich wieder entfernt werden. Daher ist die Lesefunktion entsprechend erweitert.

```
      ∇ Z← xLES1 X;L
[ 1] A| Lesen der Feldnummern X
[ 2] A L sind die Feldlaengen entspr. Formatmatrix
[ 3] CTLs←,422,X,((ρX),1)ρL←×/f[X←,X;3 4]
[ 4]    →(0≠fc←CTLs)/ΔF1
[ 5] Z←DATs
[ 6]
[ 7] A Modifiakaton 1: Entfernen ez (Eingabezeichen)
[ 8] '→ΔL1' ⎕EA '→(cez≠1)/ΔL1'
[ 9] ((Z=ez)/Z)←' '
[10]
[11] ΔL1:Z←(∈Lρ¨ιρL)⊂Z   A Felder zu nested Array
[12]    →0
[13] ΔF1:sysmsg←'Fehler (xLES) bei AP126 Code: ',▼fc
[14] Z←' '
      ∇
```

Abb. 42. Lesen der Daten vom Bildschirm: Modifikation zum Entfernen der Eingabezeichen.

Zeile 8/9

In Zeile 8 wird das Eingabezeichen ez durch ein Blank ersetzt. Damit diese Routine nicht immer ausgeführt wird, überprüft man in Zeile 8, ob die Kontrollvariable cez entsprechend gesetzt ist.

6.2.2   Groß- und Kleinschreibung

Viele Daten müssen in einer definierten Schreibweise eingegeben werden. Es kann z.B. zweckmäßig sein, den Mitarbeiternamen bei einem Personalinformationssystem immer in Großbuchstaben darzustellen, damit man beim Zugriff über diesen Namen von einer definierten Schreibweise ausgehen kann.

Hier eine kleine Episode einer fehlerhaften Behandlung dieses Problems. Bei der Entwicklung einer Anwendung beachtete ich nicht den Unterschied zwischen Klein- und Großbuchstaben, ich arbeitete ja an einem APL-Bildschirm, auf dem ohnehin nur Großbuchstaben verwendet wurden. Nach dem Testen aller Funktionen sollte die Anwendung an einem Nicht-APL-Bildschirm vorgeführt werden. Hier trat nun der eigenartige Effekt auf, daß alle Daten richtig gespeichert wurden, man fand sie nur nicht wieder. Nach längerer Überlegung - die naheliegende Vermutung war natürlich ein Programmfehler - stellte ich endlich fest, daß die Schlüsselbegriffe in Kleinbuchstaben eingegeben wurden, beim Lesen aber von Großbuchstaben ausgegangen wurde. Besonders problematisch wird dies, wenn an einem Bildschirm die Umschaltmöglichkeit in der Darstellung der Buchstaben auf Großbuchstaben besteht. Hier werden Sie also immer Großbuchstaben eingeben, oder besser gesagt sehen, obwohl Sie systemtechnisch Kleinbuchstaben schreiben und somit ein Name auch in Kleinbuchstaben abgespeichert wird.

An diesem Beispiel wird deutlich, daß es sinnvoll ist, ähnlich wie beim Eingabezeichen über bestimmte Kontrollvariablen eine Umschlüsselung von Kleinbuchstaben in Großbuchstaben vorzunehmen. Die Variable "cuc" (Control Upper Case) soll hierzu dienen. Wir werden also das Leseprogramm wieder entsprechend modifizieren.

```
      ∇ Z← xLES2 X;L
[ 1]  A| Lesen der Feldnummern X
[ 2]  A L sind die Feldlaengen entspr. Formatmatrix
[ 3]  CTLs←,422,X,((ρX),1)ρL←×/f[X←,X;3 4]
[ 4]    →(0≠fc←CTLs)/ΔF1
[ 5]  Z←DATs
[ 6]
[ 7]  A Modifikation 1: Entfernen ez (Eingabezeichen)
[ 8]  '→ΔL1' ⎕EA '→(cez≠1)/ΔL1'
[ 9]  ((Z=ez)/Z)←' '
[10]
[11]  A Modifikation 2: Umschluesseln Klein in Gross
[12]  ΔL1:'→ΔL2' ⎕EA '→(cuc≠1)/ΔL2'
[13]  (((,Z)∈KLEIN)/,Z)←GROSS[KLEINι((,Z)∈KLEIN)/,Z]
[14]
[15]  ΔL2:Z←(∈Lρ¨ιρL)⊂Z  A Felder zu nested Array
[16]     →0
[17]  ΔF1:sysmsg←'Fehler (xLES) bei AP126 Code: ',₹fc
[18]  Z←' '
      ∇
```

Abb. 43. Lesen der Daten vom Bildschirm: Modifikation zum Entfernen von Eingabezeichen und Umschlüsseln in Großbuchstaben

In den Variablen GROSS/KLEIN steht das Alphabet in Groß- und Kleinbuchstaben zur Verfügung.

Zeile 12
Hier wird wieder gegen die Kontrollvariable geprüft, ob eine Umschlüsselung

von KLEIN in GROSS gewünscht ist. Ist die Variable cez nicht gesetzt oder hat sie einen Wert ungleich 1, erfolgt keine Umschlüsselung.

Zeile 13
In Zeile 13 wird die Umschlüsselung vorgenommen. Dies ist eine sehr interessante APL-Anweisung. Zum Verständnis sollten Sie diese Funktion einmal in einzelne Arbeitsschritte auflösen. Ich habe diese Anweisung übrigens in einer Idiom-Liste gefunden, und falls Sie einmal ähnlich komplexe Probleme haben, sollten Sie zunächst einmal in einer solchen Idiom-Liste nachsehen. Viele Funktionen dieser Art finden Sie auch in den bei APL mitgelieferten Arbeitsbereichen.

Beim Schreiben der Daten ist diese Umschlüsselung allerdings nicht erforderlich. Wir schreiben ja entweder die Daten, die in einer externen Datenbank gespeichert sind, oder verwenden Variablen, die wir in unserem Programm setzen.

6.2.3 Numerische Werte

Die nächste Kontrollstruktur ist etwas komplizierter als die eben behandelte. Bisher gingen wir davon aus, daß immer Zeichenketten, also Charakterdarstellungen der Anwendungsdaten, verarbeitet werden. Die bereits erwähnten Fullscreen-Partnerprogramme unterstützen nämlich ausschließlich Zeichenketten, auch wenn die Existenz von numerischen Feldattributen vielleicht darüber hinwegtäuschen mag. Falls in einer Anwendung also numerische Daten am Bildschirm angezeigt werden sollen, müssen diese zunächst durch eine Formatierung in eine Zeichenkette umgewandelt werden. Sicher soll hierbei, im Unterschied zu einer normalen Zeichenkette, eine Zahl auch rechtsbündig und gegebenenfalls mit den Dezimalstellen ausgegeben werden.

Wir müssen also zunächst erkennen, ob das zu schreibende Feld bzw. der Inhalt ein numerischer Wert ist, und diesen dann entsprechend formatieren. Für die Anzahl der Dezimalstellen können wir gegebenenfalls auf die Formatmatrix (alle Felder eines Bildschirms werden ja über numerische Werte formatiert, die sinnvollerweise in einer Formatmatrix gespeichert sind) zurückgreifen. Falls in der Formatmatrix keine Spalte für die Anzahl der Dezimalstellen vorgesehen ist, könnte hier auch eine globale Variable, in der die Anzahl der gewünschten Dezimalstellen gespeichert ist, Abhilfe schaffen. Wir ändern also ein weiteres Mal unsere Schreibfunktion: Die Berücksichtigung der numerischen Felder erfolgt in Zeile 5 und 6 des Programms xWRT3.

Das Programm xWRT3

Zeile 5
Über den "Prototyp" der Variablen Y wird festgestellt, ob numerische Werte in Y enthalten sind. Dieses Idiom wurde bereits bei der Einführung in APL erwähnt.

Zeile 6
Alle numerischen Felder - in I steht der logische Vektor, der mit 1 auf eine numerische Variable hinweist - werden über den Aufruf der Funktion DRKOMM in die gewünschten Zeichenketten umgewandelt. Als rechtes Arg-

ument wird der Aufbereitungsfunktion (kommerzielles Drucken) die Feldlänge aus der Formatmatrix f und der numerische Wert mitgegeben.

```
     ∇ X xWRT3 Y;L;I;fc
[ 1] A| Schreiben Daten in Feldnummern X
[ 2] A  L sind die Feldlaengen entspr. Formatmatrix f
[ 3]
[ 4] A Modifikation 3: Aufbereiten num. Daten
[ 5] →(∧/~I←0="1↑"0ρY)/⎕LC+2      A Pruefen ob numerisch
[ 6] (I/Y)←DRKOMM "(f[I/X;4]),"I/Y
[ 7]
[ 8] Y←ϵ(L←×/f[X;3 4])↑"Y A nested zu String fuer GDDM
[ 9]
[10] A Modifikation 1: Einfuegen ez (Eingabezeichen)
[11] '→ΔL1' ⎕EA '→(cez≠1)/ΔL1'
[12] ((Y=' ')/Y)←ez
[13]
[14] ΔL1:DATs←Y
[15] CTLs←,424,X,[1.1] L           A GDDM write
[16]    →(0=1↑fc←CTLs)/0
[17] ΔF1:sysmsg←'Fehler (xWRT) bei AP126 Code :',⍕fc
     ∇
```

Abb. 44. Schreiben der Daten auf Bildschirm: Modifikation zum Bearbeiten numerischer Daten und Einfügen von Eingabezeichen.

Druckaufbereitung mit DRKOMM

Zur kommerziellen Druckaufbereitung wird die Funktion DRKOMM benötigt. Diese Funktion wird nur mit einem rechten Argument aufgerufen - der Vektor aus Längenangabe und Zahl. Diese Aufruftechnik ist sicher etwas ungewohnt, denn man würde eher vermuten, daß man als linkes Argument die Länge (ggf. die Formatierungsangabe) und im rechten Argument die zu formatisierende Zahl angibt. Dies würde jedoch den beabsichtigten Aufruf mit EACH in der Funktion xWRT3 erschweren.

Sie sehen an dieser Funktion (Abb. 45), daß zur Steuerung der numerischen Aufbereitung die globale Variable cnum (Control Numeric) dient. Ist diese Variable nicht gesetzt, erfolgt eine Formatierung ohne Dezimalstellen.

Enthält cnum einen numerischen Wert, so sind dies die gewünschten Dezimalstellen. cnum kann aber auch für eine Formatierung mit vorgegebener Maske verwendet werden. Diese Variable sieht dann z.B. wie folgt aus: ' 555.555.555,11-'. Im konkreten Fall muß die Länge dieser Beispielformatierung gegen die angegebene Anzahl von Dezimalstellen in der Formatmatrix - dort wird ja nicht nur der Typ eines Feldes definiert, sondern auch die Länge und die Anzahl der Dezimalstellen bei einem numerischen Feld angegeben - abgeglichen werden.

```
      ∇ Z←DRKOMM Y;I
[ 1] ⍝| Kommerzielle Zahlenaufbereitung
[ 2] ⍝ cnum = Anzahl Dezimalstellen oder Format
[ 3] ⍝           by Example
[ 4] ⍝ Y[1] =Laenge, Y[2] = Zahl
[ 5] ⍝ Formatkontrolle ⎕FC[4] mu~ auf X gesetzt sein
[ 6] '→⍙L2' ⎕EA '→(0=1↑0⍴cnum)/⍙L1'
[ 7] Z←((-Y[1])↑cnum)⍕Y[2]
[ 8]    →0
[ 9] ⍙L1:→0 Z←(Y[1],cnum)⍕Y[2]
[10] ⍙L2:Z←Y[1]⍕Y[2]
      ∇
```

Abb. 45. Aufbereiten von numerischen Daten für GDDM: Da die Maskengeneratoren keine numerischen Daten kennen, müssen alle Zahlen in eine Zeichenkette umgewandelt werden.

Zeile 6

Falls die Variable cnum numerisch gesetzt oder nicht vorhanden ist, erfolgt eine normale Formatierung der Zahl (Label L1 und L2).

Zeile 7

Für die Formatierung wird die Maske in der Variablen cnum verwendet. Wenn die Formatierung nicht erfolgreich ist, z.B. eine zu große Zahl für das Format gewählt wurde, wird mit * aufgefüllt. Die APL2-Systemvariable ⎕FC[4] muß hierfür auf * gesetzt werden.

Zeile 9

Die numerische Formatierung erfolgt entsprechend der Feldlänge (im ersten Element von Y) und der in cnum enthaltenen Anzahl von Dezimalstellen. Auch hier gilt, daß entsprechen der gesetzten Variablen ⎕FC[4]←'X' bei Formatfehlern mit * aufgefüllt wird.

Folgt man dem Vorschlag für den Aufbau der Formatmatrix f, so wie er in Abb. 25. vorgegeben ist, so kann für die Anzahl der Dezimalstellen natürlich auch der dort angegebene Wert (Spalte 13) verwendet werden. Das rechte Argument für die Funktion DRKOMM müsste dann entsprechend geändert werden.

Wie sieht nun diese Problembehandlung für das Lesen von numerischen Werten aus? Es wurde bereits erwähnt, daß die verfügbaren Partnerprogramme für Fullscreen-Support ausschließlich Charakter-Daten, also normale Zeichenketten, verarbeiten. Durch das Einlesen eines Feldes wird immer eine Zeichenkette zur Verfügung gestellt, die nun in einen gültigen numerischen Wert umgewandelt werden muß. Falls das Feld als numerisch definiert wurde, prüft die Hardware bereits bestimmte falsche Konstellationen wie Alpha-Zeichen, die über die Tastatur nicht eingegeben werden können. Wie sieht das aber z.B. mit einem Dezimalpunkt oder Dezimalkomma aus, was bedeutet ″1 2.3 4″ bei der Eingabe in einem Feld? Wir sehen also, auch wenn die Hardware des Bildschirms uns bestimmte Prüfungen abnimmt, sind beim Einlesen des numerischen Feldes noch zahlreiche Randparameter zu beachten.

Zunächst der Hinweis: Wir können einen Feldinhalt nur dann in einen numerischen Wert umwandeln, wenn aus der Formatmatrix das Feld als numerisch definiert erkennbar ist.

```
      ∇ Z← xLES3 X;L;I
[ 1]  A| Lesen der Feldnummern X
[ 2]  A L sind die Feldlaengen entspr. Formatmatrix
[ 3]  CTLs←,422,X,((pX),1)pL←x/f[X←,X;3 4]
[ 4]  →(0≠fc←CTLs)/ΔF1
[ 5]  Z←DATs
[ 6]
[ 7]  A Modifikation 1: Entfernen ez (Eingabezeichen)
[ 8]  '→ΔL1' ⎕EA '→(cez≠1)/ΔL1'
[ 9]  ((Z=ez)/Z)←' '
[10]
[11]  A Modifikation 2: Umschluesseln Klein in Gross
[12]  ΔL1:'→ΔL2' ⎕EA '→(cuc≠1)/ΔL2'
[13]  (((,Z)∈KLEIN)/,Z)←GROSS[KLEINι((,Z)∈KLEIN)/,Z]
[14]
[15]  ΔL2:Z←(∈Lp"ιpL)⊂Z  A Felder zu nested Array
[16]
[17]  A Modifikation 3: numerische Werte
[18]  →(0=pI←(F[X;5]≠1)/ιpX)/0
[19]  '→0' ⎕EA 'rCN I'
[20]  →0
[21]  ΔF1:sysmsg←'Fehler (xLES) bei AP126 Code: ',⍕fc
[22]  Z←' '
      ∇
```

Abb. 46. Lesen der Daten vom Bildschirm: Modifikation für vollständige Datenkontrolle

Das Leseprogramm in Abb. 46 wurde daher zusätzlich modifiziert, um alle Spezialfälle bei der Eingabe von numerischen Werten zu berücksichtigen. Bevor ich auf das eigentliche Programm zur Behandlung der numerischen Werte rCN eingehe, sollen einige Besonderheiten im Aufruf dieser Funktion angesprochen werden.

Zeile 18
Hier wird gegen die Formatmatrix geprüft, ob es sich um ein numerisches Feld handelt. In dem vorgestellten Beispiel gehe ich davon aus, daß in Spalte 5 dieser Formatmatrix der Feldtyp - 1 bedeutet für die GDDM-Formatierung ein numerisches Feld - gespeichert ist. In "I" stehen damit die relativen Feldnummern der numerischen Felder.

Zeile 19
Wegen eventuell nicht abgefangener Fehler in der Funktion rCN erfolgt der Aufruf der Funktion rCN (Replace Character-Numeric) unter Execute-Alter-

nate-Kontrolle. Dieser Funktion werden die Indizes der numerisch definierten Felder mitgegeben, damit keine doppelte Übergabe der Datenvariablen notwendig ist.

Im Programm rCN (Abb. 47) werden alle Character-Daten, sofern vorgesehen und möglich, in die entsprechenden numerischen Werte umgesetzt. Hierbei erfolgt auch eine Fehlerbehandlung, um den Cursor bei Bedarf auf die falsche Eingabe setzen zu können.

```
      ∇ rCN I;J
[ 1] ⍝| Umwandeln von Charakter in numerisch
[ 2] ⍝   fuer Lesefunktion xLES
[ 3] →(~',' ∊∊Z[I])/⍙L0   ⍝ Komma in Punkt
[ 4] Z[I]← rKP ¨ Z[I]
[ 5] ⍙L0:'→⍙L1' ⎕EA '→0,Z[I]←1↑¨⍕¨Z[I]' ⍝ alles OK
[ 6]
[ 7] ⍝ Es wurden ungueltig num. Werte eingegeben
[ 8] ⍙L1:J←0
[ 9] ⍙L2:→((⍴I)<J←J+1)/0
[10]    '→⍙F1' ⎕EA 'Z[I[J]]←1↑⍕∊Z[I[J]]'
[11] →⍙L2
[12]
[13] ⍝ Fehlerbehandlung num Werte
[14] ⍙F1: →(fc←~' '∧.=∊Z[I[J]])/⍙F2
[15]    Z[I[J]]←0↑0   ⍝ Blank in NULL
[16] →⍙L2
[17] ⍙F2:pgmmsg←'Ungueltige numerische Werte eingegeben'
[18] fc←1
      ∇
```

Abb. 47. Umwandeln von Character in numerische Werte.

Zeile 0

Das rechte Argument I enthält die Indizes der numerischen Elemente des Vektors Z - siehe die Funktion xLES3. Dadurch kann die Variable Z als semiglobale Variable betrachtet werden, es wird also systemintern kein zusätzlicher Speicherplatz für diese Variable benötigt.

Zeile 3, 4

Abhängig von der Bildschirmtastatur (Deutsch, Englisch) können Dezimalzahlen entweder mit Dezimalpunkt oder Komma eingegeben werden. Da APL-intern eine Dezimalzahl allerdings immer mit einem Punkt dargestellt wird, muß das Komma durch einen Punkt ersetzt werden. Dies führt die nicht näher spezifizierte Funktion rKP (Replace Komma-Punkt) durch.

Zeile 5

Enthalten alle Datenfelder gültige numerische Werte, wird die Funktion sofort verlassen. Ansonsten muß eine elementweise Umsetzung der Charakterwerte in Zahlen erfolgen - man will ja die Feldnummer feststellen, an der ein ungültiger numerischer Wert eingegeben wurde, um den Cursor auf das entsprechende Feld zu positionieren.

Zeile 14/15

Ist der eingegebene Wert Blank - also keine Eingabe -, so ist zu entscheiden, ob eine nicht angegebene Zahl durch 0 oder durch NULL ersetzt werden soll. Hier wird in Zeile 14 ein Leerzeichen durch NULL ersetzt. NULL ist hier im Sinne einer Relationalen Datenbank als "Nichts" zu interpretieren.

Zeile 17/18

Falls ein Fehler bei der Eingabe erkannt wurde, wird eine Fehlermeldung zugewiesen und die Kontrollvariable fc auf 1 gesetzt. Dadurch erkennt die zentrale Eingabefunktion eING (siehe Abb. 34, Zeile 9), ob bei numerischen Werten eine falsche Eingabe gemacht wurde.

Die meisten hier angesprochenen Kontrollfunktionen sind in den verschiedenen Anwendungsgeneratoren vorhanden (sie sollten es auf alle Fälle sein). Ich habe diese Kontrollstrukturen jedoch noch aus einem anderen Grunde ausführlich dargestellt. Man könnte natürlich alle diese Verarbeitungsfunktionen auch in den einzelnen Transaktionen kodieren. Sicherlich ist das der erste Ansatz, den der Programmierer, der sich noch nicht sehr intensiv mit Anwendungsentwicklung und organisatorischen Konzepten beschäftigt hat, anstreben würde. Er müßte jedoch bald erkennen, daß immer wieder identische Routinen zu programmieren sind. Auch wenn man diese Datenbehandlung in ein allgemeines Modul integriert, wäre dieses immer noch in den einzelnen Transaktionen explizit aufzurufen.

Hier liegt nun das Problem, wenn man zu einer anderen oder einer erweiterten Bildschirmunterstützung übergehen will. Es ist ja nicht ganz auszuschließen, daß die oben geschilderte Datenbehandlung eines Tages in die Standard-Bildschirmfunktionen integriert wird. Dann würde man eine doppelte Behandlung der Eingabedaten vornehmen bzw. müßte diese Bearbeitungsfunktionen aus allen eigenen Programmen entfernen. Das bedeutet viel Arbeit. Deshalb bietet sich gerade in diesen Fällen die Verwendung von globalen Kontrollvariablen an; falls eine programmierte Behandlung der Eingabedaten nicht mehr erforderlich ist, setzt man die Kontrollvariable einfach auf 0 bzw. löscht sie im Arbeitsbereich.

Dieses Konzept der globalen Kontrollvariablen läßt sich natürlich auf weitere Standardprobleme eines Anwendungssystems übertragen. Man erhält dadurch große Flexibilität, aber auch die Sicherheit einer standardisierten Behandlung von Teilproblemen innerhalb des Anwendungsdesigns. So ist es z.B. bei einem Farbbildschirm wünschenswert, die Farbgestaltung für die verschiedenen Feldtypen (Eingabe, Ausgabe, Literale etc.) einheitlich zu gestalten. Im Interesse einer unternehmensweiten Normierung sollte ja zumindest das Erscheinungsbild, d.h. der Bildschirmaufbau in Farbe und Plazierung der Felder, standardisiert sein, wofür sich Kontrollvariablen besonders gut einsetzen lassen.

Eine solche Standardisierung der Anwendungsentwicklungsumgebung führt zu einem unternehmensweit einheitlichen Erscheinungsbild aller Dialoganwendungen, ohne daß auf Flexibilität bei veränderten Rahmenbedingungen verzichtet werden muß. Kontrollvariablen sind somit der Schlüssel zu einem standardisierten Anwendungsdesign.

7. APL2 und Relationale Datenbanken

Vorbemerkung: Für dieses Kapitel stützen wir uns auf die Sprachversion IBM-APL2, da nur diese Version ein Interface zu den Relationalen Datenbanken DB2 bzw. SQL-DS besitzt. Ich verwende allerdings weiterhin den Namen APL, wenn dies nicht zu Irrtümern führen kann, auch wenn ich nur auf die Sprache abheben will.

Bisher haben wir uns nur mit der Sprache APL beschäftigt und versucht, eine Antwort auf die Frage zu geben: Was ist bei der Realisierung einer Transaktion zu beachten?

Nun benötigt man meistens neben einer Programmiersprache auch ein leistungsfähiges Datenbanksystem, um die erforderlichen Anwendungsdaten zur Verfügung zu stellen. Hier sind die Relationalen Datenbanksysteme an erster Stelle zu nennen. Wir wollen uns daher nun mit dem Thema beschäftigen:

Wie stellt man in APL2 die Verbindung zu einer Relationalen Datenbank, z.B. DB2 oder SQL-DS, her und wie sieht eine effektive Programmierung mit der Zugriffssprache SQL aus?

APL zeichnet sich gegenüber anderen Programmiersprachen dadurch aus, daß es von seiner Grundstruktur her immer auf Tabellen anwendbar ist. Will man in APL gute Programme schreiben, muß man sich also immer überlegen, wie eine Anwendung tabellenorientiert zu formulieren ist. Diese Vorgehensweise halte ich übrigens für die natürlichste. In vielen Anwendungen, nicht nur bei Planungssystemen, haben wir es nämlich mit Tabellen zu tun, etwa eine Tabelle von unterschiedlichen Artikeln, z.B. die Tabelle unserer Schallplattensammlung. Die Aufgabe besteht nun darin, eine geeignete externe Darstellungsform zu finden, um diese Tabellen zu speichern. Ich brauche hier nicht auf die grundlegende Theorie der Relationalen Datenbanken - dies sind nämlich die geeigneten Darstellungsformen - einzugehen, da sie in der APL-Welt nichts wesentlich Neues bedeuten.

Für das Verständnis dieser Datenbanken und ihrer Verarbeitung in APL2 will ich daher nur kurz nochmals die Theorie der geschachtelten Variablen in APL2, wie in Kapitel 1 besprochen, aufgreifen. Im übrigen findet sich eine hervorragende Darstellung in dem Buch ″A Guide to DB2″ von C.J.DATE.

Wir haben in APL die einfache Tabelle kennengelernt, die man sich als Rechteckmuster vorstellen kann und deren einzelne Elemente aus Zahlen oder Buchstaben bestehen.

```
 1  2  3           LEDIG
 4  5  6    oder   VERH
 7  8  9           GESCH
10 11 12           VERW

num. Tabelle     Alpha Tabelle
```

Ebenso haben wir die geschachtelte Tabelle angesprochen, deren einzelne Elemente nicht unbedingt nur aus einer Zahl oder einem Buchstaben wie im obigen Beispiel bestehen, sondern auch aus Zahlen- oder Buchstabengruppen wie den Adreßinformationen eines Personalbestandes.

```
.+-------.          .+------.
| Schulz |   5000   | Koeln |
'--------'          '-------'

.+-------.          .+----------.
| Meier  |   7000   | Stuttgart |
'--------'          '-----------'

.+-------.          .+--------.
| Braun  |   2000   | Hamburg |
'--------'          '---------'

.+-------.          .+---------.
| Seifert|   8000   | Muenchen |
'--------'          '----------'
```

In dieser Matrix aus 4 Zeilen und 3 Spalten enthalten die einzelnen Zeilen Adreßinformationen. Wie kann nun diese Struktur in einer externen Datei gespeichert werden? Hier bietet sich eine Relationale Datenbank an, denn diese aus genau solchen Tabellen. Eine Relationale Datenbank kann somit als die natürliche Ergänzung der Sprache APL um die externe Speicherungsmöglichkeit von Objekten (Variablen) aufgefaßt werden oder, aus der Sicht der Datenbank betrachtet, APL ist die natürliche Erweiterung der Datenbank um eine Programmiersprache.

Eine Relationale Datenbank besteht aus wohlstrukturierten Tabellen, deren Spalten eindeutige Überschriften - die Spaltennamen oder Feldnamen - haben. Die Zeilen jeder dieser Tabellen stellen einen Datensatz, z.B. die Personalinformation eines Mitarbeiters, dar.

Besteht das Datenbanksystem aus mehr als einer Tabelle, z.B. der Tabelle der Mitarbeiter eines Unternehmens und einer Ortstabelle, so können diese beiden Tabellen dynamisch miteinander verknüpft werden. Diese Verknüpfung geschieht wie folgt:

Tabelle der Namen   Tabelle der Orte

```
Name            PLZ          PLZ     Ortsname
.->-----.
|Wagner |       5480 ---->
'-------'                    5480  .->--------.
                                   | Remagen  |
                                   '----------'
.->-----.
|Meier  |       7000 ---->        .->----------.
'-------'              +--> 7000  | Stuttgart  |
                           |      '------------'
.->-----.                  |
|Braun  |       2000 ---->        .->--------.
'-------'                | 2000  | Hamburg  |
                         |       '----------'
.->-----.                |
|Schmitt|       7000 -+
'-------'
```

Wir sehen, daß unterschiedliche Tabellen durch übereinstimmende Tabelleneinträge verbunden werden. In unserem Fall die Postleitzahl. Die Sprache,
mit der der Zugriff und die Bearbeitung einer Relationalen Datenbank erfolgt,
heißt "SQL".

Wir werden uns nun mit der Verarbeitung Relationaler Datenbanken durch
die Programmiersprache APL2 befassen. Die Verbindung zwischen APL und
der Relationalen Datenbank erfolgt, wie auch in anderen Fällen bei APL üblich, über sogenannte Partnerprogramme. Das Partnerprogramm AP127 für
APL2 ermöglicht die Verwendung von SQL zur Bearbeitung einer Relationalen
Datenbank DB2 oder SQL-DS.

Aus der APL2-Umgebung heraus unterhalten wir uns mit der Datenbank
über den Aufruf von SQL-Befehlen. Dieser Aufruf kann z.B. mit einer Rahmenfunktion "SQL" in der folgenden Art geschehen:

```
Z <- SQL 'SELECT NAME,PLZ,ORT FROM PERSDB
          WHERE NAME = ''WAGNER'''
```

Detaillierte Informationen über die Bearbeitung Relationaler DBs finden sich
in dem APL2-Handbuch "APL2 and Structured Query Language". An dieser
Stelle möchte ich auf den eigentlichen Verarbeitungszugriff eingehen. Bei der
obigen Abfrage sind vor dem eigentlichen Zugriff folgende Verarbeitungsschritte
erforderlich:

- Ist die Syntax des SQL-Befehls korrekt ?

- Ist der Tabellenname eine gültige Tabelle innerhalb des DB-Systems?

- Sind die Feldnamen gültige Spaltenbezeichnungen der Tabelle?

- Wie erfolgt der Zugriff?
  Kann zur Beschleunigung des Zugriffs über den Namen ein Index in der
  Tabelle verwendet werden?

Erst nachdem alle diese Prüfungen erfolgreich gegen die Datenbankbeschreibung durchgeführt wurden, kann der gesuchte Datensatz gelesen werden.
Dieser Lesezugriff läuft nach folgendem Muster ab:

- Definiere einen Arbeitsbereich für den Zugriff - bei SQL CURSOR genannt.

- Öffne den CURSOR mit dem Suchbegriff (Beispiel WAGNER).

- Lies den ersten Satz - bei SQL FETCH genannt.
  Lies den nächsten Satz, bis keine weiteren Daten mehr das Suchkriterium erfüllen.

- Schließe den CURSOR.

Nachdem auf diese Art alle Sätze mit dem Namen WAGNER gelesen worden sind, könnte man natürlich den CURSOR mit einem anderen Suchbegriff, z.B. MEIER, erneut öffnen und alle Sätze lesen, die dieses Suchkriterium erfüllen. Es ist also sicherzustellen, daß die Prüfungen auf Gültigkeit des SQL-Statements nicht immer wieder durchgeführt werden müssen. In den meisten Anwendungen will man nämlich nacheinander verschiedene Sätze - allerdings mit unterschiedlichem Suchwert - aus dem gleichen Datenbestand lesen. So gibt man in einem Personalinformationssystem eine Personalnummer ein, zeigt den gefundenen Datensatz am Bildschirm an und gibt in einem weiteren Schritt gegebenenfalls eine andere Personalnummer ein.

Bei einem statischen SQL werden alle Plausibilitätsprüfungen sowie die Festlegung des Zugriffspfades nur einmal durchgeführt. Diese Festlegung erfolgt, wie bei kompilierenden Programmiersprachen üblich, mit verschiedenen Prozeduren (Compile-Link-BIND), die zur Umwandlung des Programms erforderlich sind. Der Vorteil dieser einmaligen Festlegung des SQL-Zugriffs liegt darin, daß zur Ausführungszeit keine Zugriffe auf die Datenbankbeschreibungen (Systemtabellen) erforderlich sind, wodurch der Zugriff erheblich beschleunigt wird. Allerdings verzichtet man auch auf eine gewisse Flexibilität in der Gestaltung der Zugriffsprogramme.

Bei einem dynamischen SQL erfolgen alle Plausibilitätsprüfungen bei jedem Zugriff. Da APL über das Partnerprogramm AP127 nur dynamisches SQL erlaubt, sollte der Programmierer einmal vorbereitete CURSOR (ich nenne sie Zugriffspfade) für einen möglichst langen Zeitraum erhalten. Außerdem muß man beim Aufruf eines oder mehrerer SQL-Befehle den Begriff "UNIT of WORK" kennen. Unter einer "UNIT of WORK" versteht man den Zeitabschnitt, in dem zusammenhängende Datenbankoperationen ausgeführt werden.

Da man bei Verarbeitungsfehlern (Programmierung/Datenbank-System) alle zwischenzeitlichen Änderungen zurücksetzen muß, gibt es die beiden Befehle:

COMMIT oder ROLLBACK.

Der Befehl COMMIT bestätigt alle durchgeführten Datenbankänderungen. Zu diesem Zeitpunkt werden auch alle definierten CURSOR gelöscht. Entsprechend setzt der Befehl ROLLBACK die Änderungen in der Datenbank zurück und löscht ebenfalls die vorbereiteten CURSOR.

Somit kann ein definierter CURSOR nur zwischen zwei sogenannten COMMIT-Points, d.h. innerhalb einer UNIT of WORK, erhalten bleiben. Insbesondere bei reinen Abfragesystemen bedeutet das jedoch, daß auch in APL innerhalb einer Anwendung "STATISCHEs" SQL verwendet werden kann, weil keine Datenänderungen vorgenommen werden, die bestätigt werden müssen.

7.1 Das Partnerprogramm AP127

Zum Lesen von Daten stellt SQL den Befehl SELECT zur Verfügung. Ein Satz aus der Personaldatenbank PERSDB wird somit durch folgende SQL-Anweisung gelesen:

```
SELECT NAME,PLZ,ORT FROM PERSDB
     WHERE NAME = 'WAGNER'
```

Von APL aus geschieht jegliche Kommunikation mit APL-Externen Daten über Partnerprogramme. Ein derartiges Partnerprogramm für die Kommunikation mit einer Relationalen Datenbank DB2 oder SQL-DS ist der AP127. Im Gegensatz zu den Partnerprogrammen AP123 (VSAM) oder AP126 (GDDM) benötigt dieser AP nur eine gemeinsame Variable. Ich will hier nicht auf alle Einzelheiten eingehen (siehe: APL2 Programming Using Structured Query Language), sondern nur das zum Verständnis Erforderliche behandeln.
   Die Kommunikation mit diesem Partnerprogramm erfolgt dadurch, daß der Datenvariablen der SQL-Befehl in der korrekten Syntax zugewiesen wird. Bei nochmaliger Abfrage der Datenvariablen erhält man das Ergebnis des SQL-Befehls sowie einen Returncode als geschachtelten Vektor in der gemeinsamen Variablen.

```
.->-------------.  .->----------------------------------.
| Return-Code   |  | Ergebnis der SQL-Operation         |
'---------------'  '------------------------------------'
```

Die folgende Sequenz von shared-Variable-Operationen mit der Variablen DAT127 - der Name DAT127 weist auf das Partnerprogramm AP127 hin - erläutert die Kommunikation mit diesem Partnerprogramm.

1. **Aufbau der Verbindung zum AP127.**
   Durch den Befehl ⌶127 ⎕SVO 'DAT127' wird die Verbindung zum Partnerprogramm AP127 für den Aufruf von SQL-Befehlen hergestellt.

2. **Vorbereiten des Cursors.**
   Der gemeinsamen Variablen muß der gewünschte Befehl zum Aufbau des Cursors zugewiesen werden.

```
      DAT127 ← 'PREP' 'CURSOR' 'SELECT ✕ FROM PERSDB
                       WHERE PLZ = ''5300'''
      DAT127
  0  0  0  0  0
```

Die Antwort auf den Befehl PREP ist ein fünfstelliger Returncode. Der Datenvariablen wurde hier ein korrekter SQL-Befehl zugewiesen, der Returncode ist also 0. Bei einer falschen SQL-Anweisung würde im letzten Element dieses Returncodes die SQL-Fehlernummer stehen.

3. **Öffnen des Cursors.**
   Der Befehl OPEN wird zum Öffnen des Cursors verwendet.

```
      DAT127 ← 'OPEN' 'CURSOR'
```

```
        DAT127
   0  0  0  0  0
```

Als Antwort auf diesen und alle weiteren AP127-Befehle erhalten wir einen
fünfstelligen Returncode.

4.   Datensatz lesen.
Zum Lesen der einzelnen Sätze wird der Befehl FETCH verwendet.

```
     DAT127 ← 'FETCH' 'CURSOR' 1

        DAT127
   (0  0  1  0  0)('Huber' 5300 'Bonn')
```

Die Zahl beim Aufruf von FETCH gibt an, wie viele Sätze man bei einem
Zugriff erhalten möchte (hier nur ein Satz). Der Returncode zeigt an, daß
noch nicht alle Sätze gelesen wurden. Man müßte somit diesen Fetch-Be-
fehl wiederholt aufrufen, bis der Returcode 0 anzeigt, daß sich keine weiteren Sätze für den gewünschten Zugriff qualifizieren.
Aus Performancegründen - möglichst wenige Aufrufe des AP127 - soll die
zu lesende Satzzahl möglichst groß gewählt werden. Der erlaubte Wert
hängt wesentlich von der Größe der einzulesenden Sätze sowie der beim
APL-Aufruf angegebenen Share-Size ab.

5.   Cursor schließen.
Zuletzt ist der Cursor zu schließen, damit er mit einem anderen Suchbegriff
erneut verwendet werden kann.

```
     DAT127 ← 'CLOSE' 'CURSOR'

        DAT127
   0  0  0  0  0
```

Für diese Sequenz der erforderlichen SQL-Befehle werden mehrere Standardfunktionen eingeführt, damit beim Zugriff auf die Relationalen Datenbanken
diese Randbedingungen des AP127 nicht mehr beachtet werden müssen. Wir
haben gerade gesehen, daß beim Zugriff mit SQL zunächst die Datenvariable
gesetzt und anschließend abgefragt werden muß. Für diese Kommunikation
mit SQL betrachten wir zunächst eine Kommunikationsfunktion, in der auch
alle Datenbankfehler behandelt werden.
Dies ist übrigens die zweckmäßigste Technik, um mit externen Partnerprogrammen zu kommunizieren. Falls Änderungen in den Aufrufparametern erforderlich sein sollten - z.B. durch neue Versionen der Partnerprogramme oder
sonstige Umstellungen -, kann man die Anforderungen recht einfach mit in
dieses Interfaceprogramm aufnehmen. Damit erhält man - auch in den internen
Abläufen - sehr klar strukturierte Zugriffsroutinen auf die externen Partnerprogramme. Betrachten wir zunächst die Funktion DAT_ zur Kommunikation
mit dem Partnerprogramm AP127.

```
    ∇ Z← DAT_ X;TXT;fc
[1] ⍝| Aufruf SQL-Operation
[2] DAT127←X
[3] Z←DAT127
[4] →(0≤¯1↑fc←↑Z)/0          ⍝ Error bei SQL
[5]
[6] DAT127←'MSG'(fc)         ⍝ Fehlertext
[7]   TXT←DAT127
[8] 'SQLERROR' trans TXT     ⍝ Anzeige Fehlertext
[9] '→0' ⎕EA 'xSEL pnr'      ⍝ Aufruf alten Bildschirm
    ∇
```

Abb. 48. Interface-Funktion für SQL-Operationen

Zeile 2
Als Kommunikationsvariable wird die Variable DAT127 verwendet. Durch
diesen Namen ist sie offensichtlich eine gemeinsame Variable für den AP127.
Zur Ausführung des gewünschten SQL-Befehls X muß der Inhalt der Variablen
X der gemeinsamen Variablen DAT127 zugewiesen werden.

Zeile 3
Das Ergebnis der SQL-Operation wird der Variablen Z zugewiesen. In den folgenden Zeilen erfolgt nun die Fehlerbehandlung:

Zeile 4
Das erste Element der Ergebnisvariablen besteht aus einem fünfstelligen Returncode. Es wird geprüft, ob ein Datenbankfehler (letzte Stelle < 0) vorliegt.

Zeile 6
Im Fehlerfall liefert der AP127-Befehl MSG eine ausführliche Fehlerbeschrei-
bung.

Zeile 7
Der Fehlertext wird der Variablen TXT zugewiesen.

Zeile 8
Hier wird die Fehlernachricht in einer speziellen Fehlertransaktion angezeigt.
Dazu verwende ich natürlich ebenfalls die zentrale Transaktionsfunktion trans.
Als Vorlage für eine entsprechende Anzeige mag der Bildschirm in Abb. 49
gelten. Es ist wichtig, in dieser Fehlertransaktion eine Druckausgabe (Hard-
Copy) zu ermöglichen, damit der Anwender die Fehlermeldung an den zentra-
len Benutzerservice weiterleiten kann.
   Will man einige Fehler von der zentralen Fehlerbehandlung ausschließen,
ist dies leicht durch eine modifizierte Abfrage in Zeile 4 zu erreichen.

Zeile 9
Hier soll wieder die aktuelle Transaktion aufgerufen werden. Da ich bei der von
mir verwendeten Maskengestaltung GDDM mit logischen Seiten verwende, rufe
ich nur die "alte" GDDM-Seitennummer auf.

```
SQLERROR ------- SQL - F E H L E R - A N Z E I G E -- Datum: 01.08.87

Info: Es tret ein Fehler bei SQL-Operation in Transaktion ####### auf

Kurzinformation:
##########################################################################
##########################################################################
##########################################################################
##########################################################################
##########################################################################
##########################################################################
##########################################################################
##########################################################################
##########################################################################
##########################################################################
##########################################################################
##########################################################################
##########################################################################




PF: 1=Hilfe   3=Zurück   4=Drucken
```

Abb. 49. Der Anzeigebildschirm für SQL-Fehler

Die Funktion xSTARTSQL baut die Verbindung mit dem AP127 auf. Sie muß daher vor einer ersten Verwendung der Funktion DAT_ aufgerufen werden.

```
    ∇ Z←xSTARTSQL
[1]  A| Sharing mit AP127
[2]  □AI←127 □SVO 'DAT127'
[3]  □AI←1 0 1 1 □SVC 'DAT127'
[4]  Z←□SVO 'DAT127'
    ∇
```

Abb. 50. Sharing mit dem Partnerprogramm für SQL

Zeile 3
In dieser Zeile wird der Kopplungsgrad für die gemeinsame Variable DAT127 so gesetzt, daß man dieser Variablen mehrmals einen SQL-Befehl zuweisen kann, ohne zwischenzeitlich das Ergebnis der SQL-Operation abfragen zu müssen. Dadurch ist eine asynchrone Verarbeitung in Verbindung mit DB2/SQL-DS möglich.

Zeile 4
Es wird geprüft, ob der AP127 das Angebot zur gemeinsamen Nutzung der Variablen DAT127 angenommen hat.

In dieses Initialisierungsprogramm können weitere Funktionen aufgenommen werden. Dies gilt z.B. für den Isolationlevel, der bei DB2 auf RR (repeatable read) oder CS (Cursor stability) gesetzt werden kann.

7.2 Das Programm SQL-GET

Damit sind alle Voraussetzungen geschaffen, die erforderlichen SQL-Leseoperationen durchzuführen. Ich bin bereits auf die grundsätzliche Technik - d.h. CURSOR - beim Lesezugriff eingegangen. Einen solchen Lesezugriff wollen wir "Zugriffs-PFAD" nennen. Wie wird nun der Zugriffspfad angelegt? Sicher sollte das gewünschte SQL-Statement in einer Variablen oder einer Funktion gespeichert werden, damit bei Programmänderungen leicht über den Namen auf die entsprechenden SQL-Anweisungen zugegriffen werden kann. Gäbe man nämlich die SQL-Anweisung direkt als rechtes Argument dem Zugriffsprogramm mit, dann würden Änderungen in der Tabellendefinition immer Programmänderungen in den Einzeltransaktionen nach sich ziehen. Wir definieren also diese SQL-Anweisungen, PFADE genannt, nicht über Variablen, sondern in Programmen.

Wie an dem Programm in Abb. 51 erkennbar ist, bietet diese Definitionsalternative gegenüber der Variablen einige Vorteile.

```
     ∇ Z←PREPΔPERS_GET
[1]  A| Lesen Personaldaten aus Tabelle PERS
[2]  Z←  ' SELECT PERSNR,NAME,VORNAME,GEBDAT,FAMST, '
[3]  Z←Z,' PLZ,ORT,STRASSE,LAND,ABTLG,KST '
[4]  Z←Z,' FROM ',dsnPERS
[5]  Z←Z,' WHERE PERSNR =:1'
     ∇
```

Abb. 51. Lesen eines Personalsatzes (SQL-Zugriff)

Da im Hinblick auf eine nachfolgende Anwendungsdokumentation bereits eine eindeutige Namenskonvention vorgesehen werden soll, entscheiden wir uns für PREPΔNaße als Name des Zugriffspfades, wobei die führende Kette PREPΔ andeuten soll, daß es sich um einen SQL-Prepare handelt. Dieser Zugriffspfad hat drei Besonderheiten:

1. Es wird nicht der echte Tabellenname verwendet, sondern die Tabelle über die Variable dsnPERS angesprochen. Dadurch müssen bei Änderung des Tabellennamens, z.B. beim Übergang von einer Testdatenbank auf die Produktionsdatenbank, die einzelnen Zugriffspfade nicht mehr verändert werden. In der Hauptfunktion (siehe Transaktionssteuerung) muß nur dieser Variablen ein anderer Wert zugewiesen werden.

2. Für variable Begriffe (die Suchbegriffe) wird in APL ein symbolischer Name :1, (:2, :3) verwendet. Dies ist als Indizierung des rechten Argumentes der Zugriffsfunktion SQLΔGET zu verstehen.

3. Der hier aufgeführte Pfadname heißt PERS_GET. Da natürlich auch Daten verändert, eingefügt oder gelöscht werden sollen, erlaubt diese Syntax, weitere Pfade mit den Namen PERS_UPD, PERS_INS, PERS_DEL zu

definieren. Aus dem Namen ist unmittelbar erkennbar, welche Datenbank angesprochen wird (hier die Datenbank PERS) und welche Bedeutung der Zugriffspfad hat.

Bei der Erweiterung des Pfadnamens wollen wir uns also an dieser Systematik orientieren:

UPD   Update/Verändern

INS   Insert/Einfügen

DEL   Delete/Löschen

GET   Lesen

Es ist also sehr wichtig, sich im Interesse einer guten und sprechenden Dokumentation bereits in der Designphase der Programmierung über Namenskonventionen Gedanken zu machen. Untersuchen wir nun, wie die SQL-Zugriffstechnik im Leseprogramm abgebildet wird.

Das Leseprogramm **SQLAGET** wird mit einem linken und einem rechten Argument, also dyadisch, aufgerufen. Das linke Argument ist der Name des Zugriffspfades. Das rechte Argument sind die Suchbegriffe - als geschachtelter APL-Vektor. Die Elemente dieses Vektors entsprechen der Indizierung im Zugriffspfad.

Dieses Programm erlaubt auch eine Mehrfachverwendung des einmal definierten Zugriffspfades. Aus Zeile 7 entnehmen wir, daß vor dem Öffnen des CURSORS immer geprüft wird, ob der CURSOR bereits vorbereitet (Prepared) ist. Wenn ja, folgt sofort das OPEN CURSOR, und der Lesezugriff kann durchgeführt werden. Sollte der CURSOR noch nicht vorhanden sein, wird er angelegt (Prepared), und der Zugriff kann erfolgen. Diese Zugriffstechnik liefert, insbesondere beim Lesen von Einzelsätzen, eine optimale Performance.

Das SQL-Zugriffsprogramm

Zeile 7/8
Hier wird der Status des Pfades geprüft. Der AP127-Command heißt STATE. Lautet der Status "prepared", kann der CURSOR sofort geöffnet werden.

Zeile 10/11
Das SQL-Statement wird durch Execute des Zugriffspfades zugewiesen, und durch den SQL-Command PREP wird ein CURSOR mit dem entsprechenden Namen (Inhalt von PFAD) aufgebaut. Bei der Ausführung des PREP-Commands erfolgen alle Prüfungen auf eine gültige SQL-Anweisung sowie die Festlegung des Zugriffspfades auf die Daten in der Datenbank (mit Index etc.).

Zeile 13/14
Der Pfad wird mit den Suchbegriffen in Y geöffnet. Die Elemente von Y entsprechen den Indizes (Host-Variablen) des Zugriffspfades. Y kann auch leer sein, wenn ohne Key gelesen wird. In Zeile 14 wird der rcode dieses OPEN CURSOR abgefragt.

Zeile 16/17
Der eigentliche Lesezugriff wird mit dem Befehl FETCH durchgeführt. Zum
Lesen verwende ich hier den zusätzlichen Parameter sqlcount, über den ange-
geben wird, wie viele Sätze AP127 in einem SQL-Aufruf zur Verfügung stellen
soll. Dieser Parameter hat Auswirkungen auf den PUFFER (SHR-Size im
APL-Aufruf), den man für die Leseoperationen zur Verfügung stellen muß.

```
     ∇ Z←PFAD SQLΔGET Y;ERG
[ 1] A| Lesen SQL mit Zugriffspfad "PFAD"
[ 2] A   Y    = Suchbegriffe
[ 3] A   PFAD = gueltiges SQL-Statement
[ 4] A   Z    = Ergebnismatrix
[ 5] A   rcode= SQL-Returncode
[ 6]
[ 7] rcode←Z←DAT_ 'STATE' PFAD          A Pruefen Status
[ 8] →((0=+/rcode)∧1 = 2 2⊃Z)/ΔL1
[ 9]
[10] Z←≜'PREPΔ',PFAD
[11] →(0≠+/rcode←DAT_ 'PREP' PFAD Z)/ΔF1 A Prepare Cursor
[12]
[13] ΔL1: rcode← DAT_ 'OPEN' PFAD Y     A Open Cursor
[14]    →(0≠+/rcode)/ΔF1
[15]
[16] Z←DAT_ 'FETCH' PFAD sqlcount       A FETCH Daten
[17] ERG←2⊃Z
[18]    →(0=+/rcode←1⊃Z)/ΔL3            A Pruefen rcode
[19]    →(~0 0 1 0 0 ∧.=rcode)/ΔF2
[20]    →(sqlcount=1)/ΔL3
[21]
[22] ΔL2:Z←DAT_ 'FETCH' PFAD sqlcount   A FETCH Daten
[23]    →(0=+/rcode←1⊃Z)/ΔL21
[24]    →( 0 0 1 0 0∧.=rcode)↓ΔF1,ΔL21,
[26] ΔL21:ERG←ERG,[1]2⊃Z
[27]    →(0≠+/rcode)/ΔL2
[28]
[29] ΔL3:→ΔE Z←ERG
[30]
[31] ΔF1:→ΔE sysmsg←'Fehler bei ',PFAD,': ',⍕rcode
[32] ΔF2:→ΔE pgmmsg←'Keine Daten gefunden :',⍕rcode
[33] ΔE:rcode←↑DAT_ 'CLOSE' PFAD    A CLOSE Cursor
     ∇
```

Abb. 52. SQL-Zugriffsfunktion für das Lesen von Daten

Zeilen 18/19
Behandlung des rcode. Der rcode = 0 0 1 0 0 zeigt an, daß noch nicht alle
Daten zu dem geforderten Suchbegriff gelesen wurden.

Zeile 20
Falls die Variable sqlcount auf 1 gesetzt ist, wird nur ein Satz gelesen. Das ist
z.B. dann sinnvoll, wenn man innerhalb einer Anwendung nur prüfen will, ob
Sätze zu einem bestimmten Suchbegriff vorhanden sind (z.B. Löschen einer
Abteilung nur dann, wenn keine Mitarbeiter in der Abteilung vorhanden sind.

Bei Nutzung der Referential Integrity von DB2 wird dies natürlich bereits von den DB2-Diensten abgefangen.)

Zeile 22ff
In dieser und den folgenden Zeilen erfolgt das Lesen aller weiteren Sätze zu dem geforderten Schlüsselbegriff.

Zeile 26
Hier wird das neu gelesene Ergebnis an die Ergebnisvariable ERG unten angehängt. Hierbei ist keine Anpassung der Spaltenzahl oder Spaltenbreite erforderlich, da in den Zeilen 16/17 bereits beim erstmaligen FETCH diese Tabelle in der passenden Größe aufgebaut wurde.

Zeile 33
Der CURSOR wird nach der Leseoperation geschlossen.

Da in diesem Leseprogramm stets geprüft wird, ob der CURSOR bereits vorhanden ist, kann es wiederholt zum Lesen unterschiedlicher Daten über den gleichen Zugriffspfad verwendet werden. Das Lesen der Daten erfolgt nun durch den Aufruf:

```
PERSΔREC ← ,'PERS_GET' SQLΔGET '4711'
```

Lesen des Personalsatzes zur Personalnummer 4711, oder

```
PERSΔTAB ← 'PERS_LES' SQLΔGET 'WA%' '5300'
```

Lesen alle Mitarbeiter, deren Namen mit 'WA' beginnen und die in Bonn wohnen.

Ich will diese Lesetechnik QUASI-STATISCH nennen, weil nach einem ersten Prepare des Cursors die Zugriffe bis zu einem COMMIT oder ROLL-BACK ohne Prüfungen gegen die Datenbank-Kataloge, also "statisch", erfolgen. Bei einem reinen Abfrage-Informationssystem erreichen wir durch diese Technik ein erheblich verbessertes Antwortzeitverhalten.

7.3 Das Programm SQL-MOD

Zur Veränderung von Daten wird ebenfalls ein gültiger Zugriffspfad benötigt. Wie im vorherigen Beispiel soll auch dieser Pfad in einem Programm definiert werden, um Flexibilität bei der Formulierung der SQL-Anweisung zu gewährleisten.
Auch bei diesem SQL-Statement werden Indizes (:1, :2 ...) verwendet, um die "Host-Variable" an SQL zu übergeben. Den Namen der Personal-Datenbank wollen wir ebenfalls variabel halten und setzen daher dsnPERS ein.

```
      ∇ Z←PREPΔPERS_UPD
[1] ⍝ Update Personaldaten in Tabelle dsnPERS
[2] Z←  ' UPDATE ',dsnPERS
[3] Z←Z,' SET NAME=:2,VORNAME=:3,GEBDAT=:4,FAMST=:5,  '
[4] Z←Z,'     PLZ=:6,ORT=:7,STRASSE=:8,LAND=:9,  '
[5] Z←Z,'     ABTLG=:10,KST=:11 '
[6] Z←Z,' WHERE PERSNR=:1 '
      ∇
```

Abb. 53. Verändern eines Personalsatzes (SQL-Zugriff)

Entsprechend dem Lese-Programm SQLΔGET erlaubt das Update-Programm
SQLΔMOD die Veränderung von Daten. Auch hier kann der einmal definierte
Zugriffspfad mehrmals aufgerufen werden.

```
      ∇ PFAD SQLΔMOD Y;Z;I;J
[ 1] ⍝ Veraendern Daten mit SQL DML
[ 2] ⍝ PFAD    = Gueltiges SQL-DML Statement
[ 3] ⍝ Y       = Key/Datensaetze
[ 4]
[ 5] Z←DAT_ 'STATE' PFAD    ⍝ Pruefen Status
[ 6] →(0=+/rcode)∧1=2 2⍴Z)/ΔL0
[ 7]
[ 8] Z←⍕'PREPΔ',PFAD
[ 9] →(0≠+/rcode←↑DAT_ 'PREP' PFAD Z)/ΔF1
[10]
[11] ΔL0:Y←(¯2↑1 1,⍴Y)⍴Y
[12]   I←1
[13]   J←1↑⍴Y
[14]
[15] ΔL1:→(0≠+/rcode←↑DAT_ 'CALL' PFAD Y[I;])/ΔF1   ⍝ SQL
[16]   →(J≥I←I+1)↓0,ΔL1
[17]
[18] ΔF1:sysmsg←'Fehler in ',PFAD,' Code: ',⍕rcode
      ∇
```

Abb. 54. SQL-Zugriffsfunktion zum Verändern von Daten: Diese Funktion kann auch für beliebige andere SQL oder DDL-Befehle (z.B.
GRANT, CREATE etc.) verwendet werden.

Dieses Updateprogramm kann auch für beliebige andere SQL- oder DDL-Befehle (z.B. GRANT, CREATE etc.) verwendet werden.

Zeile 5/6

Mit dem AP127-Command STATE wird der Status des Zugriffspfades abgefragt. Falls der Status "prepared" ist - innerhalb einer UNIT of WORK wurden
über diesen Pfad bereits Daten verändert -, kann die SQL-Anweisung in PFAD
direkt ausgeführt werden.

Zeile 8/9
Das SQL-Statement wird der Variablen Z zugewiesen und der PFAD vorbereitet.

Zeile 11
Aus Generalisierungsgründen wird das rechte Argument der Update-Funktion zu einer Matrix gemacht. Auf diese Art kann der Funktion nun auch eine Liste von einzufügenden Daten im Aufruf mitgegeben werden (entsprechend Liste von zu löschenden/zu verändernden Daten).

Zeile 12/13
Initialisieren der Schleifenvariablen.

Zeile 15/16
Im Gegensatz zum Lesen von Daten, bei dem der Befehl FETCH verwendet wurde, erfolgen Veränderungen über den Befehl CALL. In dieser Zeile wird somit das SQL-Statement über den Befehl CALL mit der Parameterliste "Pfad-Name" und den "Variablen-Daten" aufgerufen. Falls Y nested ist, entsprechen die Elemente aus Y wieder den Indizes :1, :2, .. in dem verwendeten Zugriffspfad.

Ein Aufruf des Programms zum Ändern eines Personalsatzes hat somit die Syntax:

```
'PERS_UPDORT' SQLAMOD 4711 2000 'Hamburg'
```

Hierdurch würde die Anschrift des Mitarbeiters mit der Personalnummer 4711 in 2000 Hamburg geändert.

```
    ∇ Z←PREPAPERS_UPDORT
[1] A| Update Personaldaten in Tabelle dsnPERS
[2] Z←  ' UPDATE ',dsnPERS
[4] Z←Z,' SET PLZ=:2,ORT=:3 '
[6] Z←Z,' WHERE PERSNR=:1 '
    ∇
```

Abb. 55. Verändern eines Personalsatzes (SQL-Zugriff)

Hiermit sind die Standardfunktionen für alle Operationen gegen eine Relationale Datenbank eingeführt. Falls nur Datenabfragen wie bei einem reinen Informationssystem benötigt werden, sind keine weiteren Überlegungen für einen konkurrierenden Update anzustellen. Falls jedoch wie hier mit der Funktion SQLAMOD Datenveränderungen vorgenommen werden, ist durch diesen Programmaufruf der Personalsatz noch nicht endgültig verändert. Durch den Befehl COMMIT muß die Veränderung noch bestätigt bzw. durch ROLLBACK zurückgenommen werden.

Bevor wir uns dieser Aufgabe zuwenden, fassen wir noch einmal kurz die Bedeutung von APL2 in Verbindung mit Relationalen Datenbanken in einem Informationssystem zusammen. Eine wesentliche Zielsetzung bei der Einführung Relationaler Datenbanken liegt in diesen Möglichkeiten:

- Flexible Abfragen über alle Spalten einer Tabelle

- Dynamische Verknüpfung zwischen verschiedenen Tabellen

- Einfache und schnelle Berichtsaufbereitung ohne "Programmierung"

- Steigerung der Informationsqualität in einem Unternehmen

Um dies zu erreichen, stehen dem Anwender verschiedene Werkzeuge aus dem Umfeld der IDV (Individuelle Daten-Verarbeitung), z.B. QMF (Query Management Facility), AS (Anwendungs-System) oder IC/1 (Info Center 1), zur Verfügung. Für wiederkehrende Aufgaben - bei einem Kundeninformationssystem will man bei Eingabe einer Kundennummer alle Aufträge des Kunden anzeigen, bei Eingabe einer Artikelnummer die statistische Verteilung der Aufträge nach Regionen - sollten jedoch Standardauswertungen zur Verfügung gestellt werden. Zur Realisierung solcher Standardabfragen, mit einem Minimum an Programmieraufwand, eignet sich gerade APL ganz besonders. Einerseits können hier sehr mächtige Analysefunktionen auf die in den Arbeitsbereich eingelesenen Datenstrukturen angewandt werden, andererseits steht mit der SQL-Zugriffstechnik ein **quasistatisches** SQL zur Verfügung, was die Performance erheblich steigert und somit zu optimaler Systemausnutzung beiträgt.

7.4   COMMIT - Bestätigung des Updates

Zu Beginn dieses Kapitels hatte ich den Begriff UNIT of WORK angesprochen. Hierunter werden alle Datenbank-Operationen zusammengefaßt, die zwischen zwei COMMIT-Punkten liegen.

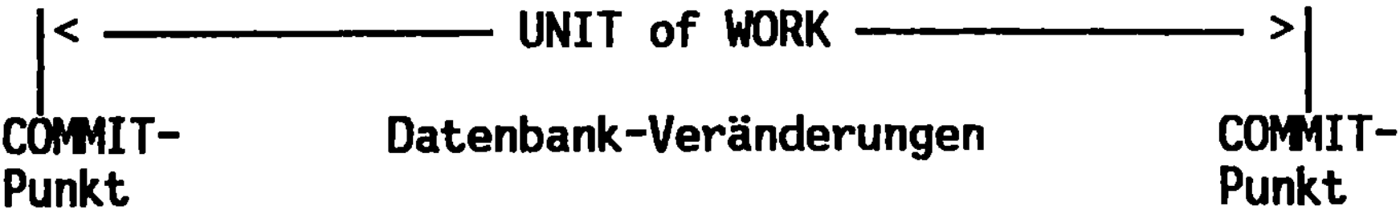

Ein COMMIT-Punkt zeichnet sich dadurch aus, daß zu diesem Zeitpunkt keine unbestätigten Datenbankveränderungen vorliegen. Alle Aufrufe von SQLΔMOD liegen also innerhalb einer UNIT of WORK, es erfolgt ja keine Bestätigung der Veränderung durch den Befehl COMMIT innerhalb des Programms SQLΔMOD. Es ist also im Anwendungsprogramm notwendig, d.h. innerhalb des besprochenen Feldexits, eine UNIT of WORK durch ein COMMIT abzuschließen. Erreicht das Programm keinen COMMIT-Punkt, z.B. weil zwischenzeitlich eine Systemstörung aufgetreten ist, werden alle Änderungen nach dem letzten COMMIT-Punkt zurückgesetzt. Im folgenden Abschnitt wird im Zusammenhang mit der Fehlerbehandlung auf eine Möglichkeit zum Setzen des COMMITs eingegangen.

Einige weitere Bemerkungen zu den Konsequenzen aus diesem Verhalten einer Relationalen Datenbank sind noch erforderlich, da wir sie bei der Anwendungsprogrammierung beachten müssen. Die Datenbanksysteme DB2 bzw. SQL-DS verbieten grundsätzlich das Lesen von sogenannten "Nicht COMMITED Data", wenn also ein Datensatz verändert wurde, diese Veränderung aber noch nicht durch ein COMMIT oder ROLLBACK festgelegt worden ist, kann dieser Satz von keinem anderen Anwender gelesen werden. (Das gilt sogar für eine bestimmte Anzahl von Datensätzen in der physischen Umgebung dieses Datensatzes; LOCKing Regeln bei DB2 und SQL-DS).

In bestimmten Anwendungen mag das erwünscht sein, aber andere Leseoperationen müssen auf das Ende dieser UNIT of WORK warten (hierbei erzeugt die zentrale SQL-Funktion DAT_ eventuell die Fehlermeldungen DEADLOCK, RESOURCE NOT AVAILABLE etc.). Soll eine Anwendung also mehreren Usern gleichzeitig zur Verfügung gestellt werden, muß die UNIT of WORK möglichst kurz gehalten werden. Innerhalb einer UNIT of WORK dürfen daher keine Bildschirm-Ein/Ausgaben erfolgen, man muß vielmehr zunächst die Daten im Dialog aufbereiten und sie anschließend in einem weiteren Schritt in die Datenbank einstellen.

Dabei tritt jedoch ein zweites Problem auf: Es ist nicht erwünscht, daß ein anderer User einen zur Veränderung angezeigten Datensatz gleichzeitig zur Veränderung anzeigt. Mit den angesprochenen Datenbankmitteln könnte man dies nur durch das Setzen in einen NON COMMITED Zustand verhindern. Dadurch wird jedoch ein bestimmter Anwendungsteil für die Nutzung durch andere User gesperrt - ein ebenfalls nicht gewünschter Effekt. Man muß sich also darüber Gedanken machen, wie ein Mehrfach-Update eines Datensatzes verhindert werden kann. Im APL2-SQL Guide sind dazu einige Anmerkungen gemacht. Darüber hinaus möchte ich hier zwei weitere Alternativen zur Diskussion stellen.

7.4.1 Setzen eines SperrBITS im Datensatz

Man erweitert den Datensatz um ein zusätzliches Feld, ich nenne es Sperrbit. Soll ein Satz verändert werden, wird der Satz eingelesen, das Sperrbit eingeschaltet - also auf 1 gesetzt - und der Satz sofort wieder zurückgeschrieben (incl. COMMIT). Hierdurch wird der Datensatz wieder für Leseoperationen freigegeben. Liest ein anderer Anwender den gleichen Satz zur Veränderung, kann im Anwendungsprogramm geprüft werden, ob dieses Sperrbit gesetzt ist; wenn ja, wird der Leseversuch zurückgewiesen. Nach erfolgter Veränderung wird das Sperrbit wieder auf 0 zurückgesetzt, so daß der Datensatz nun von anderen Usern zum Verändern gelesen werden kann.

Der Nachteil dieser Technik ist, daß man sowohl diese Vorgehensweise im Anwendungsprogramm berücksichtigen muß als auch den Datensatz um Steuerinformationen der Anwendung erweitert, und das sollte man eigentlich nie tun.

7.4.2 Synchronisationsdatei mit KEY

Es wird eine Synchronisationstabelle aufgebaut, in der Dateiname und Schlüssel des Datensatzes im Update eingetragen werden. Dieser Eintrag wird als UNIQUE definiert. Vor einer beabsichtigten Datenbankänderung versucht man, den

Schlüssel des Satzes in diese Synchronisationsdatei einzufügen. Wird dieser Insert wegen eines doppelten Schlüssels zurückgewiesen, wurde der Satz gerade durch einen anderen User für eine beabsichtigte Datenänderung gelesen. Ist der Insertversuch erfolgreich, bestätigt man diesen Datenbank-Update durch COMMIT, und sofort ist dieser Satz für alle anderen User gesperrt.

Bei dieser Behandlung des konkurrierenden Updates muß allerdings bei Verarbeitungsende der Schlüsselbegriff wieder aus der Synchronisationsdatei gelöscht werden. Falls das Problem des konkurrierenden Updates nicht durch allgemeine organisatorische Maßnahmen, wie Zuständigkeiten für Datensätze, gelöst werden kann, favorisiere ich die hier genannte Alternative, da in Datenbanken nur echte Datenelemente und keine Steuerinformationen aufgenommen werden dürfen.

· Im folgenden Abschnitt komme ich zur allgemeinen Fehlerbehandlung und zum Setzen der hier besprochenen COMMIT-Punkte bzw. zum Abschluß einer UNIT of WORK.

7.5 Fehlerbehandlung

Bei der Veränderung einer Datenbank muß in den Relationalen Datenbanken DB2 oder SQL-DS die Änderung bestätigt oder zurückgenommen werden. Die Bestätigung hat über den Befehl COMMIT, die Rücknahme durch den Befehl ROLLBACK zu erfolgen. Bis zu diesem Zeitpunkt können alle definierten Zugriffe "prepared" bleiben. Da man diesen letzten Verarbeitungsschritt, d.h. den Abschluß einer Unit of Work, noch mit einer Nachricht an den Benutzer versehen möchte, bietet sich der Aufruf von COMMIT oder ROLL-BACK über eine zentrale Nachrichtenfunktion an.

Die Funktion xERROR (Abb. 56) macht diese Vorgehensweise deutlich. Im positiven Fall wird die Fehlermeldung 50 (xERROR 50), im negativen Fall die Fehlermeldung 60 (xERROR 60) aufgerufen. Man sieht an dieser Funktion auch, wie man zentrale Fehlermeldungen eines Anwendungssystems verwalten kann. Diese Nachrichtenfunktion erlaubt im linken Argument die Angabe einer Feldnummer, auf die im Fehlerfall der Cursor zu setzen ist.

Man sieht an dieser xERROR-Funktion übrigens auch, wie die beiden Systemliterale PGMMSG und SYSMSG von zentralen Anwendungsfunktionen behandelt werden können. Wenn in einer Transaktion nun mehrere Tabellen gleichzeitig verändert werden müssen, hat man nur die verschiedenen Returncodes zu sammeln und nach Beendigung aller Datenbankänderungen xERROR 50 oder xERROR 60 aufzurufen. Im Kapitel über die Standardbausteine einer Anwendung wird diese Funktion nochmals im Zusammenhang mit einer echten Verarbeitung dargestellt.

Zeile 0
Die Funktion erzeugt ein Ergebnis Z, das jedoch nur zur einfacheren Handhabung dieser Funktion benötigt wird. Dadurch ist ein Aufruf wie folgt möglich:

```
F1: → 0,5 xERROR 10
F2: → 0,10 12 14  xERROR 20
F3: → 0,xERROR 50
```

Damit können die Fehlermeldungen in den Benutzerexits sehr übersichtlich
angeordnet werden.

```
    ∇ Z←FN ×ERROR NR;rcode1
[ 1] A| Allgemeine Fehlerbehandlung
[ 2] Z←fc←1      A Setzen Fehlervariable
[ 3] →(2≠⎕NC 'FN' )/ΔL0
[ 4] ×CURS 1↑FN    A Setzen des Cursors
[ 5] ×INTENS FN    A Setzen der Intensitaet
[ 6]
[ 7] A .... Allgemeine Fehlermeldungen
[ 8] ΔL0:→(100<NR)/ΔL1
[ 9] '→ΔF000' ⎕EA '→ΔF','000',⍕NR
[10] ΔF000:→0 pgmmsg←'Fehlernummer nicht definiert ',⍕NR
[11] ΔF001:→0 pgmmsg←'001 Ungueltige Funktionsauswahl '
[12] ΔF002:→0 pgmmsg←'002 Funktionstaste nicht aktiv '
[13]
[14] A .... SQL Nachrichten
[15] ΔF050:rcode1←↑DAT_ 'COMMIT'  A SQL COMMIT
[16]    →(0≠⁻1↑rcode1)/ΔF051
[17]    →0 pgmmsg←'050 Verarbeitung erfolgreich beendet'
[18] ΔF051:⎕AI←↑DAT_ 'ROLLBACK'  A Fehler bei COMMIT
[19] pgmmsg←'051 Verarbeitung nicht erfolgreich beendet'
[20] →0 sysmsg←'051 Fehler bei COMMIT :',⍕rcode1
[21]
[22] ΔF060:rcode1←↑DAT_ 'ROLLBACK'  A SQL ROLLBACK
[23]    →(0=⁻1↑rcode1)/0
[24] →0 sysmsg←'061 Fehler bei ROLLBACK :',⍕rcode1
[25]
[26] A .... Anwendungsfehlermeldungen > 100
[27] ΔL1:'→ΔF000' ⎕EA 'pgmmsg←',pfcode,'MSG NR'
    ∇
```

Abb. 56. Eine allgemeine Fehler/Nachrichten-Funktion: Hier werden
auch alle SQL-Fehler behandelt.

Zeile 3
Prüfen, ob ein linkes Argument - also eine gültige Feldnummer - im Programmaufruf angegeben wurde.

Zeile 4/5
Bei Aufruf mit Feldnummer werden der Cursor auf das erste angegebene Feld
gesetzt und alle Felder auf Intensivanzeige umgesetzt.

Zeile 8
Zur Strukturierung der Programmnachrichten wird zwischen Fehlernummern
< 100 und solchen > 100 unterschieden. Fehlernummern < 100 sind allgemeine
Fehlermeldungen oder sonstige Hinweise, die innerhalb dieses Programms ver-
waltet werden.
Fehlernummern > 100 sind verfahrensspezifische Nachrichten und werden in
Zeile 27 in einer speziellen Nachrichtenfunktion behandelt.

Zeile 9
Verzweigen zur geforderten Fehlernummer. Wenn die Fehlernummer ungültig
ist, wird die Nachricht "Fehlernummer nicht definiert" in die Programmnachricht eingestellt.

Zeile 10-12
Hier finden sich, alle allgemeinen Fehlernachrichten. Der Nachrichtentext wird
unmittelbar in die Variable pgmmsg eingestellt, damit er automatisch bei der
nächsten Bildschirmanzeige im Literalfeld PGMMSG erscheint.

Zeile 15-17
Aufruf von COMMIT zur Festlegung der Datenbankänderungen. Wenn der
COMMIT erfolgreich durchgeführt werden kann, wird die Nachricht "50" gesetzt. Fehler bei diesem COMMIT führen zu einem ROLLBACK-Versuch,
wobei die aufgetretene Fehlernachricht des COMMITs durch die SQL-Funktion DAT_ bereits angezeigt wird.

Zeile 18-20
Behandlung des fehlerhaften COMMITs

Zeile 22/23
Der in der Anwendung aufgerufene ROLLBACK über die Fehlernummer 60
setzt keine Programmnachricht. Nur wenn dieser ROLLBACK wiederum einen
Fehler erzeugt, wird in Zeile 24 eine Nachricht in der SYSMSG gesetzt.

Zeile 27
Alle verfahrensspezifischen Nachrichten werden in der Nachrichtenfunktion
PERSMSG behandelt - natürlich nur, wenn der pfcode auf PERS gesetzt wurde. Diese Nachrichtenfunktion besteht im wesentlichen aus einer Alternative
der Zeilen 10-12 des Programms, so daß sich eine weitere Behandlung dieser
speziellen Nachrichtenprogramme erübrigt.

7.6   Sicherheitsaspekte

Die beiden bisher behandelten SQL-Zugriffsprogramme erlauben eine sehr flexible und effektive Anwendungsprogrammierung für Relationale Datenbanken.
Vor dem Zugriff auf eine Tabelle, sei es für Lese- oder Update-Operationen, ist
es jedoch erforderlich, dem Nutzer den Verarbeitungszugriff auf diese Tabellen
zu erlauben. Für diese administrativen Aufgaben steht in SQL der Befehl
GRANT zur Verfügung.
   Der Nutzer des zu entwickelnden Verfahrens muß also durch den Datenbankadministrator für "Lesen, Update, Insert, Delete" ganz gezielte Berechti-
gungen erhalten. Dies bedeutet, daß bei einer UPDATE-Anwendung der Anwender die Berechtigung zum UPDATE und DELETE erhält. Wenn er nur
die Berechtigung besitzt, über ein spezielles Anwendungsprogramm auf die
Daten zuzugreifen, entstehen keinerlei Probleme.
   Jetzt werden Relationale Datenbanken jedoch auch mit dem Ziel einer flexiblen und nicht vordefinierten Nutzung für Berichtszwecke im Rahmen einer
individuellen Datenverarbeitung verwendet. Für diese Nutzungsart werden ver-

schiedene Werkzeuge der INDIVIDUELLEN-DV eingesetzt, das können z.B. IC/1 auf APL-Basis, der Reportgenerator QMF oder AS sein. IC/1 (Information Center 1), AS (Application System) und QMF (Query Management Facility) sind IBM-Programme der Individuellen Datenverarbeitung, die auf einem zentralen DV-System in Verbindung mit Relationalen Datenbanken eingesetzt werden können (siehe auch Literaturverzeichnis). Darf der Anwender sowohl eine operative Anwendung mit dynamischen SQL - unter einer "operativen" Anwendung versteht man allgemein eine Anwendung, in der Daten von mehreren Anwendern verändert werden - als auch ein Abfragesystem wie QMF, AS oder IC/1 nutzen, ergibt sich folgendes Problem:

Für die operative APL Anwendung besitzt er eine UPDATE-Berechtigung - er darf ja Daten in der Datenbank verändern -, wobei viele Plausibilitätsprüfungen auf gültige Daten innerhalb des Anwendungsprogramms erfolgen. Diese Berechtigung nimmt der Nutzer allerdings auch mit in das Abfragesystem. Falls das IDV-Werkzeug auch die Befehle UPDATE, INSERT und DELETE zuläßt, könnte der Anwender die Daten unter Ausschaltung des Anwendungsprogramms verändern, was jedoch nicht erlaubt sein darf.

Dieses Problem entsteht immer dann, wenn man eine operative Anwendung mit dynamischen SQL realisiert und gleichzeitig freie Abfragen über ein IDV-Werkzeug zulassen möchte. Es ist daher durch geeignete Maßnahmen sicherzustellen, daß Datenänderungen nur über die erlaubten Wege durchgeführt werden können.

7.6.1 Alternative 1 für Updatesicherheit

Um Updatesicherheit, d.h. Veränderungen nur über Programme, in denen die erforderlichen Datenprüfungen durchgeführt werden, zu erreichen, kann man die Nutzung des IDV-Werkzeuges so einschränken, daß Veränderungen in bestimmten Tabellen nicht vorgenommen werden können, obwohl aus Sicht der Datenbank der Nutzer die Berechtigung durch einen GRANT-UPDATE erhalten hat.

Für IC/1 stellt dies kein großes Problem dar, weil es sich hierbei um ein Programm auf APL Basis handelt. Da alle APL-Anwendungen eine offene Architektur besitzen, d.h. im Sinne der bisher behandelten Anwendungskonzeption aus vielen Einzelbausteinen bestehen, kann man sie natürlich leicht spezifischen Anwendungserfordernissen anpassen. Man muß ja nur in dem Programm, in dem die Ausführung der SQL-Anweisung aufgerufen wird, die Befehle UPDATE etc. verbieten. Bei der von mir behandelten Lesetechnik könnte das zentral in der Funktion DAT_ geschehen (siehe Abb. 48).

Diese Einschränkungen müßten jedoch auch in anderen IDV-Systemen wie QMF oder AS vorgenommen werden. Wenn diese Programme für solche Eingriffe keine Standardschnittstellen besitzen, darf man entweder keine operativen Anwendungen mit dynamischem SQL realisieren oder muß durch konventionelle Datenbanktechniken wie GRANT für Updatesicherheit sorgen.

Da ich Updatesicherheit allerdings nur unter APL-Gesichtspunkten behandeln will, gehe ich nicht näher auf die Problematik in nicht mit APL realisierten Verfahren ein.

7.6.2   Alternative 2 für Updatesicherheit

Eine weitere Möglichkeit besteht darin, die "operative" Anwendung so zu modifizieren, daß ein Nutzer aus der Sicht der Relationalen DB keine Berechtigung zur Veränderung der Daten benötigt.

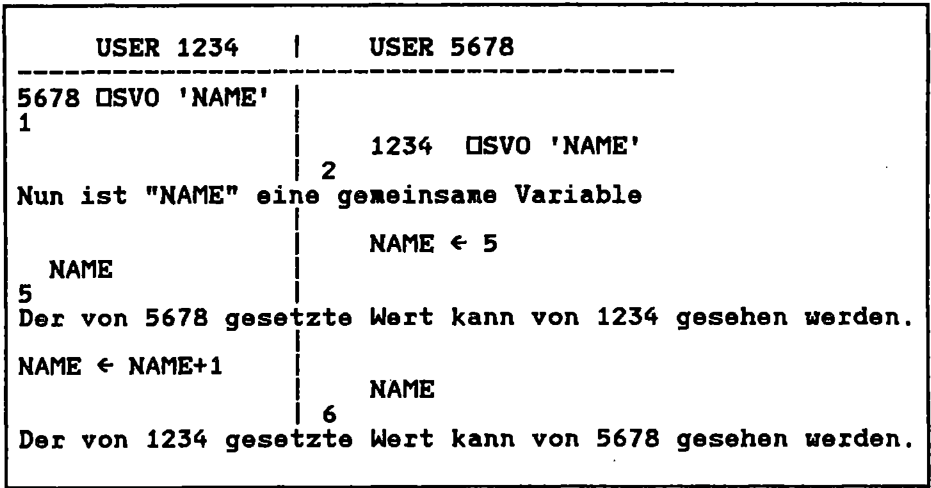

Abb. 57. Das Konzept der gemeinsamen Variablen

Wenn wir einen Weg finden, nur einen USER zum Update der Tabellen zu berechtigen, und alle anderen APL-User an diesen User Datenbankanforderungen stellen können, wäre dieses Problem auch bei dynamischem SQL gelöst. Bereits mehrmals wurde das Konzept der gemeinsamen Variablen in APL angesprochen. Dieses Konzept besagt, daß ein zentrales Programm - der Auxiliary Processor (AP) - einen bestimmten Service für alle APL-Nutzer liefert.

Als möglichen Service haben wir den AP126 (GDDM) für die Bildschirmverarbeitung sowie den AP127 (SQL) für Relationale Datenbanken kennengelernt. Dieser Server kann bei APL2 auch eine beliebige andere User-ID sein, mit der über gemeinsame Variablen ein Informationsaustausch stattfindet. Einen USER, der nur die Aufgabe hat, Datenbankzugriffe für uns vorzunehmen, nennen wir einfach FILE-SERVER, wobei ich zur Verdeutlichung dieses Konzeptes nochmals die gemeinsamen Variablen aufgreife (Abb. 57).   ◻SVO ist der Weg, auf dem ein Programm einen Namen identifiziert, den es mit einem anderen User gemeinsam benutzen möchte. Die erste Anwort "1" besagt, daß der User 1234 den Namen angeboten, sein Partner 5678 ihn aber noch nicht akzeptiert hat. Wenn nun der User 5678 die Anweisung 1234 ◻SVO 'NAME' aufruft, erhält er eine "2", die besagt, daß von nun an beide Partner (Programme) die Variable NAME gemeinsam benutzen. In der Folge ist jeder Wert, den einer der Partner setzt, für beide Partner verfügbar.

Ein Datenbank-SERVER funktioniert nach dem gleichen Prinzip. Der SERVER verhält sich wie User 1234, und jeder Nutzer dieses SERVERS verhält sich wie User 5678. Dieser SERVER wird im Normalfall als TSO Batch Session laufen (in VM als Disconnected VM Machine).

Nach diesem Serverprinzip können auch die SQL-Zugriffe durchgeführt werden. Damit ist sichergestellt, daß nur ein kontrollierter Nutzer Veränderungen in der Datenbank ausführt. Das Setzen der COMMITs erfordert hierbei jedoch ganz besondere Aufmerksamkeit. Es ist nämlich darauf zu achten, daß vom Server immer nur eine Unit of Work behandelt wird, die SQL-Anforderungen an den Server müssen also serialisiert werden, denn anderenfalls würde der COMMIT einer Unit of Work auch den COMMIT in einer anderen noch nicht abgeschlossenen Verarbeitungseinheit setzen. Dem erfahrenen APL-Programmierer wird es sicherlich keine größeren Schwierigkeiten bereiten, einen derartigen FILE-SERVER zu realisieren. Weitere Einzelheiten über einen solchen SERVER sind in den APL86 Conference Proceedings (J.A. Brown S. 261 ff) nachzulesen.

7.6.3 Alternative 3 für Updatesicherheit

Der Update kann auch über ein compiliertes Anwendungsprogramm, z.B. in Assembler geschrieben, geschehen. Dieses Vorgehen halte ich für das beste, weil hierbei zugleich die Vorteile des statischen SQL zum Tragen kommen, denn solche externen Assemblerprogramme können statisches SQL verwenden, und damit ist die angesprochene Sicherheitslücke geschlossen. Bei statischem SQL muß nämlich dem Anwender keine Berechtigung zur Nutzung der Tabelle gegeben werden, es genügt, ihm die Berechtigung zum Aufruf des Anwendungsprogramms zu geben. Das folgende Beispiel soll zeigen, wie der Update einer Tabelle mit einem derartigen Programm vorgenommen werden kann. Zum Aufruf des Programms verwendet man den APL2 Processor 11 und die "Names association". Für den mit Assembler und SQL vertrauten Programmierer werden die folgenden Programmlisten sicherlich ausreichen, um dieses Konzept nachzuvollziehen.

Das im Anhang aufgelistete Assemblerprogramm liest eine Prüftabelle, die den im Kapitel "Datenprüfungen" behandelten Voraussetzungen entspricht. Die Besonderheit dieses Programms ist, daß es alle SQL-DML-Operationen in einem Programm vereint (DML = Data Manipulation Language). Beim Aufruf des Programms wird über Parameterübergabe gesteuert, ob das Programm einen Satz lesen, verändern, einfügen oder löschen soll.

Diese Technik hat den Vorteil, daß für jede DB2-Tabelle nur ein externes Programm benötigt wird und entsprechend auch nur dieses eine Programm zur Nutzung freigegeben werden muß (GRANT). Genauso kann auch FORTRAN als Programmiersprache für die SQL-Zugriffe verwendet werden.

Da zur Anwendung dieses Konzeptes grundlegende Kenntnisse der Anwendungsprogrammierung mit SQL benötigt werden, gehe ich nicht weiter auf dieses Programm (s. Anhang) ein. Der interessierte Leser sollte sich daher zunächst mit der konventionellen Anwendungsprogrammierung mit SQL auseinandersetzen. Eine zu beachtende Besonderheit in dem Assemblerprogramm ist allerdings, daß beim Aufruf des Programms nicht nur die Anwendungsdaten übergeben werden müssen. Zusätzlich ist der Operationscode, also SELECT, INSERT etc., und der Returncode mit aufzunehmen. In diesem zweiten Element steht nach Aufruf des Programms der Returncode der SQL-Anweisung.

Im APL2-Handbuch "System-Service-Reference" wird ausführlich beschrieben, wie externe Programme über die Names-Assoziation (AP11) aufgerufen werden können. So ist z.B. ein sog. Names-File anzulegen, in dem das Programm beschrieben wird. Insbesondere sind die Parameter, die beim Aufruf des Programms übergeben werden, anzugeben, damit dieses externe Programm wie ein normales APL-Programm im Arbeitsbereich aufgerufen werden kann. Ich zeige daher auch die notwendige Eintragung in diesem Names-File.

Nachdem die Verbindungen zu dem Names-File und dem Programm PRUEFGES aufgebaut worden sind, kann dieses Assemblerprogramm wie ein normales APL2-Programm für die Zugriffe auf DB2/SQL-DS verwendet werden.

```
:nick.pruefges
    :load.pOll
    :memb.pruefges
    :link.object
    :rarg.g0 1 7 (C1 1 8) (< I4 *) (<C1 1 18) (<C1 1 1) (< C1 1 80)
                 (<C1 1*) (< I4 *)
```

Abb. 58. Der Eintrag in den Names-File: Unter TSO-Bedingungen muß für jedes externe Programm ein solches Member in einer PO-Datei angelegt werden.

Hier nur noch kurz die Übersicht über den Aufbau dieser Verbindungen:

- Allocation der OS-Files
  Vor Aufruf der Anwendung muß die Nicknames-Datei allociert werden. Die Allocation muß unter dem DD Namen AP2TN011 erfolgen. Also:

  ALLOC FI(AP2TN011) DA('APL2.NAMES.AP2TN011')

- Allocation der Programmbibliothek
  Entsprechend dem Eintrag im Nicknames-File erfolgt die Allocation auf die Programmbibliothek.

  ALLOC FI(P011) DA('DB2.RUNLIB.LOAD')

- Assoziieren des Programms.
  Die Assoziierung des Assemblerprogramms erfolgt entsprechend den Bedingungen des Partnerprogramms AP11:

  3 11 ⎕NA 'PRUEFGES'

Nun kann dieses externe Zugriffsprogramm verwendet werden:

PRUEFGES ('SELECT ')(0)('PRUEF')(' ')(80ρ' ')(TEXT)(ρTEXT)

Im rechten Argument müssen alle Daten, die man als Ergebnis des Programms erwartet, als geschachtelter Vektor angegeben werden. Da es sich bei dem Text um ein Feld variabler Länge handelt, wird die Länge dieses Feldes zusätzlich als letztes Element mit übergeben.

Ich hoffe, daß dieses Beispiel der Verwendung eines externen Programms zum Aufruf von SQL-Anweisungen ausreicht, um die Entwicklung entsprechender Funktionen für die eigene Projektarbeit zu ermöglichen.

Hier noch ein kleiner Nachtrag: Falls mehr als eine Tabelle in einer Unit of Work verändert werden soll, muß das externe Programm so erweitert werden, daß alle Datenbankänderungen in diesem Programm erfolgen. Es gibt allerdings noch eine andere Möglichkeit, die eine Besonderheit der SQL-Verarbeitung ausnutzt: Wie bereits erwähnt, wird auf eine Relationale Datenbank über einen mit dem Anwendungsprogramm verbundenen Plan zugegriffen. Dieser Plan - innerhalb einer Anwendung kann immer nur ein Plan verwendet werden - wird beim BIND-Prozeß erzeugt und als Database Request Module abgestellt. Bei der Ausführung einer SQL-Anweisung in einem Anwendungsprogramm wird die Verbindung zu diesem Plan aufgebaut, man spricht hier von einem THREAD, und der Zugriff kann erfolgen. Dies erlaubt auch, daß mehrere APL-Programme denselben Plan für SQL-Zugriffe verwenden, man muß nur sicherstellen, daß alle erforderlichen SQL-Anweisungen in diesen Plan eingebunden sind.

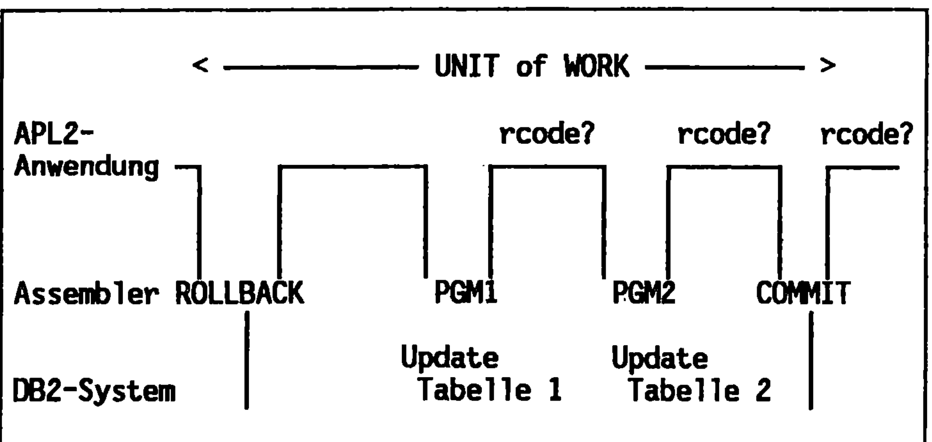

Abb. 59. Eine UNIT of WORK mit mehreren Assembleraufrufen: In der APL-Anwendung werden die Programme aufgerufen, wobei immer der Returncode geprüft werden muß.

Hierzu ist es notwendig, alle Zugriffsprogramme als Member beim BIND eines Rahmenprogramms mit aufzuführen, da dann alle SQL-Zugriffe in diesem Plan bekannt sind. Ein solches Rahmenprogramm kann z.B. eine spezielle Version des ROLLBACK sein. Wird beim Start der Anwendung in der Hauptfunktion als erste SQL-Anweisung dieses ROLLBACK aufgerufen, stehen alle externen Assemblerprogramme zur Verfügung. Beim Aufruf der ersten

SQL-Anweisung wird ein sog. THREAD aufgebaut, und alle DML-Aktivitäten
(DML = Data Manipulation Language) innerhalb dieses THREADs können
zu einer gemeinsamen UNIT of WORK zusammengefaßt werden. COMMIT
und ROLLBACK können daher aus dem Assemblerprogramm entfernt und in
einem gesonderten externen Programm aufgerufen werden. Nun kann man
beliebig viele DML-Programme (die externen Assemblerprogramme) aufrufen
und bei Bedarf an einer beliebigen Stelle das COMMIT- bzw. ROLLBACK-
Programm setzen. Falls Sie noch dieses COMMIT in die zentrale ERROR-
Funktion einfügen, ergeben sich kaum noch Unterschiede zwischen der Verwendung von dynamischem oder statischem SQL in APL2. Man hat somit eine
vorzügliche Verbindung zwischen den flexiblen Verarbeitungsmöglichkeiten von
APL2 bez. Relationaler Datenbanken und den performance- und sicherheitsre-
levanten Eigenschaften eines statischen SQL. In Abb. 59 wird dieses Zusam-
menwirken von der APL-Anwendung und den externen SQL-Zugriffsprogrammen verdeutlicht.

Damit stehen dem Programmierer zwei Techniken für SQL-Aufrufe zur
Verfügung:

- Dynamisches SQL mit dem Partnerprogramm AP127

- Statisches SQL über externe Assembler oder Fortranprogramme

Hier stellt sich nun die Frage, inwieweit man beide Techniken miteinander
verbinden kann und ob es möglich ist, ohne zusätzliche Programmierung von
dynamischem SQL auf statisches SQL umzuschalten. Dies ist deshalb von
großer Bedeutung, weil es während der Anwendungsentwicklung einfacher ist,
dynamisches SQL mit den SQL-Zugriffsprogrammen zu verwenden. Für die
Produktionsumgebung wäre aus Sicherheitsgründen allerdings bei Update-An-
wendungen der Wechsel zu statischem SQL zweckmäßig.

Das Partnerprogramm AP127 bzw. der mit diesem Partnerprogramm ver-
bundene Plan ist von dem über die Names-Assoziation aufgerufenen Anwendungsplan der externen Programme völlig getrennt. Daher können beide Zu-
griffsmöglichkeiten nebeneinander verwendet werden. Eine Mischung beider
Techniken innerhalb einer Unit of Work verlangt allerdings zwei Aufrufe des
COMMITs, da das dynamische COMMIT über den AP127 keinen COM-
MIT-Punkt im externen Anwendungsplan setzen kann. Daher sollte innerhalb
einer Unit of Work auch nur eine Verarbeitungstechnik eingesetzt werden.

Die Frage nach einem einfachen Umschalten zwischen dynamischem und
statischem SQL läßt sich ebenfalls sehr einfach beantworten. Betrachten wir
dazu das geringfügig geänderte Updateprogramm SQLΔMOD. Entsprechend der
vorgeschlagenen Namenskonvention findet man in der Variablen PFAD den
Pfadnamen PERS_UPD, PERS_INS oder PERS_DEL. Falls nun in der
Hauptfunktion ein externes Programm mit dem Namen PERS assoziiert wurde
- dieses Programm ist das oben angesprochene Assemblerprogramm mit den
verschiedenen SQL-Anweisungen -, kann dieser Name hier abgefragt werden.
Für die Ausschaltung des dynamischen Zugriffs in SQLΔMOD sind daher nur
drei Änderungen erforderlich.

```apl
     ∇ PFAD SQLΔMOD Y;Z;I;J;PGM
[ 1] A| Daten veraendern mit SQL DML
[ 2] A PFAD    = Gueltiges SQL-DML Statement
[ 3] A Y       = Key/Datensaetze
[ 4]
[ 5] →(cAP127←3=⎕NC PGM←(¯1+PFADι'_')↑PFAD)/ΔL0
[ 6] Z←DAT_ 'STATE' PFAD      A Pruefen Status
[ 7] →(0=+/rcode)∧1=2 2⊃Z)/ΔL0
[ 8]
[ 9] Z←⍕'PREPΔ',PFAD
[10] →(0≠+/rcode←↑DAT_ 'PREP' PFAD Z)/ΔF1
[11]
[12] ΔL0:Y←(¯2↑1 1,ρY)ρY
[13]    I←1
[14]    J←1↑ρY
[15] →(cAP127=1)/ΔAP11
[16]
[17] ΔL1:→(0≠+/rcode←↑DAT_ 'CALL' PFAD Y[I;])/ΔF1
[18] →(J≥I←I+1)↓0,ΔL1
[19]
[20] ΔF1:→0 sysmsg←'Fehler in ',PFAD,' Code: ',⍕rcode
[21]
[22] A .... Modifikation fuer externe SQL-Programme
[23] ΔAP11:Z←((PFADι'_')↓PFAD),0,Y[I;]
[24] ⍕'rcode←0 0 0 0,2⊃',PGM,' Z'
[25]    →(0≠+/rcode)/0
[26] →(J≥I←I+1)/ΔAP11
     ∇
```

Abb. 60. SQL-Zugriffsfunktion zum Verändern von Daten: Modifikation zum Aufruf externer "statischer" Programme.

Zeile 5

Wenn es ein Programm mit dem Namensteil bis zum Unterstrich "_" gibt (bei einem Pfadnamen DBPERS_UPD also DBPERS), wurde ein externes Programm assoziiert. Das Prepare des Pfades kann daher übersprungen werden. Das Ergebnis der Abfrage wird der Variablen cAP127 zugewiesen. So kann im xERROR-Programm geprüft werden, ob die Datenveränderung über ein externes Programm ausgeführt wurde, um die richtige COMMIT-Funktion aufzurufen (externes COMMIT oder COMMIT über AP127).

Zeile 15

Nachdem die Schleifenvariablen initiiert wurden, kann zum Aufruf des externen Programms verzweigt werden.

Zeile 23

Das externe Programm verlangt in den ersten beiden Feldern zusätzlich den Aufruftyp, dies ist der Namensbestandteil des Pfades hinter dem Unterstrich, und den Returncode. Zum Aufruf werden also diese beiden Elemente an den Datensatz gekettet.

Zeile 24

Der Returncode der SQL-Anweisung wird wie im dynamischen Fall der Variablen rcode zugewiesen, und bei korrekter Verarbeitung wird der nächste Satz in der Schleife aufgerufen.

Entsprechend diesem Modell kann auch die Fehlerroutine xERROR - darüber wird ja der COMMIT abgesetzt - einer Verarbeitung durch externe Programme angepaßt werden. Damit möchte ich diesen Ausflug in die Bearbeitung Relationaler Datenbanken mit APL2 und SQL beenden. Wir haben gesehen, daß es mit APL2 sehr leicht ist, Relationale Datenbanken anzusprechen, und daß damit eine sehr leistungsfähige Erweiterung sowohl für SQL als auch für APL zur Entwicklung kommerzieller Systeme zur Verfügung steht. Gerade bei umfangreichen Informationssystemen, bei denen die Analysemöglichkeit von Daten im Vordergrund steht, bietet sich daher die Realisierung mit APL an.

8. Daten- und Plausibilitätsprüfungen

In den vorherigen Kapiteln haben wir uns mit der Ablaufsteuerung eines Anwendungssystems beschäftigt. Es wurde gezeigt, daß es besonders wichtig ist, den Transaktionen einen Standardrahmen zugrunde zu legen, weil nur so nachträglich Erweiterungen eingefügt werden können, die sich auf die gesamte Anwendung beziehen. So ermöglicht eine einfache Änderung in der Aufruffunktion für die Feldexits den direkten Transaktionsaufruf in allen Einzeltransaktionen. Weiter haben wir gesehen, daß die eigentliche Verarbeitungslogik in einem wohldefinierten Exit erfolgt, der durch seinen Namen immer mit der Transaktion verbunden ist. Ein wichtiger Bestandteil jeder Verarbeitung ist hierbei die Prüfung der eingegebenen bzw. veränderten Daten auf Konsistenz. Da diese Prüfungen häufig umfangreichen Änderungen und Erweiterungen unterworfen sind, soll auch für die verschiedenartigen Datenprüfungen innerhalb einer Anwendung ein einheitliches Vorgehensmodell entwickelt werden. Im Vordergrund wird hierbei das Ziel stehen, Datenprüfungen auch nachträglich, ohne Änderung des prozeduralen Codes, in eine Anwendung einzufügen.

Bevor ich auf die Alternativen eingehe, betrachten wir zunächst die folgende Zusammenstellung typischer Prüfungsaufgaben:

- Inhaltliche Prüfung eines Feldes

    - Bei der Erfassung von Personaldaten darf als Geschlecht nur M = männlich, W = weiblich eingegeben werden.

    - Bei der Buchung eines Auftrags darf der gewünschte Liefertermin nur später als das aktuelle Tagesdatum sein.

- Abhängigkeitsprüfung zwischen Feldern

    - Wenn Familienstand verheiratet, dann ist auch Name der Ehefrau anzugeben.

    - Der gewünschte Liefertermin muß später als das Bestelldatum sein.

- Prozedurale Prüfungen

    - Wenn ein Personalsatz neu erfaßt wurde, ist auch ein Gehaltskonto anzulegen.

    - Die Abteilung darf nur gelöscht werden, wenn keine Mitarbeiter mehr in der Abteilung sind (Referential Integrity).

In den verschiedenen Realisierungsalternativen werde ich auf Prüfung 1 und 2 eingehen. Prüfung 3, also die prozedurale Prüfung, überlasse ich weiterhin der Programmierung bzw. den Definitionsmöglichkeiten innerhalb eines Relationalen Datenbank-Systems, z.B. DB2 oder SQL-DS von IBM (z.B. Referential Integrity).

8.1 Prüfungen innerhalb der Bildschirmmaske

Da alle Anwendungsdaten über einen Bildschirm und die darauf definierten Felder eingegeben werden, besteht die Möglichkeit, die Bildschirmdefinition so zu erweitern, daß eine direkte Inhaltsprüfung der Felder erfolgen kann.

Eine sehr einfache Technik bei numerischen Feldern besteht z.B. darin, das Feld als numerisch zu definieren; bei solchen Feldern verbietet nämlich die Bildschirmtechnik die Eingabe von ungültigen Zeichen. Aber auch hier taucht sofort ein Problem auf. In Abhängigkeit einer deutschen oder einer englischen Tastatur muß der Dezimalpunkt als Komma "," oder als Punkt "." eingegeben werden. Beim Einlesen des Feldes über die Bildschirm-Partnerprogramme von APL, wie AP124 oder AP126 (GDDM), erhalten wir in beiden Fällen eine alphanumerische Zeichenkette, die nun in einen numerischen Wert umgewandelt werden muß.

Da diese Umsetzung von Alpha in Numerisch nicht wiederholt in den Anwendungsprogrammen kodiert werden soll, sind diese Prüfungen an zentraler Stelle in den Leseroutinen durchzuführen. In Kapitel 6 wurde gezeigt, wie man diese Standardprüfung auf numerische Werte in die Lesefunktion xLES integriert, so daß wir uns hier den eigentlichen Inhaltsprüfungen zuwenden können. Es werden also nur Plausibilitätsprüfungen der folgenden Art betrachtet.

Für die Eingabe sind nur Daten aus einem begrenzten Wertevorrat zulässig, z.B. Familienstand = led, verh, gesch.

Hierfür sind sicherlich erweiterte Feldprüfungen erforderlich. Die Definition der Bildschirmfelder ließe sich dafür so erweitern, daß zu jedem Feld auch Prüfbedingungen angegeben werden können. Im einfachsten Fall verbindet man diese Prüfbedingungen mit den Feldnamen, d.h., man erweitert die Definition der Feldnamen um die Angabe der gültigen Werte, Wertebereiche oder sonstigen Prüfkriterien.

Die Leseroutinen, die den Inhalt eines eingegebenen Feldes den Variablen gleichen Namens zuweisen, könnten eine derartige Prüfung zentral durchführen. Dies ist übrigens die Technik vieler Anwendungsgeneratoren, z.B. auch von IBM-APE Version 2. Falls man also einen Anwendungsgenerator einsetzen kann, der die Erweiterung der Felddefinitionen um solche gültigen Wertebereiche unterstützt, sind diese Feldprüfungen sicher recht einfach zu realisieren.

Aber halt: In einer fiktiven Anwendung zur Erfassung von Personaldaten seien vier Bildschirmmasken vorhanden, auf denen Personaldaten eingegeben werden können. Nach Einführung der Anwendung stellt man fest, daß ein weiterer Begriff bei den zulässigen Werten für den Familienstand zuzulassen ist.

verw = Verwitwet

Wir steigen also wieder in die Bildschirmdefinitionen ein - natürlich gibt es eine hervorragende Dokumentation, in der alle Bildschirmmasken aufgeführt sind, in denen der Familienstand vorkommt - und ändern die definierten Plausibilitätsprüfungen. Sie sehen schon, ich halte diese Art von Plausibilitätsprüfungen zwar für sehr elegant in der Definitionsphase, im Änderungsdienst aber für etwas unflexibel. Das Problem dieser Prüftechnik besteht nämlich darin, daß die Datenprüfung im Kontext einer ganz bestimmten Transaktion erfolgt und somit für identische Prüfungen in unterschiedlichen Transaktionen eine redundante Codierung erforderlich ist.

Aufgabe des Software-Engineerings ist jedoch auch, eine Anwendungsarchitektur zu definieren, in der im Interesse einer einfachen Software-Wartung und -Pflege Redundanzen vermieden werden. Diese Art der Datenprüfung kann also sicher nicht die vollständige Lösung unserer Aufgabenstellung sein.

8.2 Prüfungen mit der Datenbank-Definition

Das Problem der besprochenen Prüfung liegt darin, daß Datenprüfungen in der internen Anwendungsstruktur erfolgen und nicht auf der Basis des zu speichernden Satzes. Es wäre sicher viel eleganter, wenn das Datenbanksystem - z.B. ein Relationales DB-System wie DB2 - diese Prüfungen übernehmen könnte. Wir müßten dann zwar auch für jedes Feld in der Datenbank die erforderliche Prüfung definieren, sie wäre aber unabhängig von der speziellen Bildschirmmaske. Eine Änderung der Plausibilitätsprüfungen ist dann in allen Anwendungen unmittelbar gültig, in denen dieser Datensatz verändert wird.

Beim Einsatz einer Relationalen Datenbank kann so z.B. über Definitionen der Referential Integrity sichergestellt werden, daß nur gültige Abteilungen in einem Personalinformationssystem eingegeben oder, genauer gesagt, abgespeichert werden können. Aber auch die Eingabe eines gültigen Familienstandes kann mit dieser Datenbanktechnik gewährleistet werden. Es ist hierfür nur erforderlich, eine Tabelle mit den gültigen Familienständen aufzubauen und in der Personaltabelle diesen Familienstand als Fremdschlüssel zu definieren. Auch die erweiterten Datentypen z.B. von DB2 machen die Prüfung auf eine korrektes Datum überflüssig, weil beim Datentyp DATE nur gültige Datumsangaben abgespeichert werden können.

Durch die Definition von Unique-Indizes kann Doppelerfassung von Datensätzen verhindert werden. Offen bleiben somit bei den Datenprüfungen nur komplexere Aufgaben wie die Prüfung des Aufbaus einer Artikelnummer - die einzelnen Stellen in einer Artikelnummer tragen meistens eine ganz spezifische Information: Materialgruppe, Klasse, Größe, Farbe etc. - oder Abhängigkeiten zwischen verschiedenen Datenfeldern - Lieferdatum ist später als Bestelldatum.

Aber auch wenn alle diese Plausibilitätsanforderungen eines Tages mit den Datenbankdefinitionen abdeckbar sein sollten, ergeben sich noch Probleme. Wir wollen innerhalb der Anwendung eine entsprechende Fehlermeldung in der Nachrichtenzeile ausgeben, und der Cursor sollte auf dem fehlerhaften Feld stehen. Weiterhin wäre es wünschenswert, daß der falsche Wert in einer anderen Farbe, z.B. rot, oder in Intensivanzeige dargestellt wird.

Diese bildschirmabhängigen Fehlerbehandlungen könnte wohl die zuerst besprochene Technik durchführen, bei der die Felddefinitionen um die Prüfbedingung erweitert werden. Bei einer Definition der Prüfung in der Datenbankbeschreibung fehlt jedoch der Bezug zum konkreten Feld auf der Bildschirmmaske, um eine Cursorpositionierung durchzuführen. Wir benötigen somit eine Kombination der beiden Prüftechniken, wobei der Aufruf innerhalb einer Transaktion Cursorsteuerung und Fehleranzeige (Intensiv oder Rot) übemehmen wird.

8.3 Die "richtige" Prüffunktion

Die nun zu behandelnde alternative Prüftechnik wird alle oben angesprochenen Probleme beseitigen. Zunächst ein kleiner Ausflug in die Entwicklungsgeschichte dieser Prüfungsart:

In einer sehr komplexen Anwendung zur Verwaltung und Verteilung von Druckschriften mit ca. 100 verschiedenen Bildschirmmasken und den entsprechenden Steuerungsproblemen tauchten wiederholt Probleme mit den Prüfungen auf. Die Prüfungen sahen nämlich etwa wie folgt aus:

- **Wenn der Herausgeber einer Druckschrift angegeben ist, dann muß auch die Anschrift des Herausgebers angegeben werden.**

- **Wenn eine Änderungsnummer angegeben ist, dann auch das Änderungsdatum.**

- **Wenn ich das Druckschriftenkonto verändern will, muß ein bestimmtes Feld im Konto mit meinem Sachbearbeiter-Code übereinstimmen.**

Dies waren nur einige der leichteren Prüfungen. Erschwert wurde die Programmierung dieser Abhängigkeiten dadurch, daß sie sich fast permanent änderten. Das ist vielleicht nicht immer der Fall, aber ganz auszuschließen ist es nicht. Die Prüfungen erstreckten sich also nicht nur auf den Inhalt eines Feldes, sondern mußten auch zahlreiche Abhängigkeiten zwischen den einzelnen Feldern eines Datensatzes berücksichtigen. Die Prüfungen tauchten zudem wiederholt in den verschiedensten Transaktionen auf, so daß eine Modifikation der Prüfbedingungen sehr aufwendig war.

Wie kann nun dieses Problem ein für allemal gelöst werden? Als erste Grundvoraussetzung muß für jeden Datensatz ein einziges Prüfmodul vorhanden sein. Zudem darf die Prüfung nicht abhängig von dem zufällig auf dem Bildschirm stehenden Satzaufbau sein. Die Prüfung sollte also auf dem "externen Satzaufbau" erfolgen.

Damit sind wir bereits beim Kernproblem angelangt. Die Prüfung muß sich sowohl auf das konkrete Datenfeld, so wie es in einer Datenbank abgespeichert werden soll, als auch auf das zufällige Auftreten dieses Feldes in einer Bildschirmmaske beziehen können. Hieraus ergibt sich, daß man für jedes Datenfeld, so wie es in einer Relationalen Datenbank abgespeichert ist, eine Prüfbedingung benötigt. Der logische Aufbau dieser Prüfbedingung kann wie folgt aussehen:

```
.>-------.  .>-------.  .>--------------.  .>---------------.
|Feldname|  |Prueftyp|  |Fehlermeldung|   |Pruefbedingung|
'--------'  '--------'  '--------------'   '---------------'
```

Wir erstellen für jedes Datenfeld eine geschachtelte Variable, die gewissermaßen eine Erweiterung der Datendefinition einer Relationalen Tabelle darstellt. Da ja ohnehin in einem Datenbanksystem Spaltennamen einheitlich zu verwenden sind - eine Personalnummer ist in allen Tabellen identisch, z.B. PERSNR, zu bezeichnen -, ergibt sich bei Abspeichern dieser Prüfinformationen in einer Relationalen Tabelle ein erster Schritt zu einem zentralen Daten-Dictionary.

Die einzelnen Felder diese Prüfsatzes bzw. der entsprechenden Spalten der Feldprüfungstabelle bedeuten:

- Der Feldname entspricht dem Spaltennamen einer Relationalen Tabelle.

- Über den Prüftyp kann dem Prüfprogramm mitgeteilt werden, wie die Prüfbedingung zu interpretieren ist. Dadurch ist es möglich, unterschiedliche Prüfungen, z.B. Prüfung auf den Inhalt oder eine logische Prüfung, in demselben Datensatz abzuspeichern.

- Der Text der Fehlermeldung wird im Fehlerfall in einem Literalfeld angezeigt.

- Die Prüfbedingung wird in Verbindung mit dem Prüftyp zur Datenprüfung verwendet.

In einem konkreten Fall können diese Sätze wie folgt aussehen:

```
 .->----.  .->.  .->--------------------------.  .->-------------.
 |FAMST|  |V|  |Familienstand ungueltig|  |LED,VERH,GESCH|
 '_____'  '_'  '___________________________'  '______________'
```

Diese Prüfung gibt an, daß der Familienstand nur ledig (LED), verheiratet (VERH) oder geschieden (GESCH) sein darf. Dies ist also eine Variablenprüfung, bei der der Inhalt eines Datums geprüft wird.

```
 .->-----.  .->.  .->-------------------------.  .->------------.
 |PERSNR|  |L|  |Personalnummer ungueltig|  |PERSNR[1]e'ABC'|
 '______'  '_'  '__________________________'  '______________'
```

Bei dieser Prüfung der Personalnummer wird verlangt, daß die erste Stelle der Personalnummer A, B oder C ist. Wir haben es hier mit einer logischen Prüfung zu tun, zur Formulierung der Prüfbedingung ist der gesamte APL-Sprachumfang verfügbar.

Bevor das Programm xPRUEF, das die Prüfbedingung auswertet, analysiert wird, sei zunächst der Einsatz dieser Technik für die Prüfung eines Personalsatzes betrachtet. Hierzu kann für einen Datensatz ein spezielles Prüfprogramm erstellt werden, in dem alle Felder dieses Satzes zu prüfen sind. Damit erhält man ein eindeutiges Modul, das in den bei der internen Transaktionssteuerung (Kapitel 5.2) behandelten Feldexit eingefügt werden kann. Erkennt die Prüfroutine einen Fehler, der Fehlercode fc steht dann auf 1, wird zur Bildschirmanzeige zurückverzweigt. Als Ergebnis sollte dieses Prüfprogramm eine 1 liefern, wenn die Prüfung erfolgreich ist, eine 0 bei fehlerhaften Daten.

```
     ∇ Z←FN PERSΔPRUEF REC
[ 1] ΛI Pruefprogramm fuer den Personalsatz
[ 2] Λ FN = Feldnummern im Screen (0 = Keine Pruefung)
[ 3] Λ REC = Datensatz
[ 4] fc←0
[ 5] ⎕AI←FN[1]   xPRUEF 'PERSNR'   REC[1]
[ 6] ⎕AI←FN[2]   xPRUEF 'NAME'     REC[2]
[ 7] ⎕AI←FN[3]   xPRUEF 'VORNAME'  REC[3]
[ 8] ⎕AI←FN[4]   xPRUEF 'GEBDAT'   REC[4]
[ 9] ⎕AI←FN[5]   xPRUEF 'FAMST'    REC[5]
[10] ⎕AI←FN[6]   xPRUEF 'PLZ'      REC[6]
[11] ⎕AI←FN[7]   xPRUEF 'ORT'      REC[7]
[12] ⎕AI←FN[8]   xPRUEF 'STRASSE'  REC[8]
[13] ⎕AI←FN[9]   xPRUEF 'LAND'     REC[9]
[14] ⎕AI←FN[10]  xPRUEF 'KST'      REC[10]
[15] Z←~fc       Λ Ergebnis 1 falls OK, sonst 0
     ∇
```

Abb. 61. Prüfprogramm für einen Personalsatz

Wie kann aber die Information über die aktuelle Position des zu prüfenden Feldes an das Prüfprogramm weitergereicht werden? Das Programm PERSΔPRUEF wird mit einem linken und einem rechten Argument aufgerufen. Das linke Argument enthält die Feldnummern der zu prüfenden Felder. Dadurch ist jedes Feld aus dem Datensatz mit einer ganz bestimmten Feldposition auf dem Bildschirm in Verbindung gesetzt, und wir können somit bei fehlerhafter Dateneingabe den Cursor steuern und das entsprechende Eingabefeld in einer besonderen Anzeigeintensität darstellen. Wenn ein Feld jedoch nicht geprüft werden soll, weil es sich nicht auf dieser Bildschirmmaske befindet oder weil eine Prüfung keinen Sinn macht, so tragen wir an der entsprechenden Stelle einfach eine 0 ein. Hierdurch können die Prüfungen nach Belieben ein- und ausgeschaltet werden.

Die gesamte Prüfung des Personalsatzes wurde hier in einem zentralen Programm zusammengefaßt. Bei konsequenter Einhaltung dieses Konzeptes wird man so für jeden Datensatz in einer Anwendung ein einziges Prüfmodul zur Verfügung stellen und dieses bei Bedarf in die einzelnen Transaktionen einfügen.

In einem erweiterten Konzept könnte man auch den Aufruf dieser Prüfungen standardisieren. Wir haben ja im Kapitel über die interne Transaktionssteuerung gesehen, daß die Bildschirm-Anzeige und -Unterbrechung in dem zentralen Modul xINP erfolgt. In dieses Programm kann die Feldprüfung - unter der Bedingung, daß alle Felder mit einem Feldnamen definiert sind - integriert werden. Da in der Bildschirm-Variablen "I" alle Feldnamen und die zugehörigen Feldnummern stehen, kann man diese Erweiterung sehr leicht selbst vornehmen.

Dieses Prüfkonzept wird in dem Programm xPRUEF realisiert. Es hat hat als linkes Argument die Feldnummer, als rechtes Argument den Feldnamen (so wie er für die externe Datenbank, z.B. DB2, definiert wurde) und das zu prüfende Feld.

```
      ∇ Z←FN xPRUEF X;Y;V_WERT;V_PRUEF
[ 1] A| allgemeine Prueffunktion fuer Daten
[ 2] A X[1] = Feldname ,X[2] = Prueffeld
[ 3] A FN   = Feldnummer (falls 0 keine Pruefung)
[ 4] Z←1       A Z = 1 (Pr}fung ok), 0 (Fehler)
[ 5] '→∆L0' ⎕EA '→(0=FN)/0'
[ 6] ∆L0:(V_PRUEF V_WERT)←X
[ 7] '→⎕LC+1' ⎕EA '→∆L1,0ρY←V_',V_PRUEF
[ 8] →0 pgmmsg←'Pruefung ',V_PRUEF,' nicht definiert'
[ 9]
[10] ∆L1:→('L'=↑Y)/∆L2         A Logik-Pruefung
[11] A   ... Inhaltspr}fung
[12] →(0≠1↑0ρV_WERT)/∆L12      A Prueffeld numerisch ?
[13] →((V_WERT ∈ ⍀ 3⊃Y)↓∆ERR,0
[14] ∆L12: V_WERT←⊂V_WERT,' '
[15] →(V_WERT∈(ρV_WERT)↑"⊂[2] ',' fMV 3⊃Y)↓∆ERR,0
[16]
[17] ∆L2: →(Z←⍀3⊃Y)/0          A Logik-Pruefung
[18]
[19] A ... Die Pruefung ergab ungueltigen Wert
[20] ∆ERR:→(2≠⎕NC 'FN')/∆ERR1 A Keine Feldpositionierung
[21]   →(2=⎕NC 'vERROR')/∆L3
[22] vERROR←0 3ρ(0)('   ')('   ')
[23] ∆L3:vERROR←vERROR,[1](FN)(2⊃Y)
                        ('Gueltige Werte:',⍕3⊃Y)
[24] →0,fc←~Z←0
[25] ∆ERR1:pgmmsg←⍕2⊃Y
[26] sysmsg←'Gueltige Werte:',⍕3⊃Y
[27] fc←~Z←0
    ∇
```

Abb. 62. Die Standard-Prüffunktion: Mit dieser Funktion werden logische und inhaltliche Prüfungen ausgeführt.

Dieses Prüfprogramm findet über den Feldnamen die erforderliche Prüfbedingung mit dem bereits erwähnten Aufbau:

```
          .→---------.  .→--------------.  .→--------------------.
Feldname: | Prueftyp |  | Fehlermeldung |  | Pruefbedingung      |
          '----------'  '---------------'  '---------------------'
```

Das Prüfprogramm im einzelnen:

Zeile 4

Das Prüfprogramm liefert bei erfolgreicher Prüfung das Ergebnis 1, im Fehlerfall 0.

Zeile 5

Falls das Programm mit einem linken Argument 0 aufgerufen wird, findet keine Prüfung statt. Ist kein linkes Argument angegeben, wird die Prüfung durchlaufen, es erfolgt jedoch keine Fehlerpositionierung.

Zeile 6
Das rechte Argument der Funktion ist eine geschachtelte Variable. Das erste Element enthält den Namen der Prüfung, das zweite den zu prüfenden Wert. In dieser Zeile werden die beiden lokalen Variablen V_PRUEF und V_WERT aus dem rechten Argument "X" aufgebaut. Bei der Definition der Prüfbedingung kann man sich bei logischen Prüfungen über die Variable V_WERT auf den Inhalt des zu untersuchenden Feldes beziehen.

Zeile 7
Die Prüfbedingung ist in der Variablen V_Prüfname, z.B. V_FAMST oder V_PLZ, gespeichert. Falls sich keine Variable mit diesem Namen im Arbeitsbereich befindet, wird nicht geprüft und in Zeile 8 der Variablen "pgmmsg" eine entsprechende Meldung zugewiesen.
Bei Abspeicherung der Prüfbedingungen in einem zentralen Prüfkatalog müßte an dieser Stelle zunächst der Prüfsatz aus der Tabelle eingelesen werden.

Zeile 10
Falls die Prüfung eine Logikprüfung ist, verzweige nach Label L2.

Zeile 12
Ist der zu prüfende Wert numerisch? - Dies ist ein interessantes IDIOM.

Zeile 13
Die Prüfung ist eine Variablen-/Inhaltsprüfung, und der zu prüfende Wert ist numerisch. Da bei Variablenprüfungen die gültigen Zahlen durch "," getrennt in der Prüfdefinition angegeben werden, muß dieser Vektor zunächst durch ⍎ in die numerischen Werte umgewandelt werden. Falls bei der Definition der Prüfung auch nicht numerische Werte erlaubt waren, sollte diese Prüfung unter ⎕EA Kontrolle erfolgen.

Zeile 14
Der zu prüfende Wert ist nicht numerisch. Die Variable V_WERT wird für die Prüfung "eingepackt", wobei zunächst ein Blank angehängt wird (wegen möglicherweise unterschiedlicher Längen der erlaubten Werte und des zu prüfenden Feldes).

Zeile 15
Hier erfolgt die Prüfung gegen die gültigen Werte. Dafür muß zunächst die Zeichenkette im dritten Element von V_PRUEF in einen geschachtelten Vektor umgewandelt werden (Erzeuge Matrix bei Trennzeichen "," und packe über die Zeilen ein). Im Fehlerfall wird zu Label ERR verzweigt.

Zeile 17
Die ausgewählte Prüfung ist eine Logik-Prüfung. Da diese Prüfung in einer gültigen Boolschen Logik definiert ist (liefert im Wahrheitsfall 1 und sonst 0), muß diese Prüfbedingung nur ausgeführt werden. Wie derartige Prüfbedingungen aussehen können, entnehme man der Abbildung "Erfassen der Logikprüfung" (Abb. 65).

Zeile 20
Die Prüfung ergab einen Fehler. Hier wird nun unterschieden, ob die Prüfung

mit einem linken Argument aufgerufen wurde oder nicht. Wenn kein linkes Argument vorhanden war, folgt unmittelbar:

Zeile 25/26
In die Systemvariable "pgmmsg" wird die Fehlermeldung für die Literalfunktion PGMMSG gesetzt. In die Systemvariable "sysmsg" werden die erlaubten Werte (das ist die Prüfbedingung) für die Literalfunktion SYSMSG gesetzt.

Zeile 21/22
Wird das Prüfprogramm mit einem linkem Argument aufgerufen, erfolgt eine besondere Behandlung der Fehlermeldung. Wie man an dem vorherigen Prüf-modul zur Prüfung des Personalsatzes sieht, wird immer der vollständige Da-tensatz an dieses Programm übergeben. Nicht gewünschte Prüfungen werden durch Setzen von 0 im Aufruf ausgeschaltet.

Da man in diesem Fall aber die Fehlermeldung des ersten fehlerhaften Fel-des sowie die Darstellung aller fehlerhaften Felder in Intensivanzeige wünscht, muß man alle in diesem Prüfprogramm auftretetenden Fehlermeldungen sam-meln. Hierzu dient die Variable vERROR, die wir gleich in den Literalfunk-tionen PGMMSG und SYSMSG wiederfinden werden. Falls diese "Sammel-variable" noch nicht vorhanden ist, wird sie in Zeile 22 initialisiert.

Zeile 23
An die Variable vERROR wird die Feldnummer, der Text für PGMMSG und für SYSMSG angehängt. Für die Programmnachricht wird hier die Fehlermel-dung der Prüfbedingung verwendet. In der Systemnachricht, also der dritten Spalte von vERROR, steht die Prüfbedingung. Bei einer Variablenprüfung werden somit im Systemliteral alle gültigen Werte angezeigt.

Auch hier sieht man die Bedeutung einer globalen Kontrollvariablen. Die in diesem Prüfprogramm eingeführte Variable vERROR ermöglicht es nämlich, in den Literalfunktionen die verschiedenen Fehlermeldungen zentral zu behan-deln. Jetzt wird auch deutlich, warum wir in dem Prüfprogramm für den Per-sonalsatz alle Prüfbedingungen hintereinander behandeln durften. Falls hier mehrere Fehlerbedingungen auftreten, werden ja alle zugehörigen Fehlermel-dungen in der Variablen vERROR gesammelt, so daß wir jederzeit auf die einzelnen Meldungen inkl. der zugehörigen Feldnummer zurückgreifen können.

Bevor ich auf die Literalfunktionen eingehe, sei nochmals an das einfüh-rende Personalbeispiel erinnert. Wie wir dort gesehen haben, greifen bei einer effektiven Anwendungsentwicklung zahlreiche Funktionen nahtlos ineinander. So ist es auch hier, wo eine spezielle Behandlung von Fehlermeldungen in hiervon völlig unabhängigen Funktionen beachtet werden muß (Userexit, Lite-ralfunktion und Prüfmodule).

Die folgenden Literalfunktionen werden übrigens nicht nur von diesen Da-tenprüfungen, sondern auch im Rahmen der allgemeinen Fehlerbehandlung, die im Kapitel über Relationale Datenbanken angesprochen wurde, als zentrale Informationsschnittstellen für die Anwendungstransaktionen benötigt.

8.4   Systemliterale für Fehlerbehandlung

Für jedes Datenfeld existiert ein wohldefinierter Prüfsatz, aus dem das Prüfprogramm alle für eine optimale Fehlerbehandlung erforderlichen Angaben entnehmen kann. Das Programm xPRUEF hat darüber hinaus noch die schöne Eigenschaft, auch die gültigen Werte auf dem Bildschirm anzuzeigen. Hierfür verwende ich zwei spezielle Bildschirmfelder mit den Namen PGMMSG und SYSMSG. Hinter jedem dieser Felder - wir bezeichnen sie als Systemliterale - verbirgt sich ein Programm, das die erforderlichen Arbeiten für uns ausführt.

8.4.1   Das Literal PGMMSG

Programmnachrichten sollen auf der zugehörigen Bildschirmmaske in ausgewählten Feldern angezeigt werden. Es bietet sich an, diese Felder mit einem entsprechenden Namen zu versehen - z.B. PGMMSG; beim Anzeigen einer Bildschirmmaske werden alle Felder mit einem Namen aus einer Variablen im Arbeitsbereich mit gleichem Namen gefüllt. Daher sollte sich das Systemliteral wie eine Variable verhalten, also ein Ergebnis Z liefern und kein Argument im Aufruf benötigen.

```
      ∇ Z←PGMMSG;X
[ 1]  A| Literal fuer Programmnachrichten
[ 2]  →(~' 'A.=Z←pgmmsg)/0
[ 3]  →(2=⎕NC 'vERROR')/AL1
[ 4]  '→0' ⎕EA '→0 Z←pgmmsgDEFAULT'
[ 5]
[ 6]  A ... Es wurde Fehler in xPRUEF erkannt
[ 7]  AL1: X←,(∈vERROR[;1]=L/vERROR[;1])/vERROR
[ 8]     (Z sysmsg)←X[2 3]
[ 9]  xCURS 1⊃X              A Cursor auf erstes E-Feld
[10]  vERROR[;1] xINTENS 2   A Falschen Felder Intensiv
[11]  ⎕AI←⎕EX 'vERROR'       A Alte Fehlertabelle loeschen
      ∇
```

Abb. 63. Die Literalfunktion für Programmnachrichten

Zeile 2
Falls die Variable pgmmsg gesetzt wurde, wird dieser Inhalt verwendet.

Zeile 3
Falls die Variable vERROR vorhanden ist - sie wurde eventuell von einem Prüfprogramm aufgebaut -, verzweige zu Label L1.

Zeile 4
Die Variable pgmmsg war leer. Verwende die eventuell gesetzte Variable pgmmsgDEFAULT als Nachricht in der PGMMSG.

Zeile 7
Finde den Fehler mit der kleinsten Feldnummer aus vERROR.

Zeile 8
Verwende diesen Fehler für PGMMSG und SYSMSG. Es muß hier auch die Variable sysmsg für das Literal SYSMSG gesetzt werden, da diese beiden Nachrichten ja zusammengehören.

Zeile 9
Setze den CURSOR auf das erste falsche Feld.

Zeile 10
Zeige alle falschen Felder intensiv an.

Zeile 11
Lösche die Variable vERROR für den nächsten Prüfdurchlauf.

8.4.2 Das Systemliteral SYSMSG

Das Literal für die SYSMSG ist entsprechend der Literalfunktion für die Programmnachrichten aufgebaut. Ich verzichte daher auf eine ausführliche Beschreibung.

```
     ∇ Z←SYMMSG;X
[ 1] A| Literal fuer Systemnachrichten
[ 2] →(~' 'A.=Z←sysmsg)/0
[ 3] →(2=⎕NC 'vERROR')/ΔL1
[ 4] '→0' ⎕EA '→0 Z←sysmsgDEFAULT'
[ 5]
[ 6] A ... Es wurde Fehler in xPRUEF erkannt
[ 7] ΔL1: X←,(∈vERROR[;1]=L/vERROR[;1])≠vERROR
[ 8]    (Z pgmmsg)←X[2 3]
[ 9] xCURS 1⊃X              A Cursor auf erstes E-Feld
[10] vERROR[;1] xINTENS 2   A Falsche Felder Intensiv
[11] ⎕AI←⎕EX 'vERROR'       A Alte Fehlertabelle loeschen
     ∇
```

Abb. 64. Die Literalfunktion für Systemnachrichten

Diese Art einer Fehlerbehandlung erlaubt es, alle Prüfbedingungen in einer Anwendung an zentraler Stelle zu pflegen. Es ist sichergestellt, daß eine Änderung der Prüfbedingungen automatisch in allen Anwendungsteilen wirksam wird. Da bei den Prüfbedingungen auch logische Prüfungen zugelassen sind, eine Besonderheit, die wohl nur in APL in dieser Form realisierbar ist, werden alle Anwendungsprogramme von diesen Prüfungen völlig befreit. Nunmehr kann man sich voll auf die Anwendungsentwicklung konzentrieren und muß nicht mehr mit der Programmierung auf die organisatorische Festlegung der unterschiedlichsten Prüfungen warten.

Mit dieser Vorgehensweise haben wir aus der Sicht der Programmierung etwas ganz Wertvolles erreicht. Der Auftraggeber einer Anwendung, der uns ja auch die Prüfbedingungen nennen muß, kann diese nun eigenverantwortlich formulieren. Zu dieser Formulierung ist nur die Kenntnis der Booleschen Logik erforderlich. Diese Kenntnis ist aber in den meisten Fällen wohl vorauszusetzen, da sonst kaum fehlerfreie Prüfbedingungen vorgegeben werden könnten. Die Verantwortung für die Prüfungen innerhalb einer Anwendung werden also von der Programmierung zur Organisation verlagert, und da gehören sie auch hin.

8.5 Erfassen der Prüfbedingungen

Zur Erfassung der Prüfbedingungen sollten wir in einem speziellen Steuerungsteil der Anwendung eine Transaktion zur Verfügung stellen, über die die verschiedenen Prüfbedingungen von einem Leitbediener selbständig gepflegt werden können. Die zugehörigen Bildschirmmasken könnten nach dem folgenden Muster aufgebaut sein.

Abb. 64 zeigt die Eingabe einer Feldprüfung gegen eine Variable, d.h., gültige Inhalte sind nur der Familienstand VERH, LED, GESCH oder VERW. Diese Prüfung ist relativ einfach und verlangt vom Bediener nur geringe Kenntnisse über die internen Zusammenhänge dieser Prüftechnik.

```
DSG24 ------ P F L E G E N  der P R Ü F B E D I N G U N G E N ---------
 --------------------------------------------------------------------
 Pflegen der Prüfwerte für: FAMST     Prüftyp : V (V=Variable,L=Logik)

 Fehlermeldung für Literal PGMMSG
 Ungültiger Familienstand...............................................

 Erlaubte Werte sind durch "," getrennt einzugeben
 VERH,LED,GESCH,VERW.................................................
 ...................................................................
 ...................................................................
 ...................................................................
 ...................................................................
 ...................................................................
 ...................................................................
 ...................................................................
 ...................................................................
 ...................................................................
 ...................................................................
 ...................................................................
PF: 1=Hilfe  3=Zurück
```

Abb. 65. Erfassen einer Inhaltsprüfung

Bei der nächsten Prüfung (Abb. 66) werden bereits höhere Anforderungen gestellt, sie zeigt allerdings auch die ganze Mächtigkeit der Prüftechnik, wie sie nach diesem Vorgehensmodell realisiert werden kann. Hier handelt es sich um eine Logikprüfung, bei der das Ergebnis dieses boolschen Ausdrucks nach seiner

Auswertung 1 ist, falls die Eingabe richtig (sie steht in V_WERT zur Verfügung), oder 0, falls die Eingabe falsch ist. Bei dieser Prüfung muß die erste Stelle der Personalnummer "A" und die zweite Stelle "B" sein. Die Stellen 4-6 der Personalnummer sollen mit der Prüfbedingung ORG auf gültige Werte geprüft werden (das Argument FN ist die Feldnummer, in der die Personalnummer steht).

```
DSG24 ------ P F L E G E N  der P R Ü F B E D I N G U N G E N --------

-------------------------------------------------------------------
  Pflegen der Prüfwerte für: PNR        Prüftyp : L (V=Variable,L=Logik)

  Fehlermeldung für Literal PGMMSG
  Ungültige Personalnummer .....................................

  Erlaubte Werte sind durch "," getrennt einzugeben
     ((V_WERT[1] ='A') ∧ (V_WERT[2] = 'B'))..............
     ∧.(FN xPRUEF 'ORG' V_WERT[4 5 6])..................
     ................................................................
     ................................................................
     ................................................................
     ................................................................
     ................................................................
     ................................................................
     ................................................................
     ................................................................
     ................................................................
     ................................................................
  PF: 1=Hilfe  3=Zurück
```

Abb. 66. Erfassen einer Logikprüfung

Die hier gezeigten Prüfungen könnten zusätzlich in einer zentralen Datenbank gespeichert werden, wodurch sie auch für andere Anwendungssysteme, z.B. unter IMS, CICS oder TSO, einsetzbar wären. Eine Änderung der Prüfbedingungen kann dann nicht nur in einer einzelnen Anwendung wirksam werden, sondern in allen betroffenen Anwendungen eines Unternehmens. Es empfiehlt sich also, einen zentralen Datenkatalog anzulegen, in dem für jedes Datenfeld des Datenbanksystems die Prüfbedingungen abgespeichert werden. Dieser Datenkatalog kann natürlich um weitere Informationen ergänzt werden, die für ein Daten-Dictionary erforderlich sind. So hat man bereits einen ersten Schritt zum Füllen einer zentral verfügbaren Ablage (Repository) für die Anwendungsentwicklung getan.

Damit ist auch ein wesentliches Element aus dem Bereich der wissensbasierten Systeme in den Entwicklungsprozeß kommerzieller DV-Anwendungen eingeführt. Bei wissensbasierten Systemen geht man davon aus, daß das Anwendungswissen in einer sog. Wissensdatenbank gespeichert und über Interferenzmechanismen (Forward- und Backward-Chaining) für den Problemlösungsprozeß verfügbar gemacht wird. Durch die Auslagerung aller Plausibilitätsprüfungen aus dem prozeduralen Code in einen zentralen Datenkatalog legt man, genauso wie bei einem wissensbasierten System, Wissen über die Daten in einer Datenbank ab. Dadurch hat man sich wesentlich einem modernen

Software-Entwicklungskonzept genähert, in dem die einfache Software-pflege/änderung eines der Hauptziele ist.

Dieses Realisierungskonzept für Aufgaben des Software-Engineerings hängt sicher nicht vom Einsatz von APL in der Programmierung ab. Es wäre ebenso in BASIC, PL/I oder COBOL anwendbar. Die Besonderheit von APL liegt jedoch darin, daß APL-Programmierer derartige Dinge leicht ausprobieren können, um daraus - falls es funktioniert - einen entsprechenden Standard zu entwickeln. Im Rahmen einer effizienten Anwendungsentwicklung wird man neben dieser Prüftechnik auch ein zentrales Administrationssystem für die Prüfbedingungen entwickeln, die dann unternehmensweit genutzt werden kön-nen. Unabhängig von der vorzugsweise eingesetzten Programmiersprache eines Unternehmens bietet sich für diese administrativen Aufgaben die Nutzung von APL an. Es macht nämlich wenig Sinn, die Verwaltung eines solchen Daten-katalogs nochmals in einer anderen Programmiersprache nachzuvollziehen, zu-mal es sich bei einer derartigen Anwendung auch nicht um ein performance-kritisches Verfahren handelt.

Ob sich allerdings die logischen Bedingungen auch auf andere Program-miersprachen übertragen lassen, will ich nicht abschließend beurteilen. Es ist jedoch sicher, daß gerade eine interpretierende Sprache wie APL diese Vorge-hensweise in der Anwendungsentwicklung hervorragend unterstützt.

9. Die Anwendungsdokumentation

In den vorherigen Kapiteln wurde bereits großer Wert auf verschiedene Namenskonventionen gelegt. So wurde z.B. bei dem Modell der Einzeltransaktionen für den Transaktionsnamen derselbe Name wie für das eigentliche Format verwendet. Die Exits zum Aufruf individueller Prüfungen hatten den Namen EX mit angehängtem Format bzw. Transaktionsnamen. Durch diese Konventionen soll sichergestellt werden, daß in allen zu einer Transaktion gehörenden Funktionen irgendwo der Namensbestandteil der Transaktion im Programmnamen erscheint. Nur dies gibt nämlich auf einfache Art die Möglichkeit, sofort alle zueinander gehörenden Funktionen zu identifizieren und gegebenenfalls eine automatische Anwendungsdokumentation zu erzeugen. Entsprechend ist bei den SQL-Zugriffspfaden immer der feste Bestandteil PREPA vorgesehen.

Eine Alternative zur Erstellung einer Anwendungsdokumentation besteht im Aufbau eines Aufrufbaumes, aus dem alle Abhängigkeiten der einzelnen Funktionen abgelesen werden können. Dies setzt jedoch voraus, daß nicht mit der Execute-Funktion gearbeitet wird. Bei einheitlichem Transaktionsrahmen und flexibler Transaktionssteuerung taucht aber gerade diese Funktion sehr häufig in den Steuerungsmodulen auf. Ein aus den expliziten Programmaufrufen abgeleiteter Funktionsbaum gibt daher bei einem solchen Anwendungsdesign kaum geeignete Informationen für die Dokumentation. Daher ist es hier besonders wichtig, sich an Dokumentationsnormen zu orientieren.

9.1 Namenskonvention für Programme

Allgemein kann man bezüglich der Namen von Funktionen folgende Forderung aufstellen:

Der Name einer Funktion ist so zu wählen, daß aus ihm entweder auf den Zusammenhang innerhalb eines Anwendungssystems oder auf die Bedeutung dieser Funktion zu schließen ist.

Da man es in einer Anwendung nicht nur mit anwendungsspezifischen Funktionen, z.B. einer speziellen Verarbeitungslogik, zu tun hat, sondern gleichermaßen eine Vielzahl von Standardproblemen lösen muß, ist diese Vorgehensweise von elementarer Bedeutung. Für SQL-Operationen habe ich die Funktionen SQLAGET, SQLAMOD eingeführt, Namen, die sich der Programmierer bereits nach kurzer Zeit eingeprägt hat. Ich möchte in diesem Zusammenhang

auf die grundsätzlichen Ausführungen von D. Lattermann in seiner Veröffent-
lichung "APL-Ergänzungsfunktionen" hinweisen. Dort wird erstmals gezeigt,
wie in APL für bestimmte Standardprobleme sprechende Namen zu verwenden
sind.

fMV X   bedeutet: Formatiere eine Matrix aus einem Vektor.

fVM X   bedeutet: Formatiere einen Vektor aus einer Matrix.

dLB X   bedeutet: Lösche Blanks, d.h., entferne alle Blanks aus dem Vektor
                 X (Delete Blanks).

Falls Sie in der Programmierung bei der Namensvergabe diesen Weg einschla-
gen, werden Sie bereits nach kurzer Zeit einen guten Überblick über alle Hilfsfunktionen haben und sie gerne verwenden. Bei Einsatz von APL2 werden Sie
feststellen, daß in den öffentlichen Bibliotheken genau dieses Prinzip bei den
Namenskonventionen verfolgt wird (speziell der Arbeitsbereich (WS) 1 UTI-
LITY). Aber das ist noch nicht alles, was man bei der Dokumentation beachten muß.

9.2   Dokumentation im Programm

Auch die einzelnen Funktionen müssen dokumentiert werden. Wie sieht nun
die Minimaldokumentation einer Funktion aus? Zunächst ist der Zweck der
Funktion zu beschreiben. Also etwa:

```
    ∇ Z ← SUMME X
[1] A| Bilde die Summe des Vektors X
[2] Z ← + / X
    ∇
```

Abb. 67. Summe des Vektors X

Zum Einfügen von Kommentaren dient in APL das Zeichen "A", das bereits
in allen aufgeführten Programmbeispielen auftrat. Nun ist es in komplexeren
Programmen als dem hier gezeigten nicht mit dieser einfachen Dokumentation
getan. Häufig müssen noch die Argumente (z.B. "X") sowie die Ergebnisse der
Funktion näher erläutert werden. Auch komplexere Verarbeitungschritte sollten
immer mit den entsprechenden Bemerkungen versehen werden. Blättern Sie
einmal zurück und betrachten das Programm SQLAGET. Dies könnte ein gutes Beispiel für die Dokumentation innerhalb eines Programms sein.
    Nun sollen in einer Programmübersicht gegebenenfalls nur die Kommentare
der einzelnen Funktionen angezeigt werden. Sicher kann es nicht sinnvoll sein,
alle Kommentare aufzulisten, da viele einen rein technischen Charakter haben.
Man muß also in der Lage sein, bestimmte Bemerkungen herauszuheben. Eine
Möglichkeit, die sich bewährt hat, ist ein "|" hinter dem Kommentarzeichen.

Diese Vorgehensweise hat den zusätzlichen Vorteil, daß der Anwendungsgenerator IBM-APE die so markierten Kommentarzeilen entsprechend behandelt und in den Programmübersichten anzeigt. Falls Sie jedoch kein APE einsetzen, kann es jedenfalls nicht schaden, trotzdem so zu verfahren.

9.3 Namenskonvention für Variablen

Wie sieht das nun mit den Variablen aus? Grundsätzlich sind in einem Programm alle Variablen lokal zu machen. Ich habe dies in den vorherigen Kapiteln noch nicht ausdrücklich erwähnt, Sie machen es aber, indem Sie die Liste der Variablen in der Kopfzeile durch ";" getrennt aufführen. Auch hier kann das Programm SQLGET als Beispiel dienen.

Nun können aber nicht alle Variablen lokal in einer Funktion sein. Man benötigt auch bestimmte Steuervariablen, die mehreren Funktionen, besser gesagt Transaktionen, bekannt sein müssen. Ich habe ja selbst die Variablen tc, rc, spa1 in die Transaktionssteuerung eingeführt. Für alle diese Variablen sollten folgende Regeln beachtet werden:

- Globale Variablen müssen einen sprechenden Namen haben und sind sehr sorgfältig zu dokumentieren.

- Namen wie I, J, K, M, TAB sind als globale Variablen niemals erlaubt.

- Globale Definitionsvariablen sind zu unterstreichen (oder Kleinbuchstaben).

- Falls Sie einen Arbeitsbereich laden und bei)VARS Variablen wie I, Q, E, TAB etc. finden, haben Sie etwas falsch gemacht.

Bei der Namensvergabe ist immer eine dokumentierte Systematik einzuhalten. Dies erleichtert ganz wesentlich das Verständnis der Funktionen und Variablen, weil in vielen Fällen teilweise auf beschreibenden Text verzichtet werden kann. Man könnte sagen, der Name dokumentiert sich selbst. Ich verwende für die Namen von Variablen gerne folgende Systematik:

dsnPERS   Globaler Name der Personaldatei. Sie wird in der Steuerungsfunktion gesetzt und von den Zugriffsfunktionen angesprochen.

PERS_KEY   Schlüsselbegriff für den Personalsatz. Alternativ verwende ich auch gerne PERSAKEY.

PERS_REC   Name für einen Datensatz aus dem Personalbestand.

PERS_TAB   Name für eine Tabelle von Sätzen aus dem Personalbestand.

SPA   Globale Steuerinformationen, das verstehen auch IMS-Programmierer. Diesen Variablennamen verwende ich z.B., um die gewünschte Rückkehrtransaktion zu speichern.

cNNN   Globale Kontrollinformationen, z.B. cez (Kontrolle Eingabezeichen), cuc (Kontrolle Großbuchstaben) etc.

Weitere globale Variablen sollte es in der eigenen Anwendung eigentlich nicht geben. Wenn Sie sich einmal überzeugen wollen, ob diese Richtlinie eingehalten wurde, überprüfen Sie Ihren Arbeitsbereich mit)VARS. Außer den hier angesprochenen globalen Variablen dürfen keine Namen aufgelistet werden.

Aber halt: Da habe ich etwas Wichtiges vergessen. Sicher haben Sie in der Zwischenzeit einmal in einem APL-Handbuch geblättert, in dem die Sprache in allen Einzelheiten beschrieben ist. Falls Sie das noch nicht getan haben, so ist es höchste Zeit, dies nachzuholen. Im Literaturverzeichnis finden Sie das richtige Buch. Sie sind dann sicher auf den Begriff der Gruppe gestoßen, den wir nun behandeln wollen.

9.4 Gruppierung von Objekten

Da sich bei APL alle Objekte, Variablen und Funktionen (Programme) zur Ausführungszeit im Arbeitsbereich befinden, ist es zweckmäßig, diese Objekte in sinnvoller Weise zu Gruppen zusammenzufassen. Dies erleichtert einerseits den Überblick über den Arbeitsbereich, andererseits können durch die Bildung von Gruppen auch sehr schnell zusammengehörende Funktionen in andere Anwendungen kopiert werden.

Wie sind aber die verschiedenen Gruppen zu benennen? Sicherlich muß aus dem Namen auf eine Gruppierung geschlossen werden können, so daß sich z.B. DEMOGP, SQLGP anbietet. Nun kann bei allen APL-Implementierungen der Systembefehl)VARS auch in der Form)VARS G G angewendet werden. Man kann also bei der Abfrage der Variablen, die sich im Arbeitsbereich befinden, zusätzlich Anfangsbuchstaben der gesuchten Variablen angeben. Es ist daher zweckmäßiger, Gruppen als GPDEMO, GPSQL etc. zu bezeichnen, weil man damit sehr schnell einen Überblick über alle Gruppen des Arbeitsbereiches erhält.

Bei älteren APL-Implementierungen, z.B. IBM-VSAPL, kennt man noch den Systembefehl)GRPS, der ebenfalls eine Liste aller Gruppen des aktiven Arbeitsbereiches aufzeigt. Hier würde sich im Prinzip eine derartige Namenskonvention erübrigen. Da bei einem Übergang zu IBM-APL2 Gruppen jedoch in Variablen zusammengefaßt werden - hier wird eine Gruppe dadurch angelegt, daß man in die entsprechende Gruppenmatrix als Zeilen die einzelnen Objekte dieser Gruppe einträgt -, sollte man grundsätzlich in allen APL-Implementierungen Gruppennamen mit vorangestelltem "GP" bezeichnen.

Warum sollen Funktionen zu Gruppen zusammengefaßt werden? Nun, das ist ganz einfach: Entweder wollen wir einzelne Bestandteile unserer Anwendung in anderen Anwendungen verwenden, und da ist es leichter, eine zusammengehörige Gruppe zu kopieren als alle Einzelfunktionen - sicher würde man dabei die eine oder andere vergessen -, oder wir benötigen für die Produktionsversion unserer Anwendung nicht alle Funktionen, und dann würden wir sie gerne vor Einführung der Anwendung löschen.

Gruppieren Sie also immer dort, wo es Ihnen sinnvoll erscheint.

Das ist leider immer noch nicht alles, was zur Dokumentation zu sagen ist. Vielleicht geht es Ihnen dabei wie mir: Dokumentation ist etwas Scheußliches, und das werden wir schon irgendwann machen. Das Irgendwann ist dann aber leider irgendwo im Jahr 2000 angesiedelt, und das ist sicher wenig hilfreich. Also beschäftigen wir uns weiter mit der Dokumentation einer Anwendung. Ich verspreche Ihnen, es wird nicht mehr lange dauern.

9.5 Workspace-Dokumentation

Außer an die einzelnen Objekte, d.h. die Programme, Variablen und Dateien einer Anwendung, sind auch an den Arbeitsbereich, in dem sich diese Objekte befinden, bestimmte Dokumentationsanforderungen zu stellen.

Wir müssen wissen, auf welchem Stand unsere Anwendung ist. Wir ändern und ändern und speichern und speichern und wissen schließlich nicht mehr, was der richtige Stand unserer Anwendung ist. Dieses Problem ist einfach zu lösen. Schreiben Sie eine Funktion VERSION, und dort sollten Sie zumindest folgende Angaben unterbringen:

```
    ∇ VERSION
[1]  'Anwendung : Personalinformationssystem'
[2]  'Autor.....: Programmierer'
[3]  'Version...: 0.1'
[4]  'Stand.....: 15.07.87'
[5]  'Aufruf....: PERSINFO'
[6]  'Dateien'
[7]  'dsnPERS=CREATOR.PERSDB'
[8]  'dsnKST =CREATOR.KSTDB'
    ∇
```

Abb. 68. Die Funktion VERSION

Und dann kennen Sie sicher noch die Systemvariable ⎕LX. Da der Inhalt dieser Variablen beim Laden eines Workspace immer ausgeführt wird, weisen Sie dieser Variablen die Funktion VERSION zu. Das geht so:

```
⎕LX ← 'VERSION'
```

Die Papier-Dokumentation

"Denn, was man schwarz auf weiß besitzt, kann man getrost nach Hause tragen", heißt es so schön. Bisher haben wir aber noch kein Stück Papier beschrieben.

"Allein ein Pergament, beschrieben und beprägt, ist ein Gespenst, vor dem sich alle scheuen. Das Wort erstirbt schon in der Feder, die Herrschaft führen Wachs und Leder". (Goethe)

Aber leider ist es uns so wenig wie Faust vergönnt, auf beschriebenes Papier zu verzichten. Also stellt sich auch uns die Frage: Was muß unbedingt an schriftlicher Dokumentation erzeugt werden?

Unumgänglich ist sicher eine Liste der Bilder, d.h. der verwendeten Formate unserer Anwendung. Wenn Sie sich an die von mir gesetzten Standards gehalten haben, genügt wohl die Auflistung aller Funktionen, die zu einer Transaktion gehören.

Funktionsreferenzen, die von verschiedenen Anwendungsprogrammen erzeugt werden können, runden das Bild ab. Damit haben wir aber nur die von uns geschriebenen Programme dokumentiert.

Ich will dieses Thema - ich habe es ja versprochen - nicht zu sehr strapazieren. Gehen Sie also einfach wie folgt vor:

Mindestanforderung an eine Dokumentation

Die folgende Aufzählung soll eine Anregung geben, welche Elemente unbedingt in eine Dokumentation aufgenommen werden sollten. Hierbei ist zu beachten, daß neben den einzelnen Funktionen/Transaktionen auch das Steuerungskonzept, also die externen Steuerungsfunktionen und die zugehörigen globalen Variablen, beschrieben werden.

- **Graphische Darstellung der Transaktionshierarchie.**

- **Liste der Formate**

- **Liste der Funktionen, die zu einem Format bzw. einer Transaktion gehören**

- **Liste der Daten-Zugriffe, z.B alle PREP-Funktionen**

- **Liste der restlichen Funktionen**

- **Liste der globalen Variablen**

- **Beschreibung der verwendeten Dateien/Datenbanken**

- **Ausfüllen der Formblätter, die Ihr Unternehmen vorschreibt**

- **Die Variable VERSION**

Viele Anwendungsgeneratoren, z.B. auch IBM-APE Version 2, liefern einige der Standardanforderungen an eine gute Dokumentation. Daher folgt nun der Eingabebildschirm von APE, über den die Parameter für den Dokumentationsaufruf eingegeben werden.

```
APPREN DOKUMENTATIONSFUNKTION              Datum: 24-08-87 10.23
  DOCUMENT     Verarbeitung

     Dateiname ===> DOCUMENT.SCRIPT

Titelseite:
   Titel: ----------------------------------------------------------
   : ---------------------------------------------------------------
   : ---------------------------------------------------------------
   Autor: ----------------------------------------------------------
   : ---------------------------------------------------------------
Adresse: ----------------------------------------------------------
   : ---------------------------------------------------------------
Zu dokumentierende Objekttypen (Ja/Nein/Beschreibung):
      Funktionen:       J   Dateidefinitionen: J   Bilder:            J
      Operatoren:       J   Menüs:             J   Querreferenzen:    J
      Variablen:        J   Anwendungen:       J   Programmaufrufe:   J
      Grafikfunktionen:J   Listen:            J   Statist. Angaben:  J
      Bildschirme:      J   Abfragen:          J

PF: 1=Hlf 3=End 6=Verarbeitung 9=Standardwerte 12=Abbr
```

Abb. 69. Aufforderung zur Dokumentation bei APE Version 2

Hier noch eine wichtige Ergänzung: In jedem Unternehmen sollte man generelle Programmierrichtlinien erarbeiten, auch wenn sie nur für die individuelle Datenverarbeitung gedacht sind. Sie dienen nicht nur dem besseren Verständnis der einzelnen Anwendungen, sondern bieten auch beträchtliche Vorteile bei der Dokumentation; bei Einhaltung der Standards ist es nämlich nicht unbedingt erforderlich, alle Rahmenbedingungen in den einzelnen Verfahren zu beschreiben. Aus der grundsätzlichen Festlegung, für die Anwendungsentwicklung bestimmte Vorgehensmodelle einzuhalten - z.B. Einsatz eines Anwendungsgenerators, Verwendung von Transaktionssteuerung und Kontrollvariablen -, ergibt sich, daß diese Richtlinien automatisch fester Bestandteil einer jeden Anwendungsdokumentation werden. Sie wird dadurch auf ein Minimum begrenzt, und man kann davon ausgehen, daß sie dann auch begleitend zur Programmiertätigkeit erfolgt.

Sie sollten sich also in Ihrem eigenen Interesse ein Rahmenwerk für die Programmierung schaffen - die in den vorangegangenen Kapiteln aufgeführten Hinweise können als Anregung dienen -, das Grundlage für jede Anwendungsprogrammierung ist. Man achte jedoch bei den Richtlinien darauf, daß diese Vorgaben nie statisch sein können, sondern sich ständig geänderten Randbedingungen und Anforderungen anpassen müssen.

Besser keine Richtlinien als "eingefrorene" Richtlinien, an die sich nach einer gewissen Zeit niemand mehr halten will und kann.

10. Standardbausteine einer Anwendung

Bis hierher wurde die Basis für eine erfolgreiche Anwendungsentwicklung gelegt. Sie haben Transaktionen und Transaktionssteuerung, Datenprüfung sowie Relationale Datenbanken und Dokumentation kennengelernt. Mit diesen Bausteinen wollen wir nun versuchen, einige Standardtransaktionen zu realisieren. Hierbei gehe ich davon aus, daß in jeder Anwendung folgende vier Transaktionstypen auftreten werden:

o *Auswahl- oder Menübildschirm*
  Ein derartiger Bildschirm dient der Anwendungssteuerung in einem Anwendungssystem. Über die Eingabe verschiedener Auswahlziffern werden die Anwendungsfunktionen aufgerufen.

o *Datenanzeige und Update*
  In diesen Transaktionen erfolgt die eigentliche Anwendungsverarbeitung. Hier werden ausgewählte Daten angezeigt und gegebenenfalls verändert. Falls Veränderungen (Update) zugelassen werden, wird auf korrekte Daten geprüft und in dem zugrunde liegenden Datenbanksystem, z.B. DB2 oder SQL-DS, gespeichert.

o *Key-Eingabe, Datenanzeige und Update*
  Dieser Transaktionstyp stellt eine leichte Modifikation des vorherigen Typs dar, und zwar ist zusätzlich die Möglichkeit zugelassen, einen Suchbegriff (KEY) für den anzuzeigenden Satz einzugeben.

o *Auswahl aus Liste*
  Wenn man beim Lesen einer Datenbank oder anderer Dateiformen wie VSAM oder OS/DOS-Dateien mehrere Sätze erhält, muß der gewünschte Satz für die Verarbeitung in einem der beiden vorherigen Transaktionstypen ausgewählt werden. Diese Anzeige und Auswahl erfolgt in dem Transaktionstyp 4. Entsprechend der vorherigen Transaktion kann auch hier die Eingabe eines neuen Suchbegriffs zugelassen werden.

Zielsetzung dieses Kapitels ist es zu zeigen, wie diese Standardtransaktionen realisiert werden können. Bei den Anwendungsdaten werde ich mich auf die Relationalen Datenbanksysteme DB2 bzw. SQL-DS stützen. Falls Sie bei der Anwendungsentwicklung ein spezielles Design-Werkzeug, z.B. IBM-APE, Vers. 2 oder ADS unter PC-APL, verwenden, sind die hier dokumentierten Bausteine den spezifischen Anforderungen dieser Anwendungsgeneratoren anzupassen.

Betrachten Sie daher die folgenden Transaktionsbeispiele nur als Modelle, und schaffen Sie sich für Ihre Verfahrensentwicklung einen entsprechenden Funktionssatz. Bevor wir uns jedoch mit diesen Transaktionen befassen, zunächst einige grundsätzliche Bemerkungen zum Bildschirmlayout.

10.1 Der Modell-Bildschirm

Bei der Realisierung einer Anwendung ist es wichtig, daß alle Bildschirmmasken nach dem gleichen Prinzip aufgebaut werden. Eine einheitliche Gestaltung erleichtert nicht nur die spätere Benutzung dieser Anwendung, sondern reduziert auch den Aufwand bei der Bildschirmerstellung - man kann dann nämlich immer dieselbe Vorlage für die Bildschirmdefinition verwenden. Der folgende Musterbildschirm stellt eine bewährte Vorlage für diese Bildschirmgestaltung dar.

```
1) PERSO  ------------  Personal-Informationssystem -- Datum: 01.08.87
2) V E R A R B E I T U N G S H I N W E I S              Zeit:  15.30
3) Info: ############################################################

4)  Anwendungsdaten




5) ######################################################## Seite 1 von 4
6) PF: 1=Hilfe                                               12=Ende
```

Abb. 70. Der Musterbildschirm für Transaktionen

Dieser Musterbildschirm ist in sechs Bereiche gegliedert, aus deren Lage man unmittelbar die Bedeutung der angezeigten Informationen erkennen kann.

Die Kopfzeile (1)
In der Kopfzeile steht links der Formatname. Er ist so zu wählen, daß aus den letzten Zeichen auf die Funktionsziffer in den verschiedenen Auswahlrahmen zu schließen ist. Die Angabe des Formatnamens erleichtert die Identifizierung einer Anwendungsfunktion in einem PROJEKT. Falls Fehler in der Anwendung auftreten, kann der Benutzer die zuständigen Organisatoren und Programmierer leicht auf die spezielle Fehlersituation, d.h., in welcher Transaktion der Fehler aufgetreten ist, hinweisen. In der Mitte der Kopfzeile steht die An-

wendungsbezeichnung, die in allen Bildschirmmasken einer Anwendung erscheinen muß. Hier also: **Personal-Informationssystem.**

Rechts in der Kopfzeile kann das Tagesdatum eingeblendet werden. Diese Angabe ist wichtig, damit bei einem Ausdruck des Bildschirminhaltes durch den Nutzer der Aktualitätsstand der Daten auch nachträglich festgestellt werden kann. Gegebenenfalls ist unter dem Datum die Uhrzeit vorzusehen.

Verarbeitungshinweis (2)

In der zweiten Zeile des Bildschirms sollte auf seinen speziellen Verwendungszweck im Anwendungssystem hingewiesen werden. Also z.B.:
HAUPTAUSWAHLRAHMEN
ANZEIGE DER PERSONALDATEN
VERÄNDERN VON PERSONALDATEN

Info-Zeile (3)

Die dritte Zeile ist für Programmnachrichten zu verwenden. Programmnachrichten sind Hinweise auf Verarbeitungsfehler, z.B. falsche Eingabe von Daten, oder den Verarbeitungsstand, z.B. "Daten wurden gespeichert".

Diese Infozeile dient auch für allgemeine Verarbeitungshinweise, z.B. kann hier die Mitteilung eingetragen werden, daß es sich bei dem angezeigten Satz um einen "neuen Satz" handelt oder daß aus der Liste der Daten durch Eintrag von "S" vor dem gewünschten Satz ausgewählt wird. Für diese Standardhinweise kann die Variable pgmmsgDEFAULT in Verbindung mit dem Systemliteral PGMMSG verwendet werden.

Anwendungsdaten (4)

Die folgenden Zeilen stehen für die eigentlichen Anwendungsdaten zur Verfügung.

Systemnachricht (5)

Die vorletzte Zeile ist für Systemnachrichten vorzusehen. Systemnachrichten sind Hinweise auf fehlerhafte Verarbeitung infolge von Systemstörungen oder Programmierfehlern. Diese SYSMSG wird z.B. durch die Funktion xERROR aus dem Kapitel "Relationale Datenbanken" gesetzt.

Falls sich der Bildschirminhalt über mehrere Seiten erstreckt (z.B. eine Liste von Personaldaten), ist in diese Zeile zusätzlich die Seitenangabe aufzunehmen. Diese Angabe muß überschreibbar sein, um ein direktes Blättern auf die gewünschte Seite zu ermöglichen.

PF-Tasten (6)

In der letzten Zeile sind die aktiven PF-Tastenbelegungen aufgeführt. Folgende Standards sind hierbei unbedingt einzuhalten:

1 = Hilfe (Bearbeitungshinweis)

3 = Eine Transaktion zurück (RETURN)

7 = zurückblättern

8 = vorwärtsblättern

Weitere PF-Tastenbelegungen wie "Bildschirm drucken" und "Ende der Verarbeitung" müssen in allen Anwendungen ebenfalls einheitlich definiert werden. Ich verwende hierbei immer PF4 = Drucken, PF12 = Ende. Für die Bezeichnung der PF-Tasten sind eindeutige und sprechende Namen zu verwenden. Hier ein Vorschlag für die PF-Belegung:

1=Hilfe   Anzeige eines Hilfebildschirms

2=HAR   Sprung zum Hauptauswahlrahmen

3=Zurück   Zurück zur vorherigen Transaktion

4=Druck   Bildschirminhalt drucken

7=Rückw   Blättern rückwärts

8=Vorw   Blättern vorwärts

12=Ende   Ende der Anwendung

Die Fußzeile auf dem Bildschirm könnte hierbei wie folgt aussehen:

```
PF: 1=Hilfe  2=HAR  3=Zurück  4=Druck  7=Rückw  8=Vorw        12=Ende
```

Es ist dringend zu empfehlen, eine einheitliche Verwendung der verschiedenen Funktionstasten anzustreben. Sollte in Ausnahmefällen die Anzahl der freien Funktionstasten nicht ausreichen, dürfen jedoch auf keinen Fall die Tasten PF1 (Hilfe), PF3 (Zurück) und PF12 (Dialogende) anderweitig belegt werden. Weiterhin vermeide man einen zu ausführlichen Text für die Erklärung einer Funktionstaste (z.B. PF2 = Rücksprung in Hauptauswahlrahmen). Derartige ausführliche Erklärungen belegen nur den für sonstige Hinweise erforderlichen Platz und sind besser in den Hilfetexten untergebracht, die über PF1 aufgerufen werden. Für die Darstellung der Funktionstasten in der Fußzeile der Bildschirmmaske könnte man alternativ für jede Funktionstaste eine bestimmte Position wählen und die aktiven Tasten durch Intensivanzeige oder Darstellung in einer anderen Farbe herausheben.

Eine weitere Möglichkeit besteht darin, auf die Anzeige der allgemeingültigen Funktionstasten (z.B. PF3 = Zurück, PF7/8 = Blättern) zu verzichten und nur die speziellen Funktionstasten aufzuführen. Man könnte ein Fenster vorsehen (dies läßt sich bei APL in Verbindung mit GDDM oder AP124 recht einfach realisieren), das bei Betätigung der Hilfe-Taste erscheint und alle gültigen PF-Tasten aufführt. Von Bedeutung ist bei all diesen Alternativen nur, daß man sich innerhalb eines Unternehmens bzw. eines Anwendungskomplexes für eine einheitliche Vorgehensweise entscheidet, damit der Anwender schnell mit dem standardisierten Bildschirmaufbau vertraut werden kann.

10.2 Der Menübildschirm

Menü- oder Auswahlbildschirme stellen die zentralen Transaktionen eines Anwendungssystems dar. Über diese Transaktionen werden die verschiedenen Anwendungsfunktionen erreicht. Man achte bei diesen Menübildschirmen darauf, daß auch im Sinne einer Expertennutzung nicht zuviele Auswahlbildschirme zwischen dem Aufruf einer Anwendung und dem Erreichen einer gewünschten Anwendungsfunktion liegen. Grundsätzlich sind Menübildschirme nach folgendem Muster aufzubauen:

```
PERSO  ----------  Personal-Informationssystem  ------  Datum: 01.08.87
H A U P T A U S W A H L R A H M E N                     Zeit:  15.30
Info: ##################################################################



             01   Funktion 1
             02   Funktion 2
             03   Funktion 3



  Funktionsziffer ===> #
        Key-Feld 1 ..: ########
        Key-Feld 2 ..: ############
        Key-Feld 3 ..: ########
        Drucker-Adr..: ########

##################################################################
PF: 1=Hilfe                                              12=Ende
```

Abb. 71. Der Menübildschirm

In den meisten Menübildschirmen kann neben der Funktionsauswahl auch die Eingabe diverser Schlüsselbegriffe vorgesehen werden. Ebenso sollte hier die Eingabe einer Druckeradresse erlaubt sein. Dadurch läßt sich der für eine Druckausgabe der Anwendungsdaten/Bildschirme gewünschte Drucker an zentraler Stelle für die gesamte Anwendung vorbestimmen.

In dieser Transaktion ist darauf zu achten, daß einige Felder, z.B. die Druckeradresse, immer mit dem einmal belegten Wert besetzt bleiben, bis sie mit anderen Werten überschrieben werden. Andere Eingabefelder sollten immer leer angezeigt werden; dies gilt z.B. für die Eingabe von Schlüsselbegriffen.

Erlaubt der eingesetzte Maskengenerator die Verwendung von Feldnamen - die mit einem Namen versehenen Felder werden bekanntlich immer mit dem Inhalt einer Variablen gleichen Namens im Arbeitsbereich gefüllt -, sind diese Variablen vor Anzeige des Bildschirms auf den gewünschten Anfangswert zu setzen. Gerade bei Menübildschirmen sollte nach Möglichkeit immer von der Option "Feldnamen" Gebrauch gemacht werden. Man achte jedoch auf eine einheitliche Namenskonvention entsprechend den Vorschlägen aus Kapitel 9.

Werden keine Feldnamen verwendet, sind bestimmte Felder - z.B. die Druckeradresse - vor Anzeige des Bildschirms in die Maske zu schreiben. (Siehe hierzu Kapitel 4.)

Den Beispiel-Code für diese Auswahltransaktion finden Sie nun aufgelistet.

10.2.1   Die Transaktionsfunktion

Die Hauptfunktion einer Menütransaktion ist recht einfach, da hier keine Daten aus einem externen Dateisystem gelesen und ggf. geprüft werden müssen.

```
    ∇ PERSO;cuc;pfk
[1] A| Beispieltransaktion fuer einen Menu-Schirm
[2] cuc←1  A Umschluesseln Eingabe in Grossbuchstaben
[3] cez←1  A Eingabefelder maskieren mit ez
[4] pfk←1 3 12  A Globale PF-Tasten
[5] A                1=Hilfe,3=Return,12=Dialogende
[6] 'PERSO' trans ' '
    ∇
```

Abb. 72. Die Menütransaktion

Zeile 2-4
Hier werden die gewünschten Kontrollvariablen initialisiert. Ich setze cuc immer auf 1, da für Schlüsselbegriffe immer Großbuchstaben zu verwenden sind. Daher wird durch die Kontrollvarible cuc in Zeile 2 eine Umschlüsselung der Eingabedaten in Großbuchstaben veranlaßt.

Zeile 6
In dieser Zeile wird das Bildschirmformat über die Transaktionssteuerfunktion "trans" aufgerufen. Die Übergabe von Eingabedaten kann hierbei im allgemeinen entfallen (daher ' ' als rechtes Argument).

10.2.2   Der Anwendungsexit

Die Steuerung der Anwendung, d.h. der Aufruf der mit der entsprechenden Auswahlziffer ausgewählten Transaktion, erfolgt im Feld-Exit dieser Menütransaktion. Gerade bei diesem Programm sollte man sich um eine sehr einfache Schreibweise bemühen, damit auch nicht mit APL vertraute Organisatoren oder Programmierer die Verarbeitungslogik, d.h., welche Transaktionen aus diesem Menü heraus aufgerufen werden, erkennen können.

Zeile 2
In Zeile 2 wird zunächst geprüft, ob dieser Exit zu durchlaufen ist. Wenn keine Daten verändert wurden (0=pmc) oder die Eingabe nicht durch ENTER (ic[1]≠0) beendigt wurde, ist keine Verarbeitung innerhalb dieses Exits erforderlich.

Zeile 4
In dieser Zeile wird zu den Anwendungsfunktionen entsprechend der eingegebenen Auswahlziffer verzweigt. Versuchen Sie nicht, die Verzweigung für
die Transaktionsaufrufe anders zu programmieren. Man kann zwar alle diese
Verzweigungen und Labels sehr leicht durch den folgenden Aufruf

```
tcSEL ('PERS',&ZE[1])~' '
```

umgehen. Diese Programmierung ist aus APL-Sicht vielleicht sehr elegant -
viele Programmierer werden versucht sein, durch diese Technik auf Verzweigungen zu verzichten -, aber gerade in Menütransaktionen steht die Lesbarkeit
im Vordergrund.

```
     ∇ EXPERS0∆1
[ 1]  ∩| Pruefen und Aufruf der Transaktion
[ 2]  →((0=ρ∩c)∨0≠ic[1])/0    ∩ keine Daten veraendert
[ 3]  ∩ ZE =alle Eingabedaten (eventuell erst lesen)
[ 4]  →('123'=1⊂ZE)/∆L1 ∆L2 ∆L3
[ 5]  fc←1
[ 6]  →0 pg∩msg←'Ungueltige Funktionsauswahl'
[ 7]
[ 8]  ∆L1: tcSEL 'PERS1'    ∩ Aufruf Transaktion PERS1
[ 9]     →0
[10]  ∆L2: tcSEL 'PERS2'    ∩ Aufruf Transaktion PERS2
[11]     →0
[12]  ∆L3: tcSEL 'PERS3'    ∩ Aufruf Transaktion PERS3
     ∇
```

Abb. 73. Der Exit für eine Menütransaktion

Zeile 6
Die Fehlernachricht bei Eingabe einer ungültigen Auswahlziffer erfolgt besser
über die zentrale Fehlerfunktion xERROR. Ich habe hier nur aus Übersichtsgründen die vollständige Fehlermeldung aufgenommen.

Zeile 8 ff
Sie werden feststellen, daß ich vor dem Aufruf der Transaktionen keine Prüfung
auf eventuell erforderliche Schlüsselbegriffe vornehme. Mir erscheint eine solche
Prüfung in den aufgerufenen Transaktionen sinnvoller, da diese ja gegebenenfalls auch in anderem Zusammenhang (z.B. aus einem anderen Menübildschirm) aufrufbar sind. Falls die zusätzlich eingebbaren Suchbegriffe also ungültig sind, verzweigt man aus der aufgerufenen Transaktion zu diesem Menü
über den Befehl RETURN zurück.

Man sieht an diesem Beispiel, daß Menütransaktionen sehr einfach aufgebaut sind, so daß die verschiedenen Transaktionsaufrufe einer Anwendungsstruktur sehr schnell realisiert werden können, um sie mit dem Auftraggeber
oder dem späteren Anwender zu diskutieren.

10.3 Der Anzeige- und Updateschirm

Dieser Transaktionstyp enthält die eigentlichen Verarbeitungsfunktionen. Hier werden die ausgewählten Datensätze zur Verarbeitung angezeigt, nach eventueller Veränderung geprüft und in die zugrundeliegende Datenbank zurückgeschrieben. An diesem Transaktionstyp werden wir erstmals sehen, wie die in den vorangegangenen Kapiteln angesprochenen Verfahrenstechniken - Zugriff auf Relationale Datenbanken, Datenprüfungen und Fehlerbehandlung - in der Praxis eingesetzt werden.

```
PERS1 ------------ Personal-Informationssystem ------- Datum: 01.08.87
A N Z E I G E und V E R A E N D E R N Personalsatz     Zeit:  15.30
Info: ###################################################################

   Personal-Nr.: ########

   Name........: ###################
   Vorname ....: ###################

   Plz/Ort.....: #### #########################
   Strasse.....: ############################

   Abteilung...: ####################
   Kostenstelle: ####




   Bei Betätigung der "Datenfreigabe" werden die Daten gespeichert.

###################################################################
PF: 1=Hilfe  3=Zurück                                      12=Ende
```

Abb. 74. Anzeige/Update ohne Key-Eingabe

Vor Aufruf dieser Transaktion muß der Schlüsselbegriff (Personal-Nr.) von einer anderen Transaktion gesetzt werden. Dieser Key kann entweder über die vorherige (Menütransaktion) oder die folgende Transaktion eingegeben werden.

Wie dem Transaktionsprogramm zu entnehmen ist, wird der Personalstammsatz - im Beispiel wird eine Relationale DB mit SQL verwendet - gelesen und auf dem Bildschirm angezeigt. Falls Daten auf dem Schirm verändert wurden - dies kann man am einfachsten daran feststellen, daß der Modify-Code mc gesetzt wurde -, wird der Datensatz zurückgespeichert.

Ich benutze eine besondere Technik, um diese Transaktion auch für die Ersterfassung von Datensätzen verwenden zu können. Falls der Zugriff mit dem globalen Schlüsselbegriff PERSAKEY einen RCODE = 100 liefert, also keine Daten mit dieser Personalnummer gespeichert sind, wird ein neuer Personalstammsatz initialisiert und am Bildschirm angezeigt.

Nach Veränderung der angezeigten Daten kann durch Betätigung der EN-TER-Taste die Verarbeitung aufgerufen werden. Hierzu wird zunächst aus den Eingabedaten der neue Personalsatz aufgebaut und auf Korrektheit geprüft. Falls bei der Prüfung keine Fehler erkannt werden, wird der Datensatz so gespeichert, daß zunächst ein Update-Versuch unternommen wird. Falls dieser Update nicht erfolgreich ist - bei einem neuen Satz erhalten wir den RCODE = 100 -, wird der Satz neu in die Datenbank eingefügt. Diese Vorgehensweise erspart das Setzen von Steuervariablen, die anzeigen, ob es sich um einen neuen oder einen alten Satz handelt. Dies ist natürlich nur dann sinnvoll, wenn der Normalfall nicht die Erfassung von Personaldaten ist.

Die beiden folgenden Transaktionsfunktionen verdeutlichen dieses Modell einer Update-Transaktion. Wie bei der vorherigen Menütransaktion sehen Sie auch hier das Beispiel einer AUTARKEN Transaktion. Sie hängt in ihrer Aufrufbarkeit nämlich nicht von einem bestimmten durchlaufenen Pfad im Anwendungsnetzwerk ab, sondern benötigt nur einen Schlüsselbegriff zum Lesen des Datensatzes.

10.3.1   Die Transaktionsfunktion

In dieser Funktion wird der Personalsatz über eine vorhandene Personalnummer gelesen. Diese Personalnummer ist als globale Variable zu verstehen, weil sie von einer beliebigen anderen Transaktion aufgebaut werden kann. Nach erfolgreichem Lesen wird der Personalsatz über die Transaktionsfunktion "trans" angezeigt.

```
     ∇ PERS1;cuc;pfk
[ 1] A| Beispieltransaktion fuer Anzeige/Update
[ 2] cez←1   A Eingabefelder maskieren mit ez
[ 3] pfk←1 3 12   A Globale PF-Tasten
[ 5] A                1=Hilfe,3=Return,12=Dialogende
[ 6]
[ 7] PERSΔREC←,'PERS_GET' SQLΔGET PERSΔKEY
[ 8]    →(0=+/rcode)/ΔL1     A Erfolgreiches Lesen
[ 9]    →(0>‾1↑code)/ΔF1     A Fehler beim Lesen
[10] PERSΔREC←(⊂PERSΔKEY),19 ρ⊂'   ' A Neuer Personalsatz
[11]
[12] ΔL1:'PERS1' trans PERSΔREC[1 2 3 6 7 8 10 11]
[13]    →0
[14] ΔF1:RETURN A Zurueck zur aufrufenden Transakt.
     ∇
```

Abb. 75. Die Anzeige/Update-Transaktion

Zeile 2/3

In diesen beiden Zeilen werden die Steuervariablen gesetzt. Ein Umschlüsseln in Großbuchstaben (cuc) kann in diesem Transaktionstyp entfallen, weil keine Schlüsselbegriffe eingegeben werden können. Falls Sie einen Bildschirm einsetzen, der Maskenfelder unterstrichen oder reverse Video - also mit erweiterten Attributen - darstellen kann, erübrigt sich die Maskierung der Eingabefelder mit dem Eingabezeichen. Dann sollten Sie cez besser auf 0 setzen, weil das permanente Ersetzen von Leerstelle durch das Eingabezeichen ez und umgekehrt recht aufwendig ist.

Zeile 7

Hier wird der Personalsatz mit dem Schlüsselbegriff PERSAKEY gelesen. In diesem Beispiel ist eine Relationale Datenbank mit Zugriff über SQL zugrunde gelegt. Zusätzlich könnte vor diesem Zugriff eine Prüfung auf einen gültigen Suchbegriff oder auch auf die Existenz dieses Suchbegriffs vorgesehen werden.

Es ist jedoch besser, die Prüfung auf einen gültigen Suchbegriff erst dann auszuführen, wenn keine Daten gefunden wurden. Man muß ja davon ausgehen, daß der normale Benutzer die Anwendungsdaten - hier die Personalnummer - zumindest nach der ersten Lernphase immer formal korrekt eingibt. Daher wäre eine formale Prüfung auf den Suchbegriff vor dem Leseversuch in den meisten Fällen überflüssig; also erst dann prüfen, wenn man keine Daten findet. Hierfür kann man ebenfalls das Prüfprogramm PERSAPRUEF verwenden, man darf beim Aufruf allerdings nur für den KEY eine 1 im linken Argument angeben.

Zeile 8

Wird der Satz erfolgreich gelesen, so erhält man den rcode 0. In diesem Fall kann sofort zur Anzeige des Datensatzes verzweigt werden.

Zeile 9

Ist der Zugriff nicht erfolgreich, liegt ein Datenbankfehler vor, oder es gibt keinen Satz mit dem gesuchten Schlüssel. Ist der Returncode negativ - negative Returncodes signalisieren einen Datenbankfehler -, wird zur aufrufenden Transaktion (Label F1) zurückverzweigt.

Zeile 10

Ansonsten wird ein neuer Personalsatz für die Ersterfassung initialisiert. Der einzige postive Returncode, der übrig bleibt, ist 100 und bedeutet, daß es keinen Satz mit dieser Personalnummer in der Datenbank gibt.

Zeile 12

Da der Satz nicht unbedingt in der Reihenfolge gelesen wurde, in der die Felder auf dem Bildschirm benötigt werden, erfolgt hier gegebenenfalls eine Umindizierung des Personalsatzes. Falls ausschließlich mit Feldnamen gearbeitet wird (z.B. bei APE Vers. 2), müssen nach dem Lesen des Satzes die einzelnen Datenfelder zugewiesen werden.

Ich habe die Kontrollvariable cez in dieser sowie in allen anderen Transaktionen nicht lokal gesetzt. Wenn man nun darauf verzichtet, sie in der Transaktion zu initialisieren, liefert dies die Möglichkeit, die Variable cez in der Steuerungsfunktion abhängig vom eingesetzten Bildschirm - man kann dies z.B. mit einem entsprechenden GDDM-Aufruf abfragen - entweder ein- oder auszuschälten.

Gleiches gilt allerdings nicht für die Variable cuc, da wir ja nie grundsätzlich alle Daten von Klein- in Großbuchstaben umschlüsseln wollen. Diese Kontrollvariable ist also transaktionsorientiert zu setzen, und damit muß sie in der Funktion lokal sein.

10.3.2   Der Anwendungsexit

Die Verarbeitung der eingelesenen Daten erfolgt im Feldexit. Hier wird der Personalsatz auf korrekten Inhalt geprüft und in die Datenbank zurückgeschrieben.

```
      ∇ EXPERS1Δ1
[ 1]  ⍝| Update Personaldaten bei ENTER
[ 2]  →((0=ρ⍙c)∨0≠ic[1])/0   ⍝ nichts veraendert
[ 3]  PERSΔREC[1 2 3 6 7 8 10 11]←ZE
[ 4]  ⍝ Pruefen des veraenderten Personalsatzes
[ 5]  →(~0 12 14 0 0 16 17 0 19 21 23 PERSΔPRUEF
                            PERSΔREC)/0
[ 6]  ⍝ →(neu=1)/ΔL1            ⍝ Das waere eine Alternative
[ 7]  'PERS_UPD' SQLΔMOD PERSΔREC
[ 8]     →(0≥¯1↑rcode)/ΔE
[ 9]  ΔL1:'PERS_INS' SQLΔMOD PERSΔREC
[10]  ΔE:⎕AI←x ERROR 1↑(0=+/rcode)↓60 50 ⍝ COMMIT/ROLLBACK
      ∇
```

Abb. 76. Der Exit für eine Update-Transaktion

Zeile 2
Falls keine Daten verändert oder die Eingabe nicht durch ENTER abgeschlossen wurde, muß dieser EXIT nicht durchlaufen werden. Die Steuervariable mc sollte ja, wie bei der internen Transaktionssteuerung behandelt, die Nummern der veränderten Bildschirmfelder enthalten. Ist diese Variable leer, wurden somit keine Felder verändert. Der Interruptcode ic enthält in der ersten Position die Unterbrechungsart (0 = ENTER, 1 = PFK), bei einem Wert ungleich 0 wurde also keine ENTER-Taste betätigt.

Zeile 3
Dem Personalsatz werden die Daten aus dem Bildschirm zugewiesen. Wenn mit Feldnamen gearbeitet wurde, ist der neue Personalsatz durch Aneinanderketten der Datenfelder zu erzeugen. Da wir dem externen Satz PERSΔREC die Elemente des Eingabevektors ZE indiziert zuweisen, können bei dieser Zuweisung auch Aufbereitungen erfolgen. Dies ist dann erforderlich, wenn z.B. ein Datum in drei Feldern zwecks einfacherer Eingabemöglichkeiten dargestellt wird. Hier ist natürlich zu beachten, daß vor Anzeige des Datensatzes auch in der Transaktionsfunktion die entsprechende Aufbereitung durchgeführt wird.

Zeile 5
In dieser Zeile wird die Prüfung des Personalsatzes aufgerufen. Das linke Argument der Prüffunktion PERSΔPRUEF enthält die Feldnummern für die Cursorpositionierung im Fehlerfall. Da die Personalnummer nicht geprüft werden soll - sie konnte ja nicht verändert werden -, ist an der ersten Stelle eine 0 eingetragen. Auf die grundsätzliche Technik dieser Datenprüfungen wurde bereits ausführlich eingegangen.

Zeile 6
In der Transaktionsfunktion kann beim Leseversuch des Personalsatzes erkannt werden, ob es sich um einen neuen Satz handelt (RCODE = 100). Setzt man dann eine semiglobale Variable **neu = 1**, kann hier direkt zur Insertanweisung verzweigt werden.

Zeile 7
Hier erfolgt ein Update-Versuch mit dem veränderten Personalsatz. Falls dieser Update mit "rcode" 100 nicht erfolgreich ist - diese Prüfung wird in Zeile 8 durchgeführt -, versucht man, den Satz einzufügen.

Zeile 8
Ich prüfe hier die letzte Stelle des Returncodes - sie enthält den eigentlichen SQL-Returncode -, ob sie 0 oder kleiner als 0 ist (dann ist eine Datenbankfehler aufgetreten). In beiden Fällen kann sofort zum Exitende verzweigt werden. Als positiver Returncode bleibt 100 (Satz nicht vorhanden) übrig, und wir können versuchen, den Satz in die Datenbank einzufügen.

Zeile 9
Insertversuch mit dem veränderten Personalsatz. Auf diese Weise kann die Update-Transaktion auch für die Erfassung von Sätzen verwendet werden.

Zeile 10
Da die Daten in einer Relationalen Datenbank DB2 oder SQL-DS gespeichert werden, muß hier ein COMMIT oder ROLLBACK entsprechend dem Returncode aus Update bzw. Insertversuch erfolgen. Wie in Kapitel 7 gezeigt, verwende ich hierbei die zentrale Fehlerfunktion xERROR.

Diese Technik, d.h. der Einsatz einer Update-Transaktion auch für die Datenerfassung, hängt natürlich stark vom hauptsächlichen Anwendungsgebiet ab. Will man die Transaktion vornehmlich zur Datenerfassung verwenden, sollte man Update- und Insert-Versuch (Zeile 7/9) vertauschen. Naheliegend wäre auch das Setzen eines Schalters in der Transaktionsfunktion PERS1, an dem man im Exit erkennen kann, ob der Satz einzufügen ist oder ob es sich nur um eine Datenveränderung handelt. Falls Sie einen Schalter verwenden, setzen Sie diesen aber bitte immer "lokal" ,d.h., Sie müssen diesen Schalter in der Kopfzeile der Transaktionsfunktion aufführen.

10.4 Datenauswahl und Veränderung

Eine geringfügige Modifikation der voranstehenden Transaktion stellt dieser Transaktionstyp dar. Außer Anzeigen und Verändern von Daten wird hier auch noch die Eingabe eines Suchbegriffs (KEY) zum Lesen des Datensatzes erlaubt.
Diese Mustertransaktion unterscheidet sich von der vorherigen nur dadurch, daß der geforderte Suchbegriff - Personalnummer - ebenfalls in diesem Schirm eingegeben werden kann. Diese Transaktion ist deshalb von besonderem Interesse, weil sie zunächst einmal wie Typ 2 verwendet werden kann, wenn der Schlüsselbegriff bereits in einer vorherigen Menü-/Auswahltransaktion gesetzt

wurde. Außerdem kann man aber auch eine neue Personalnummer eingeben, falls wir einen anderen Personalsatz am Bildschirm anzeigen wollen. Der Anwendungsexit wird hierfür so erweitert, daß bei Eingabe der Personalnummer keine Datenänderung durchgeführt, sondern zunächst der angeforderte Satz aus der Datenbank gelesen und am Bildschirm angezeigt wird.

```
PERS2 ----------- Personal-Informationssystem ------- Datum: 01.08.87
A N Z E I G E und V E R A E N D E R N Personalsatz    Zeit:  15.30
Info: ###############################################################

   Personal-Nr.: ########

   Name........: ####################
   Vorname ....: ####################

   Plz/Ort.....: #### ####################
   Strasse.....: #########################

   Abteilung...: ####################
   Kostenstelle: ####

Eingabe Personalnummer ===> ########

Bei Betätigung der "Datenfreigabe" werden die Daten gespeichert.

###################################################################
PF: 1=Hilfe   3=ZurÜck                                     12=Ende
```

Abb. 77. Anzeige/Update mit Key-Eingabe

Ich benutze in meinen Anwendungen diesen Transaktionstyp, so oft es geht, da hier nicht immer zu einem vorherigen Auswahlbildschirm zurückgesprungen werden muß, um einen neuen Datensatz anzuzeigen oder zu verändern. Dieser Rücksprung ist nämlich nicht nur sehr benutzerunfreundlich, sondern auch zeitaufwendig, und zwar sowohl bezüglich der Handhabung durch den Nutzer als auch aus Systemsicht.

Die zugehörigen Musterprogramme sind nun aufgelistet. Bei diesem Transaktionstyp muß allerdings bei der Verarbeitung die Eingabe eines neuen Suchbegriffs Vorrang vor dem Update des angezeigten Personalsatzes haben.

10.4.1 Die Transaktionsfunktion

Für diese Transaktionsfunktion erübrigt sich eine detaillierte Beschreibung, weil sie mit dem vorherigen Transaktionstyp identisch ist. In Zeile 10 wird ein neuer Personalsatz aufgebaut, der als Variable ein geschachtelter Vektor sein muß - er besteht ja aus unterschiedlichen Feldern. Da der Schlüsselbegriff nicht eingepackt ist - wir wollten ja nur solche Variablen einpacken, für die das auch erforderlich ist -, packe ich diese Variable zunächst ein und hänge die richtige Anzahl von Blanks an. An dieser Stelle sollte natürlich ein leerer Satz in der wirklich benötigten Struktur aufgebaut werden. Beim Einsatz der Relationalen

Datenbanken DB2 oder SQL-DS in Verbindung mit APL2 Rel.1.3 kann den
Aufbau dieses "Prototyps" der AP127 übernehmen.

```
     ∇ PERS2;cuc;pfk
[ 1] ⍝| Beispieltransaktion fuer Anzeige/Update
[ 2] cez←1         ⍝ Eingabefelder maskieren mit ez
[ 3] pfk←1 3 12    ⍝ Globale PF-Tasten
[ 5] ⍝               1=Hilfe,3=Return,12=Dialogende
[ 6]
[ 7] PERSΔREC←,'PERS_GET' SQLΔGET PERSΔKEY
[ 8]    →(0=+/rcode)/ΔL1    ⍝ Erfolgreiches Lesen
[ 9]    →(0>⁻1↑code)/ΔF1    ⍝ Fehler beim Lesen
[10] PERSΔREC←(⊂PERSΔKEY),19ρc'  ' ⍝ Neuer Personalsatz
[11]
[12] ΔL1:'PERS2' trans PERSΔREC[1 2 3 6 7 8 10 11]
[13]    →0
[14] ΔF1:RETURN  ⍝ Zurueck zur aufrufenden Transakt.
     ∇
```

Abb. 78. Die Anzeige/Update-Transaktion

Ich möchte hier noch ganz kurz auf eine kleine Erweiterung eingehen, die
es erlaubt, diesen Transaktionstyp noch flexibler einzusetzen.

Zeile 6.1
In Zeile 7 wird versucht, den Personalsatz mit der Personalnummer zu lesen.
Das setzt voraus, daß diese Variable bekannt ist. Da dies nicht immer der Fall
ist, könnte man in der vorhergehenden Zeile - also 6.1 - eine Abfrage auf die
Existenz dieser Variablen formulieren und gegebenenfalls den Leseversuch
überspringen. Die folgenden APL-Anweisungen wären dafür einzufügen:

```
[6.1] →(2=⎕NC 'PERSΔKEY')/⎕LC+2
[6.2] →ΔL0,0ρPERSΔKEY←' '
[10 ] ΔL0:PERSΔREC←(⊂PERSΔKEY),19ρc'  ' ⍝ Init Satz
```

10.4.2 Der Anwendungsexit

Die Zeilen 3 bis 10 enthalten die Modifikationen gegenüber dem vorherigen
Transaktionstyp, bei dem kein neuer Personalsatz gelesen werden konnte.

Zeile 3
Ist das Feld, in dem eine neue Personalnummer eingetragen werden kann, verändert, so wird der gerade angezeigte Satz nicht verarbeitet, sondern es wird
versucht, diesen neuen Satz zu lesen.

Zeile 5
Der Schlüsselbegriff (KEY) wird aufgebaut, dabei werden die eingelesenen Daten, wie schon erwähnt, in Großbuchstaben umgeschlüsselt.

Zeile 6

Lesen des Personalsatzes. Hier wird nicht unmittelbar der neue Personalsatz
aufgebaut, sondern zunächst die Zwischenvariable X verwendet. Dadurch bleibt
auch bei Lesefehlern der bereits gelesene Satz verfügbar.

```
      ∇ EXPERS2Δ1;X
[ 1]  ⍝| Update Personaldaten bei ENTER
[ 2]  →((0=ρ⍺c)vic[1]≠0)/0 ⍝ Es wurde nichts veraendert
[ 3]  →(~25∈⍺c)/ΔL1      ⍝ neuer Personalsatz angefordert
[ 4]
[ 5]  PERSΔKEY←UMSCHL ¯1⊂ZE
[ 6]  X←,'PERS_GET' SQLΔGET PERSΔKEY
[ 7]     →(0≠+/rcode)/0          ⍝ Kein Satz gefunden
[ 8]  PERSΔREC←X
[ 9]  10 12 14 16 17 19 21 23 ⍺WRT X[1 2 3 6 7 8 10 11]
[10]     →0
[11]
[12]  ΔL1:PERSΔREC[1 2 3 6 7 8 10 11]←ZE
[13]  ⍝ Pruefen des veraenderten Personalsatzes
[14]  →(~0 12 14 0 0 16 17 0 19 21 23
                         PERSΔPRUEF PERSΔREC)/0
[15]  ⍝ →(neu=1)/ΔL2         ⍝ Das waere eine Alternative
[16]  'PERS_UPD' SQLΔMOD PERSΔREC
[17]     →(0≥¯1↑rcode)/ΔE
[18]  ΔL2:'PERS_INS' SQLΔMOD PERSΔREC
[19]  ΔE:⎕AI←⍺ERROR 1↑(0=+/rcode)↓60 50 ⍝ COMMIT/ROLLBACK
      ∇
```

Abb. 79. Der Exit einer Anzeige/Update-Transaktion

Zeile 8

Der Lesevorgang war erfolgreich, und der neue Personalsatz kann zugewiesen
werden.

Zeile 9

Es gibt verschiedene Möglichkeiten, die neuen Daten am Bildschirm anzuzeigen. Ich verwende hier explizites Schreiben der Personaldaten in die gewünschten Feldnummern.

Eine andere Möglichkeit ist, diese Transaktion durch tcSEL 'PERS2' erneut
aufzurufen, nachdem der Personalschlüssel aufgebaut wurde. Dadurch erspart
man sich das Lesen des Datensatzes im Feldexit und das explizite Schreiben der
Datenfelder. Man vermeidet damit also Redundanz. Für diese Möglichkeit
wären die Programmzeilen 6-9 zu streichen. Es genügt dann, diesen Exit nach
Aufruf von PERS2 mit tcSEL zu verlassen. Alternativ müßte auch nur der
Returncode rc auf 1 gesetzt werden (dadurch wird ebenfalls die Transaktion
verlassen und, da keine neue Transaktion durch tcSEL aufgerufen wurde, unmittelbar dieselbe Transaktion erneut ausgeführt).

Die folgenden Zeilen ab Zeile 12 sind wieder identisch mit der vorherigen
Transaktion. Diese Transaktion unterschied sich ja auch nur dadurch von der

reinen Anzeige-/Update-Transaktion, daß Eingabe und Verarbeitung eines neuen Suchbegriffs ermöglicht wurde.

10.5 Auswahl in einer Liste

Wie bereits erwähnt, erhält man beim Lesen mit einem Suchbegriff eventuell mehrere Sätze, wenn z.B. ein Personalbestand nach der Kostenstelle oder dem Ort durchsucht wird. Es müssen daher alle gefundenen Sätze für die weitere Auswahl angezeigt werden, was wir in der nun folgenden Transaktion behandeln. In dieser Auswahltransaktion (Abb. 80) wird neben den identischen Merkmalen, die man durch den Datenbankzugriff erhalten hat - hier die Kostenstelle -, auch das unterscheidende Merkmal der Mitarbeiter - die Personalnummer - angezeigt. Für die weitere Auswahl zur Einzelsatzverarbeitung muß man gezielt über einen eindeutigen Suchbegriff auf den Personalsatz zugreifen können. Daher ist es zweckmäßig, auch dieses Feld auf dem Bildschirm anzuzeigen. Andererseits kann damit dieser Auswahlbildschirm auch zur Auflistung aller Mitarbeiter dienen, deren Namen mit einer gleichen Buchstabenfolge beginnen, denn dabei können sich ja unterschiedliche Kostenstellen ergeben.

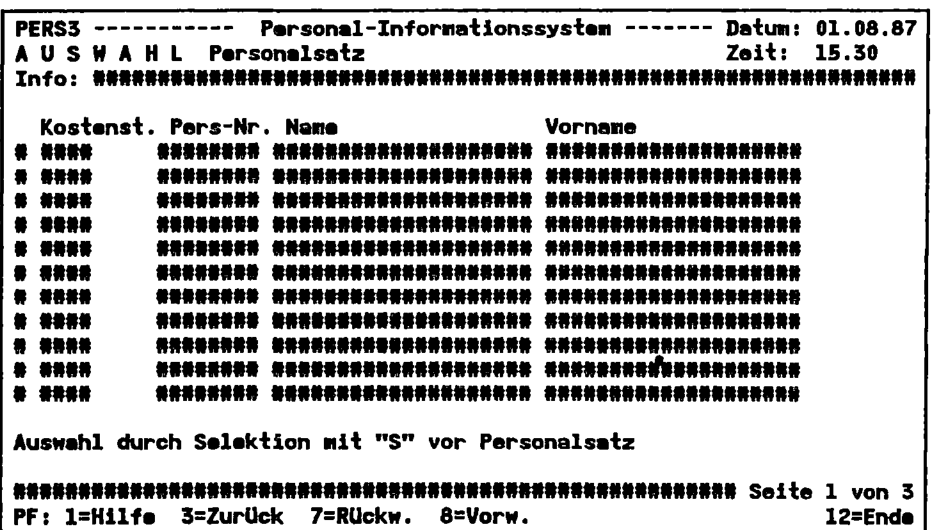

Abb. 80. Auswahlbildschirm aus einer Liste

Diesen Transaktionstyp verwende ich besonders gern, und zwar gegebenenfalls als sog. "blinde" Transaktion. Nachdem in einem Menübildschirm ein Schlüsselbegriff eingegeben wurde, wird diese Transaktion aufgerufen und ihr in der Variablen tcWEITER mitgeteilt, welche Transaktion als nächste aufzurufen ist.

Diese Auswahltransaktion liest also den oder die Datensätze mit dem geforderten Key. Qualifiziert sich durch den eingegebenen Suchbegriff nur ein

Satz, kann sofort die Transaktion tcWEITER aufgerufen werden. Wurden jedoch mehrere Sätze mit dem gleichen Suchbegriff gefunden, wird das obige Auswahlbild angezeigt. Hier kann nun der gewünschte Satz direkt ausgewählt werden. Auch hier wollen wir die erforderlichen Transaktionsprogramme analysieren.

10.5.1 Die Transaktionsfunktion

In dieser Funktion wird eine Personaltabelle über den Suchbegriff, z.B. die Kostenstelle, gelesen und zur weiteren Auswahl angezeigt.

```
     ∇ PERS3;cuc;pfk
[ 1] ⍝| Beispieltransaktion fuer Auswahl/Lesen
[ 2] cez←1              ⍝ Eingabefelder maskieren mit ez
[ 3] pfk←1 3 7 8 12  ⍝ Globale PF-Tasten
[ 4] ⍝        1=Hilfe,3=Return,7/8=Blaettern,12=Dialogende
[ 5]
[ 6] PERSΔTAB←'PERS_KST' SQLΔGET PERSΔKST  ⍝ Key z.B. KST
[ 7]    →(0=+/rcode)/ΔL1              ⍝ Erfolgreiches Lesen
[ 8]    →(0>¯1↑code)↓ΔL3,ΔF1         ⍝ Fehler beim Lesen Satz
[ 9] ΔL1:→(1=1↑ρPERSΔTAB)/ΔL2   ⍝ Nur ein Satz gefunden
[10]
[11] 'PERS3' trans ' ',PERSΔTAB
[12]    →0
[13]
[14] ΔL2: PERSΔKEY←∊,PERSΔTAB [;2]
[15] ΔL3:tcSEL tcWEITER  ⍝ tcWEITER z.B. = PERS2
[16]    →0
[17] ΔF1:RETURN        ⍝ Zurueck zur aufrufenden Transakt.
     ∇
```

Abb. 81. Die Auswahltransaktion

Zeile 6

In dieser Zeile wird die Personaltabelle mit dem in einer vorherigen Transaktion - z.B. einem Menübildschirm - gesetzten Schlüsselbegriff, hier der Kostenstelle der Mitarbeiter, gelesen. Um bei wiederholtem Aufruf dieser Transaktion mit gleichem Suchbegriff nicht immer die Daten erneut lesen zu müssen, - aus dieser Transaktion wird ja eine Anzeigetransaktion aufgerufen, aus der man gegebenenfalls zur Auswahl zurückverzweigt -, kann vor dem Lesen geprüft werden, ob bereits eine Personaltabelle vorhanden ist. Dann kann man sofort zum Label L1 verzweigen. Falls man diese Erweiterung wünscht, muß allerdings die Personaltabelle vor beabsichtigtem Lesen gelöscht werden. Das geschieht am sichersten in einem davorliegenden Menüschirm, in dem ja auch die Suchbegriffe eingegeben werden. Es wäre also eine Zeile 5.1 wie folgt einzufügen:

```
[5.1]  →(2=⎕NC 'PERSΔTAB')/ΔL1
```

Zeile 7/8
Wie bereits in den vorherigen Transaktionen erläutert, erfolgt hier die Fehlerbehandlung des Lesens.

Zeile 9
Da durch das Lesen eventuell nur ein Satz gefunden wurde, muß hier geprüft werden, ob direkt zur Anzeigetransaktion tcWEITER verzweigt werden kann. Diese Abfrage erlaubt es, diesen Transaktionstyp als generelles Leseprogramm zu verwenden. Wird nur ein Satz gefunden, verhält sich diese Transaktion "blind", d.h., sie liest nur den Satz und ruft die Anzeigetransaktion, auf, die der Variablen tcWEITER zugewiesen wurde (siehe Zeile 14/15).

Zeile 11
Hier wird die gefundene Personaltabelle zur weiteren Auswahl mit der Transaktionsfunktion "trans" aufgerufen. Vor die Tabelle muß jedoch ein Leerzeichen gesetzt werden, weil auf dem Bildschirm eine zusätzliche erste Spalte angezeigt wird, dort soll ein "S" zu Auswahl des Satzes eingegeben werden.
Sie sehen hier übrigens den Vorteil einer generellen Transaktionsfunktion, die nicht unbedingt nur mit Feldnamen arbeitet. Sie kann direkt mit einer Tabelle als rechtem Argument aufgerufen werden, und damit erspart man sich die mühsame Festlegung der Feldnamen.

Zeile 14
Wie bereits in Zeile 9 erwähnt, muß für die Folgetransaktion der richtige Personalschlüssel (Personalnummer) zur Verfügung gestellt werden. Da wir in Zeile 6 die Personaltabelle über den Suchbegriff KST gelesen haben, wird für den Sonderfall, daß sich nur ein Satz bei der Suche qualifiziert hat, dieser Schlüssel aufgebaut, denn die Personalnummer steht in der zweiten Spalte der gelesenen Personaltabelle.

Zeile 15
Wir verlassen diese Lesetransaktion und rufen mit tcSEL die eigentliche Anzeigetransaktion für den Personalsatz auf.

10.5.2   Der Anwendungsexit

Entsprechend dem Transaktionstyp 3 kann auch dieser Exit so erweitert werden, daß eine zusätzliche Key-Eingabe in dieser Auswahltransaktion möglich wird. Dies sei als kleine Übung dem Leser überlassen. Bei der Behandlung dieser Alternative in Kapitel 10.4 hatte ich diese zusätzliche Möglichkeit dadurch erreicht, daß der neue Satz im Anwendungsexit gelesen wurde. Dies wäre allerdings, besonders wenn man zusätzlich bestimmte Plausibilitätsprüfungen bei nicht erfolgreichen Leseversuchen wünscht, eine doppelte Programmierung.
Auch hier ist es natürlich viel einfacher, die Transaktion zu verlassen und sofort wieder aufzurufen (man setzt also nur rc auf 1), denn die Anwendungsfunktion liest ja die Datentabelle und zeigt sie am Bildschirm an. Bei diesem Ansatz muß man nur darauf achten, daß Lesefehler in der gerade verlassenen Transaktion (siehe Abb. 80) angezeigt werden.

```
      ∇ EXPERS3∆1
[1]  ∩| Auswahl eines Personalsatzes (Modifikation)
[2]  →((0=ρⅶc)∨0≠ic[1])/0       ∩ nichts ausgewaehlt
[3]  PERS∆KEY←∈↑('S'=∈TAB[;1])/TAB[;3] ∩ Setzen PERS∆KEY
[4]  →(' '∧.=PERS∆KEY)/∆F1   ∩ ungueltige Auswahl
[5]  'PERS3' tcSEL tcWEITER
[6]     →0
[7]  ∆F1:pgⅶsg←'ungueltige Auswahl'
[8]  fc←1
      ∇
```

Abb. 82. Der Exit einer Auswahltransaktion

Zeile 3

Es wird gegen die erste Spalte in der angezeigten Tabelle geprüft. Ist ein *"S"* in dieser Spalte eingetragen, findet man in Spalte 3 der Tabelle die ausgewählte Personalnummer. Diese Tabelle TAB unterscheidet sich von der Tabelle PERS∆TAB dadurch, daß eine erste Auswahlspalte angehängt ist. Der Key sollte immer als einfacher Vektor verstanden werden. Daher hier die Funktion ∈. Eine Variable darf nur dann geschachtelt sein, wenn sie auch aus mehreren unterschiedlichen Elementen besteht, also geschachtelt sein muß.

Zeile 4

Bei einer Auswahl mit *"S"* ist die Prüfung auf gültige Auswahl erforderlich:

Zeile 5

Aufruf der Anzeigetransaktion, die der Variablen tcWEITER zugewiesen wurde. In diesem Fall wird die Transaktion mit Setzen der Rückkehrtransaktion PERS3 (Auswahl Personaldaten) im linken Argument von tcSEL aufgerufen, denn wir wollen ja in jedem Fall aus der Anzeigetransaktion des Personalsatzes wieder zu dieser Auswahlliste zurückkehren.

Die einfachste Technik, diese Transaktion auch zur Eingabe eines Personalschlüssels zu erweitern, besteht in der zusätzlichen Definition eines Maskenfeldes mit dem Feldnamen PERS∆KST. Unter der Voraussetzung, dies sei z.B. Feld 15, muß der Exit in in Abb. 81 nur durch die Anweisung

```
[2.1]  →(rc←15 ∈ ⅶc)/0   ∩ Schluesselfeld veraendert ?
```

erweitert werden. Falls Feld 15 verändert wurde, wird hier der Returncode auf 1 gesetzt; da keine andere Transaktion aufgerufen wurde, ruft die Steuerfunktion wieder PERS3 auf, die Personaltabelle wird mit geändertem Schlüssel gelesen.

10.6 Die Auswahltransaktion in der Praxis

Ich will nun zeigen, wie ich diesen Transaktionstyp in der Anwendungsentwicklung einsetze. Gehen wir dafür nochmals kurz zum Transaktionstyp 2/3 - der Anzeige- und Verarbeitungstransaktion - zurück.

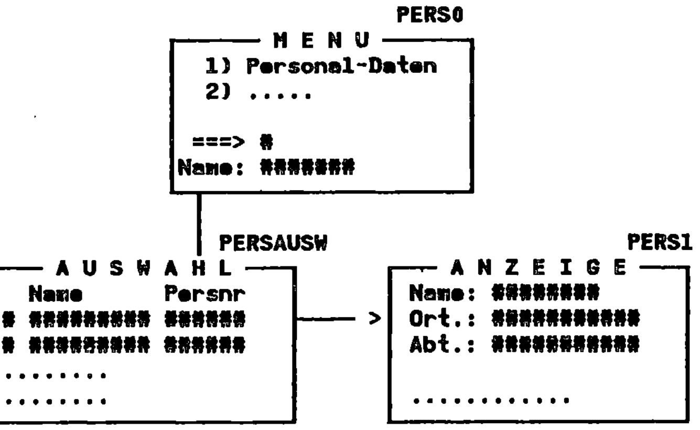

Abb. 83. Aufruf einer Anzeigetransaktion über Auswahltransaktion

Anstatt nun nach Eingabe des gesuchten Namens in der Menütransaktion direkt zur Anzeigetransaktion (PERS1) zu verzweigen, ruft man die Auswahltransaktion PERS_AUSW auf. Dadurch muß in der Menütransaktion nicht der Sonderfall behandelt werden, daß sich mehr als ein Mitarbeiter mit dem gesuchten Namen qualifiziert hat.

```
      ∇ PERS1;cuc;pfk
[ 1]  A| Beispieltransaktion fuer Anzeige/Update
[ 2]  cez←1   A Eingabefelder maskieren mit ez
[ 3]  pfk←1 3 12   A Globale PF-Tasten
[ 5]  A            1=Hilfe,3=Return,12=Dialogende
[ 6]
[ 7]  PERSΔREC←,'PERS_GET' SQLΔGET PERSΔKEY
[ 8]     →(0=+/rcode)/ΔL1    A Erfolgreiches Lesen
[ 9]     →(0>‾1↑code)/ΔF1    A Fehler beim Lesen
[10]  PERSΔREC←(⊂PERSΔKEY),19 ρc'  ' A Neuer Personalsatz
[11]
[12]  ΔL1:'PERS1' trans PERSΔREC[1 2 3 6 7 8 10 11]
[13]     →0
[14]  ΔF1:RETURN A Zurueck zur aufrufenden Transakt.
      ∇
```

Abb. 84. Die Anzeige/Update-Transaktion

In Zeile 7 wird der Personalsatz mit dem Schlüsselbegriff gelesen. Diese Transaktion wird im Zusammenhang mit einem Anwendungssystem zunächst aus einem Menü aufgerufen. Anstatt also in der Menütransaktion zunächst die Personaldaten mit dem Schlüsselbegriff zu lesen und in Abhängigkeit von der Anzahl der gelesenen Sätze entweder zur Auswahl oder Anzeige des Personalsatzes zu verzweigen, rufe ich diese Lesetransaktion auf, nachdem die Folgetransaktion der Variablen tcWEITER zugewiesen wurde.

```
      ∇ EXPERS0Δ1
[ 1] ⍝| Pruefen und Aufruf der Transaktion
[ 2] →((0=ρⴰc)∨0≠ic[1])/0    ⍝ keine Daten veraendert
[ 3] ⍝ ZE =alle Eingabedaten (eventuell erst lesen)
[ 4] →('123'=∊ZE[1])/ΔL1,ΔL2,ΔL3
[ 5] fc←1
[ 6] →0 pgⴰsg←'Ungueltige Funktionsauswahl'
[ 7]
[ 8] ΔL1: tcWEITER← 'PERS1' ⍝ Modifikation Auswahl PERS1
[ 9] tcSEL 'PERS_AUSW'
[10]    →0
[11] ΔL2: tcSEL 'PERS2'      ⍝ Aufruf Transaktion PERS2
[12]    →0
[13] ΔL3: tcSEL 'PERS3'      ⍝ Aufruf Transaktion PERS3
      ∇
```

Abb. 85. Eine alternative Menü-Transaktion: Der Personalsatz wird nicht direkt, sondern über die Auswahltransaktion angezeigt.

Zeile 8
Setzen der Variablen tcWEITER für die Auswahltransaktion auf PERS1

Zeile 9
Aufruf der Auswahltransaktion PERS_AUSW zum Lesen des Personalsatzes.

Zeile 11 ff
Hier werden die übrigen Transaktionen entsprechend der eingegebenen Auswahlziffer aufgerufen.

Im Verhalten dieser Transaktionssequenz können nun folgende Fälle unterschieden werden:

- Der mit dem eingegebenen Schlüsselbegriff gelesene Satz ist eindeutig. Hierdurch wird die Auswahltransaktion PERS_AUSW veranlaßt, ohne Anzeige der Bildschirmmaske PERS_AUSW direkt die Transaktion PERS1 - also die Anzeige des Personalsatzes - aufzurufen. Die Transaktion PERS_AUSW verhält sich "blind". Sie wird nur zum Lesen des eindeutigen Personalsatzes verwendet.

- Der mit dem eingegebenen Schlüsselbegriff gelesene Satz ist nicht eindeutig. *Es werden also mehrere Personalsätze - eine Personaltabelle - gefunden.*

Hierdurch wird die Auswahltransaktion veranlaßt, die gefundenen Daten zur weiteren Auswahl anzuzeigen. Die Zieltransaktion PERS1 - Anzeige der Personaldaten - wird erst im Anwendungsexit der Auswahltransaktion aufgerufen. Die Transaktion PERS_AUSW verhält sich als echte Transaktion, d.h. nicht "blind".

Für diesen zweiten Fall kann meistens das erneute Lesen des Personalsatzes in der Verarbeitungstransaktion PERS1 entfallen. Das gilt natürlich nur, wenn in der Auswahltransaktion bereits der komplette Datensatz für die Transaktion tcWEITER zur Verfügung gestellt wird. Falls wir nicht bereits für die Anzeige in der Tabelle die vollständigen Personalsätze lesen - aus Speicherplatzgründen werden wir wohl darauf verzichten und nur die für die Anzeige benötigten Felder lesen -, könnte der vollständige Personalsatz auch bereits in der Auswahltransaktion nachgelesen werden. Dies würde natürlich im zugehörigen Exit nach Auswahl des gewünschten Personalsatzes geschehen.

In der Verarbeitungstransaktion PERS1 ist dann vor dem Lesen zu prüfen, ob bereits ein Personalsatz - z.B. über die Auswahltransaktion zur Verfügung gestellt - vorhanden ist. Die so modifizierten Transaktionen PERS_AUSW und PERS1 finden sich in den beiden folgenden Programmen. Die Transaktion PERS_AUSW entspricht im übrigen der bereits bekannten Transaktion PERS3. Für die Verwendung als generelle Lesetransaktion wurde hier jedoch ein Name gewählt, der keinen Bezug mehr zu einer Auswahlziffer in einer Menütransaktion hat.

```
    ∇ PERS_AUSW;cuc;pfk
[ 1] ⍝| Eine generelle Lesetransaktion mit Auswahl
[ 2] cez←1               ⍝ Eingabefelder maskieren mit ez
[ 3] pfk←1 3 7 8 12   ⍝ Globale PF-Tasten
[ 4] ⍝        1=Hilfe,3=Return,7/8=Blaettern,12=Dialogende
[ 5]
[ 6] →(2=⎕NC 'PERSΔTAB')/⍙L1   ⍝ Tabelle vorhanden
[ 7]
[ 8] PERSΔTAB←PERS_LES PERSΔKEY ⍝ Key z.B. KST
[ 9]   →(0=+/rcode)/⍙L1          ⍝ Erfolgreiches Lesen
[10]   →(0>¯1↑code)↓⍙L3,⍙F1     ⍝ Fehler beim Lesen Satz
[11]
[12] ⍙L1:→(1=1↑⍴PERSΔTAB)/⍙L2   ⍝ Nur ein Satz gefunden
[13] 'PERS_AUSW' trans ' ',PERSΔTAB
[14]   →0
[15] ⍙L2: PERSΔKEY←ε,PERSΔTAB [;2]
[16]   ⎕AI←⎕EX 'PERSΔTAB'    ⍝ Loeschen, da nur 1 Satz
[17] ⍙L3:tcSEL tcWEITER       ⍝ tcWEITER z.B. = PERS2
[18]   →0
[19] ⍙F1:RETURN      ⍝ Zurueck zur aufrufenden Transakt.
    ∇
```

Abb. 86. Die generelle Lesetransaktion

Auch der zugehörige Exit ist im wesentlichen unverändert geblieben. Um anzudeuten, daß man in der Auswahltransaktion auch den kompletten Personalsatz zur Verfügung stellen kann, ist allerdings Zeile 3 leicht verändert.

```
      ∇ EXPERS_AUSWΔ1
[1] ⍝| Auswahl eines Personalsatzes
[2] →((0=ρⱥc)∨0≠ic[1])/0                    ⍝ nichts ausgewaehlt
[3] PERSΔREC←,∊('S'=∊TAB[;1])≠PERSΔTAB ⍝ Personalsatz
[4] →(' '∧.=∊PERSΔREC)/ΔF1                  ⍝ ungueltige Auswahl
[5] 'PERS_AUSW' tcSEL tcWEITER
[6]    →0
[7] ΔF1:pgmmsg←'ungueltige Auswahl'
[8] fc←1
      ∇
```

Abb. 87. Der Exit für eine Auswahltransaktion

Zeile 3
Die Personaldaten wurden in die Tabelle PERSΔTAB eingelesen. Der Aufbau des Personalsatzes für die Folgetransaktion erfolgt hier nicht über die Auswahl einer Zeile in der Variablen TAB - dies ist die programminterne Tabellenvariable -, sondern durch Selektion in der Personaltabelle PERSΔTAB.

Die zugehörige Transaktionsfunktion entspricht der Transaktion PERS3. In diesem Fall wird der Transaktionsname aber aber keiner Auswahlziffer zugeordnet, denn PERS_AUSW wird ja überall zum Lesen der Personalsätze verwendet.

Die schließlich aufzurufende Verarbeitungstransaktion PERS1, sie steht in der Variablen tcWEITER, ist gegenüber der alten PERS1 dahingehend verändert worden, daß vor einem Leseversuch geprüft wird, ob sich der Personalsatz bereits im Arbeitsbereich befindet. Hierbei kommt der Vorteil des WS-Konzeptes voll zum Tragen, denn bei einem Transaktionswechsel kann das wiederholte Lesen eines externen Datenbestandes entfallen. Damit läßt sich auch für kommerzielle, transaktionsorientierte Anwendungen ein gutes Antwortzeitverhalten gewährleisten.

Das hier vorgestellte Konzept ist dann besonders leistungsfähig, wenn man für das Lesen eines Personalsatzes nicht den direkten Zugriff mit Angabe des Pfades innerhalb der Transaktionen wählt, sondern ein spezielles Leseprogramm dazwischenschaltet (Abb. 89). Sie haben gesehen, daß ich für Anzeige und Auswahl der Personaldaten in der Auswahltransaktion die Personalsätze über den Suchbegriff ORT gelesen habe. Wir werden weitere Suchbegriffe für die Personalsätze vorsehen müssen, z.B. Kostenstelle, Postleitzahl etc. Falls wir nun den Personalschlüssel nicht mehr ausschließlich als die Personalnummer verstehen, sondern diesen Schlüssel als geschachtelte Variable mit den Bestandteilen PERSNR, KST, ORT aufbauen, kann das Leseprogramm entsprechend den ausgefüllten Key-Bestandteilen den zugeordneten SQL-Zugriff durchführen.

```
      ∇ PERS1;cuc;pfk
[ 1]  A| Beispieltransaktion fuer Anzeige/Update
[ 2]  cez←1         A Eingabefelder maskieren mit ez
[ 3]  pfk←1 3 12    A Globale PF-Tasten
[ 5]  A             1=Hilfe,3=Return,12=Dialogende
[ 6]
[ 7]  →(2=□NC 'PERSΔREC')/ΔL1 A Satz in Auswahl gelesen
[ 8]  PERSΔREC←,'PERS_GET' SQLΔGET PERSΔKEY
[ 9]    →(0=+/rcode)/ΔL1     A Erfolgreiches Lesen
[10]    →(0>‾1↑code)/ΔF1     A Fehler beim Lesen
[11]  PERSΔREC←20↑⊂PERSΔKEY A Neuer Personalsatz
[12]
[13]  ΔL1:'PERS1' trans PERSΔREC[1 2 3 6 7 8 10 11]
[14]    →0
[15]  ΔF1:RETURN  A Zurueck zur aufrufenden Transakt.
      ∇
```

Abb. 88. Eine alternative Anzeige/Update-Transaktion

Zeile 7

Ist der Personalsatz bereits vorhanden, wird zur Anzeige in Zeile 13 verzweigt.

Zeile 8 ff

Entsprechend der Transaktion aus Abb. 78 wird der Personalsatz über den Personalschlüssel gelesen.

```
      ∇ Z ← PERS_LES KEY
[ 1]  A| Lesen Personaldaten mit Schlⱥssel
[ 2]  A   KEY[1] = Personalnummer
[ 3]  A   KEY[2] = Kostenstelle
[ 4]  A   KEY[3] = ORT
[ 5]  →(' '≠↑1⊃KEY)/ΔL1
[ 6]  →(' '≠↑2⊃KEY)/ΔL2
[ 7]  →(' '≠↑3⊃KEY)/ΔL3
[ 8]    Z←' '
[ 9]  →0 pgmmsg←'Ungueltiger Schluessel '
[10]
[11]  ΔL1:Z←'PERS_GET' SQLΔGET 1⊃KEY
[12]    →0
[13]  ΔL2:Z←'PERS_KST' SQLΔGET 2⊃KEY
[14]    →0
[15]  ΔL3:Z←'PERS_ORT' SQLΔGET 3⊃KEY
      ∇
```

Abb. 89. Lesen von Personaldaten: Entsprechend dem ausgefüllten Schlüssel wird mit verschiedenen Zugriffspfaden gelesen.

Dieses Leseprogramm kann sicher ohne weitere Erklärungen verstanden und in das Auswahlprogramm PERS_AUSW integriert werden. Auch hierfür müßte die dreistufige Transaktionsfolge nirgends geändert werden.

Zusammenfassung: Aus den bisher behandelten Transaktionstypen kann nun jedes noch so komplizierte Anwendungssystem zusammengestellt werden. Erweiterungen dieser Transaktionstypen ergeben sich nur, wenn man auch Graphiken in die Anzeigetransaktionen integrieren will.

Für eine effektive Anwendungsentwicklung stelle man sich daher zunächst einmal einen "Werkzeugkasten" zusammen, in den diese Transaktionstypen als Mustertransaktionen aufgenommen werden. Für die konkrete Anwendung kopiert man eine dieser Mustertransaktionen und erweitert sie um die individuellen Anwendungserfordernisse.

Gerade an dem letzten Beispiel sind die vielfältigen Modifikationsmöglichkeiten dieser Transaktionen zu sehen. Zur Beschleunigung des Entwicklungsprozesses gehe ich sogar noch einen Schritt weiter und lasse alle Rahmentransaktionen von einem Anwendungsgenerator direkt generieren. Das Modell eines Anwendungsgenerators für PC-APL2, das diese Vorgehensweise unterstützt, ist im Anhang beschrieben: ADS - Application Development System oder auch Anwendungs-Entwicklungssystem für APL.

Beim Aufbau eines reinen Informationssystems, in dem ja keine Daten verändert werden, ergeben sich an den hier vorgestellten Mustertransaktionen keinerlei Erweiterungen. Die für solche Anwendungen notwendigen Sprachkenntnisse in APL sind daher auch sehr gering und sollten von jedem Programmierer in kurzer Zeit zu erlernen sein.

10.7 Die DB2-Zugriffspfade

Der Vollständigkeit halber seien hier noch die verwendeten DB2-Zugriffspfade aufgelistet. Diese Zugriffsfunktionen wurden ja bereits in Verbindung mit den SQL-Funktionen SQLΔGET und SQLΔMOD ausführlich behandelt, so daß die einfache Auflistung hier genügen mag.

```
     ∇ Z←PREPΔPERS_GET
[1] ⍝| Personaldaten lesen aus Tabelle dsnPERS
[2] Z←   ' SELECT PERSNR,NAME,VORNAME,GEBDAT,FAMST, '
[3] Z←Z,' PLZ,ORT,STRASSE,LAND,ABTLG,KST '
[4] Z←Z,' FROM ',dsnPERS
[5] Z←Z,' WHERE PERSNR =:1'
     ∇

a. Lesen eines Personalsatzes
```

```
     ∇ Z←PREPΔPERS_UPD
[1] A| Personaldaten veraendern in Tabelle dsnPERS
[2] Z←  ' UPDATE ',dsnPERS
[3] Z←Z,' SET NAME=:2,VORNAME=:3,GEBDAT=:4,FAMST=:5, '
[4] Z←Z,'     PLZ=:6,ORT=:7,STRASSE=:8,LAND=:9, '
[5] Z←Z,'     ABTLG=:10,KST=:11 '
[6] Z←Z,' WHERE PERSNR=:1 '
     ∇
```

b. Verändern eines Personalsatzes

```
     ∇ Z←PREPΔPERS_INS
[1] A| Personaldaten einfuegen in Tabelle dsnPERS
[2] Z←  ' INSERT INTO ',dsnPERS
[3] Z←Z,' (PERSNR,NAME,VORNAME,GEBDAT,FAMST, '
[4] Z←Z,' PLZ,ORT,STRASSE,LAND,ABTLG,KST) '
[5] Z←Z,' VALUES (:1,:2,:3,:4,:5,:6,:7,:8,:9,:10,:11)'
     ∇
```

c. Einfügen eines Personalsatzes

```
     ∇ Z←PREPΔPERS_DEL
[1] A| Personaldaten loeschen in Tabelle dsnPERS
[2] Z←'    DELETE FROM ',dsnPERS
[3] Z←Z,' WHERE PERSNR=:1 '
     ∇
```

d. Löschen eines Personalsatzes

```
     ∇ Z←PREPΔPERS_KST
[1] A| Personaldaten lesen aus Tabelle dsnPERS nach KST
[2] Z←  ' SELECT KST, PERSNR, NAME, VORNAME '
[3] Z←Z,' FROM ',dsnPERS
[4] Z←Z,' WHERE KST =:1'
     ∇
```

e. Lesen eines Personalsatzes mit Suchbegriff KST

```
     ∇ Z←PREPΔPERS_ORT
[1] A| Personaldaten lesen aus Tabelle dsnPERS nach ORT
[2] Z←  ' SELECT PERSNR,NAME,VORNAME,GEBDAT,FAMST, '
[3] Z←Z,' PLZ,ORT,STRASSE,LAND,ABTLG,KST '
[4] Z←Z,' FROM ',dsnPERS
[5] Z←Z,' WHERE ORT =:1'
     ∇
```

f. Lesen eines Personalsatzes mit Suchbegriff ORT

11. Dictionary für APL-Anwendungen

Wie bereits mehrfach erwähnt, müssen sich zur Ausführungszeit alle benötigten APL-Funktionen/Programme im Arbeitsbereich (WS) befinden. Bei großen Anwendungen bedeutet dies jedoch, daß ein relativ umfangreicher Speicherplatz von nicht benötigten Anwendungsprogrammen belegt ist. Das erzeugt eine überflüssige Systembelastung, weil während einer Arbeitssitzung nur ein ganz begrenzter Teil eines Anwendungssystems durchlaufen wird. Hier bietet sich die Auslagerung aller Programme und Variablen in eine externe Datei (Objektbibliothek) an, wobei die zum Ablauf erforderlichen Objekte dynamisch nachgeladen werden können. Um dies nicht in den eigenen Anwendungsprogrammen durchführen zu müssen, sind die zentralen Transaktionsfunktionen so zu erweitern, daß sie bei Bedarf diese Aufgabe selbständig übernehmen können.

```
   ∇   ∆IN X
[1] A| Funktion laden aus APE File 1
[2] →(0≠□NC X)/0              A Funktion im Workspace
[3] 1 OGET X
[4]    →(0=orc2)/0
[5] →(1∈(2 2ρ'EXPF')∧.=X[1 2])/0 A Exit/PFK kein Fehler
[6] pgmmsg←'Objekt "',X,'" nicht vorhanden'
   ∇
```

Abb. 90. Laden von Funktionen bei Bedarf aus APE-Datei

Das hier vorgestellte Anwendungskonzept geht von einer zentralen Transaktionsfunktion TRANS aus. Diese Rahmenfunktion ruft die individuellen Anwendungsfunktionen (EXITs und PF-Funktionen) auf, falls vorhanden. Bevor dies geschieht, kann daher an zentraler Stelle geprüft werden, ob sich diese Funktion im Arbeitsbereich befindet oder aus einer Objektbibliothek nachgeladen werden muß. Die Transaktionsfunktionen TRANS, uSEREXIT und eING werden daher so modifiziert, daß vor Ausführung einer Funktion immer versucht wird, sie aus der Objektbibliothek zu laden. Abb. 90 zeigt diese "Lade-Funktion".

Zeile 2
Vor dem Leseversuch wird geprüft, ob sich die Funktion im Arbeitsbereich befindet.

Zeile 3
Hier wird die gewünschte Funktion aus der Funktionsdatei geladen. Als Objektbibliothek wird eine APE-Datei und die zugehörige Lesefunktion OGET verwendet. Aus Performancegründen wurde diese Datei in der Hauptfunktion unter der Dateinummer 1 geöffnet.

Zeile 5
Da Feldexits und PF-Funktionen nicht unbedingt vorhanden sein müssen - eine PF-Funktion wird z.B. immer dann zu aktivieren versucht, wenn die entsprechende Taste betätigt wird - muß bei diesen Objekten keine Fehlermeldung gesetzt werden.

Man kann natürlich auch eine eigene Objektbibliothek aufbauen, bei der z.B. die Funktionen mit ⎕TF, gespeichert werden, also in Transferform. Wenn eine Relationale Datenbank zur Verfügung steht, sollte die Objektbibliothek eine Relationale Tabelle sein. Außer den eigentlichen Objekten können dabei nämlich ergänzende Informationen über Funktionen und Variablen ablegt werden, die bis zu klassischen Dictionary-Funktionen erweiterbar sind. Darüber hinaus kann man diese Objektbibliothek auch über die Standardwerkzeuge der IDV auswerten und so z.B. Programmlisten nach Aufgabengebiet, Änderungsstand etc. mit QMF (Query Management Facility), dem Standardwerkzeug für SQL-Abfragen und Berichtsaufbereitung, erzeugen.
Daher wird nun das Konzept einer zentralen Objektbibliothek für die Anwendungsentwicklung mit APL vorgestellt. Diese Bibliothek soll allerdings nicht nur zur Ablage für die Funktionen und Variablen einer Anwendung dienen, sondern sich auch als zentraler Datenkatalog für die Anwendungsentwicklung eignen. Dazu ist es sicherlich notwendig, nicht nur das Objekt selbst, also ein Programm oder eine Bildschirmdefinition, sondern auch weitergehende Angaben in der Tabelle abzulegen. Betrachten wir zunächst die folgende Übersicht von Objekten, die in das Dictionary aufgenommen werden sollen:

- Transaktionen und ihre Programmteile

- allgemeine Hilfsfunktionen

- SQL-Zugriffsprogramme

- Bildschirmdefinitionen

- Prüfbedingungen für externe Daten

- globale Variablen

- Operatoren

- Hilfetexte für Transaktionen

- Hilfetexte für einzelne Datenelemente (feldbezogene Hilfen)

Diese Übersicht ist sicher nicht vollständig, aus ihr soll aber auch nur eine globale Zusammenstellung der erforderlichen beschreibenden Elemente für ein

Objekt in diesem Dictionary abgeleitet werden. Die folgende Satzübersicht zeigt, wie eine DB2-basierte Objektbibliothek aussehen könnte.

OBJEKT   Name des Objektes
CHAR(20)

TYP   Typ des Objektes, z.B. Funktion, Variable, Bildschirmmaske
CHAR(1)

STATUS   Status, z.B. Entwicklung, Test, Produktion
CHAR(1)

DATUMSTAT   Datum, an dem der Status verändert wurde
DATE

UIDNEU   Userid, die das Objekt angelegt hat
CHAR(8)

DATUMNEU   Datum, an dem das Objekt erzeugt wurde
DATE

UIDMOD   Userid, die das Objekt verändert hat
CHAR(8)

DATUMMOD   Datum, an dem das Objekt verändert wurde
DATE

AUFGABE   Zuordnung zu einem Aufgabengebiet innerhalb der Anwendung
CHAR(20)

KURZBEZ   Kurzbeschreibung des Objektes
CHAR(50)

BESCHREIB   Langbeschreibung des Objektes
VARCHAR(600)

WERT   Objekt in 2 ⎕TF -Form
VARCHAR(5000)

Das Objekt
Im Feld OBJEKT ist der eindeutige Name des im Feld WERT gespeicherten APL-Objektes abgelegt. Da für dieses Feld ein Unique-Index vorgesehen ist, kann ein Objekt auch nur einmal gespeichert werden. Das Objekt selbst wird in einer Transferform abgelegt, da durch diese Darstellung keinerlei Einschränkungen für den zu speichernden Objekttyp bestehen.

Die Aufgabe
Um eine einfachere Verwaltung dieses Dictionary zu ermöglichen, ist neben einer Kurzbeschreibung das Feld AUFGABE zur einfacheren Zuordnung der Aufgabenkomplexe aufgenommen worden. Über dieses Feld können z.B. alle zum Komplex Mitarbeiter eines Personal-Informationssystems gehörenden Transaktionen einer Anwendung dem Aufgabengebiet MITARBEITER zugeordnet werden. Da das hier vorgestellte Transaktionskonzept mit seinen externen Steuerungsfunktionen keine Hierarchie in den Anwendungen erkennen läßt,

erhält man durch die Zuordnung über das Aufgabengebiet eine klare Strukturierung. Durch eine Spezifizierung dieser Aufgabenzuordnung lassen sich auch sehr leicht allgemeine Hilfsfunktionen, z.B. STATISTIK, TEXT, GRAPHIK etc., klassifizieren.

Der Objekt-Typ

Das Feld Typ ermöglicht eine weitere Klassifizierung. So kann z.B. durch die Angaben Typ = P auf ein Panel (Bildschirmmaske), Typ = T auf eine Transaktionsfunktion, Typ = C auf eine Datenprüfung (Check) etc. hingewiesen werden. Dadurch ist insbesondere für die Erzeugung einer Dokumentation über QMF eine klare Übersicht gegeben.

Der Objekt-Status

Über das Feld STATUS kann ein einfaches Projektmanagement aufgebaut werden. So läßt sich durch Zuordnung von VIEWS und den zugehörigen GRANTS eine klare Trennung zwischen Organisation, Programmierung, Test und Produktion aufbauen. Falls z.B. die Programmierung an für den Test freigegebenen Objekten keine Änderung mehr vornehmen darf, muß für die Programmierung nur die VIEW mit STATUS = T für Update gesperrt sein. Fehler werden in diesem Fall dadurch behoben, daß ein projektverantwortlicher Organisator berechtigt wird, den Status zu ändern, um so das Objekt wieder für die Programmierung verfügbar zu machen. Eine solche Organisation schränkt zwar die Flexibilität der Programmierung ein, ist aber gerade bei größeren Projekten zur zentralen Projektkontrolle und Qualitätsüberwachung sehr zu empfehlen.

Die Programmierer-Kennzeichnung

Die Felder UIDNEU und UIDMOD mit den Datumsangaben ermöglichen schließlich eine Übersicht über die Programmierer und damit im Fehlerfall eine schnelle Identifizierung des zuständigen Programmierers.

Dictionary-Informationen sind allerdings nur hilfreich, wenn sie alle aktuell gehalten werden. Daher müssen beim Abspeichern eines Objektes die einzelnen Felder automatisch gepflegt werden. Dies wird durch die noch zu besprechende Funktion xSAVEFNS gewährleistet. Allerdings müssen auch einfache Abfragemöglichkeiten für die Programmierung bereitgestellt werden. Die folgenden Bildschirme sollen eine Anregung zur Realisierung entsprechender Administrationsfunktionen geben.

Der Musterbildschirm einer Objektverwaltung (Abb. 91) läßt erkennen, daß auch eine ausführliche textliche Beschreibung des gespeicherten Objektes möglich ist. Da über die PF10-Taste der Aufruf eines Editors vorgesehen ist, sind durch dieses Konzept einer Objektverwaltung immer die aktuellen Informationen im Dictionary verfügbar. Die User- und Datumsangaben sind hier für eine Eingabe gesperrt, da sie über entsprechende Systemabfragen vorgesteuert werden können.

```
 DSG2 -------------- O B J E K T V E R W A L T U N G -----------------
         Editieren Objekt in Dictionary: ##############################
 xxxxxxxxxxxxxxxxxxxxxxxxxxxxxxxxxxxxxxxxxxxxxxxxxxxxxxxxxxxxxxxxxxxxxxxx

 Objektname: ###################  Typ: # (F/V/P/C/H/T)
 Kurzbeschr: ###################################################
 Status....: # (Org,Test,Produktion)  Datum.....: ## ## ##
 Autor Neu.: ####### Datum: ## ## ##
 Autor Mod.: ####### Datum: ## ## ##


 Aufgabengebiet: #####################
 Beschreibung..: ######################################################
 #############################################################################
 #############################################################################
 #############################################################################
 #############################################################################
 #############################################################################
 #############################################################################
 #############################################################################
 #############################################################################

 #############################################################################
 PF: 1=Help  2=Save  3=Return  10=Edit                    .          12=End
```

Abb. 91. Eingabe und Verwaltung der Objektbeschreibung

11.1 Speichern von Objekten

Zur Speicherung eines Objektes im zentralen Dictionary könnte eine Funktion
xSAVEFNS verwendet werden. Diese Funktion verlangt im linken Argument
einen in der Struktur korrekt aufgebauten Dictionarysatz; alle aus dem Objekt
ableitbaren Informationen sowie die User- und Zeitangaben werden automatisch gesetzt. Die Pflege der Userinformationen (USERID und Datumsangaben) erfolgt durch die entsprechenden Zugriffspfade unter Ausnutzung bestimmter SQL-Begriffe wie USER und CURRENT DATE.

Die Funktion xSAVEFNS

Zeile 5-13
Entsprechend dem vorgegebenen Objekttyp wird das Feld TYP gepflegt. Der
Objekttyp kann natürlich nur aus einer Namenskonvention für die Variablen
abgeleitet werden. So lautet die Vereinbarung in diesem Beispiel:

P_   Definitionsvariable für eine Bildschirmmaske

C_   Definitionsvariable für eine Datenprüfung

H_   Hilfetext für eine Transaktion oder ein Datenfeld

M_   Text einer Programmnachricht

Aus den ersten beiden Positionen eines Namens kann daher sehr einfach der Objekttyp abgeleitet werden.

```
      ∇ Z←BEZ xSAVEFNS X;DATUM;TYP
 [ 1] A| Speichern OBJEKT X in OBJEKTBIBLIOTHEK
 [ 2] A BEZ = Objektbeschreibung Elemente entspr.
                            DB2 Beschreibung
 [ 3]
 [ 4] A .... Pflege der Objekt-Attribute
 [ 5] TYP←c' VF '[⎕NC X]
 [ 6] →(~'P_'∧.=2↑X)/⎕LC+2   A Panel
 [ 7]    →⍙L⎕,0ρTYP←c'P'
 [ 8] →(~'C_'∧.=2↑X)/⎕LC+2   A Check Data
 [ 9]    →⍙L⎕,0ρTYP←c'C'
 [10] →(~'H_'∧.=2↑X)/⎕LC+2   A Helptext
 [11]    →⍙L⎕,0ρTYP←c'H'
 [12] →(~'M_'∧.=2↑X)/⎕LC+2   A Message
 [13]    →⍙L⎕,0ρTYP←c'M'
 [14] BEZ[12]←c2 ⎕TF X
 [15]
 [16] 'OBJ_UPD' SQL⍙MOD BEZ   A Updateversuch
 [17]    →(0≥‾1↑rcode)/⍙ENDE
 [18]
 [19] 'OBJ_INS' SQL⍙MOD BEZ   A neues Objekt
 [20] ⍙ENDE:⎕AI←xERROR 1↑(Z←0=+/rcode)↓60 50
 [21] ‾c←~Z
      ∇
```

Abb. 92. Speichern eines Objektes in einer Objektbibliothek

Zeile 14
Das Objekt selbst wird in eine Transfer-Form umgewandelt, damit es als LONGVARCHAR-Feld in der Relationalen Tabelle abgelegt werden kann.

Zeile 16
Im Normalfall dürfte es sich um die Veränderung eines Objektes handeln. Daher wird zunächst versucht, mit dem Zugriffspfad OBJ_UPD das vorhandene Objekt zu speichern. Ist dieser Updateversuch erfolgreich, kann zum Ende verzweigt werden.

Zeile 19
Bei neuen Objekten wird nun in die Datenbank eingefügt und anschließend zum Programmende verzweigt.

Die Pflege der Userinformationen, d.h. die Userid des Programmieres und die Datumsangabe an dem ein Objekt gespeichert bzw. verändert wurde, muß in diesem Programm nicht explizit erfolgen. Wie man an den entsprechenden SQL-Zugriffspfaden sieht (Abb.96/97), werden diese Informationen durch die Verwendung der reservierten SQL-Begriffe USERID (die Userid unter der sich der Programmierer am System angemeldet hat) und CURRENT DATE (das Tagesdatum) im Zugriffsprogramm berücksichtigt.

11.2 Suchen von Objekten

Zur Abfrage der im Dictionary gespeicherten Informationen soll der Bildschirm in Abb. 93 eine Anregung geben. Man kann über alle verfügbaren Suchbegriffe den Datenkatalog abfragen. Da als Datenbasis eine Relationale Tabelle vorgesehen ist, können die Suchbegriffe auch mit SQL-Maskierung eingegeben werden. Hierdurch wird die Flexibilität einer Katalogauswertung erheblich erweitert. Von besonderer Bedeutung ist dabei die Abfrage über einen String im Objekt.
Das Objekt wurde in einer Transferform abgespeichert. Diese Speicherungsform erlaubt es, daß in jedem Objekt nach einer beliebigen Zeichenfolge gesucht wird, und zwar auch in den Bildschirmdefinitionen.

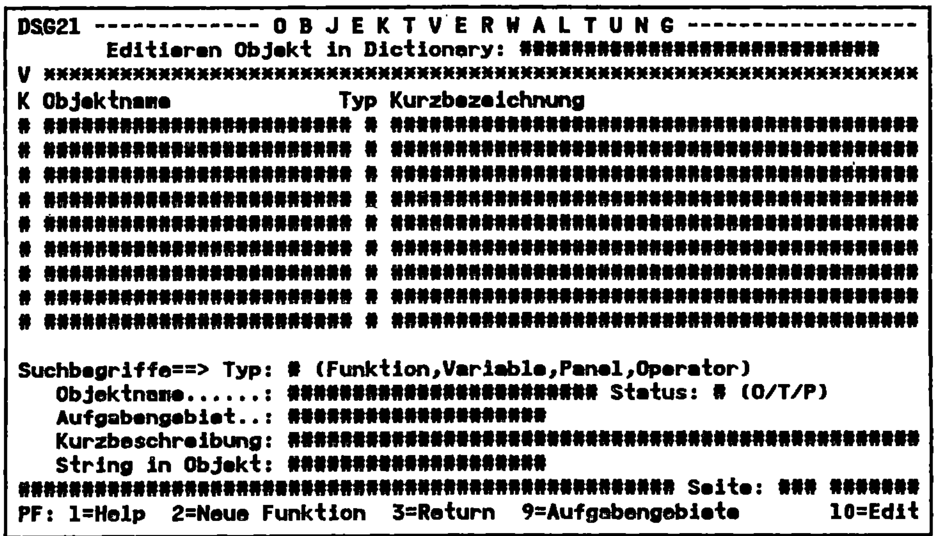

Abb. 93. Abfrage des Dictionary: In der Spalte VK wird die Verarbeitungskennung, E = Editieren, D = Löschen, eingetragen.

Durch entsprechende Programmierung ist es möglich, alle Vorkommen eines Namens im Datenkatalog abzufragen. Als Beispiel für die Zweckmäßigkeit dieses Vorgehens sei nur die Auswirkung der Änderung eines Feldnamens auf einen Anwendungsverbund genannt. Durch Eingabe des Feldnamens im Eingabefeld **String im Objekt** werden alle Objekte nach diesem Namen durchsucht und in der Liste angezeigt.
Als Programmierbeispiel für eine solche Suchfunktion gilt das Programm WOINFNS, das im Anwendungsexit dieser Auswahltransaktion verwendet

wird. Dieses Programm liest das gesamte Dictionary sequentiell durch und liefert als Ergebnis eine Matrix aus Objektname, Typ und Kurzbezeichnung.

Die Funktion WOINFNS

In diesem Programm kann nicht mit dem im Abschnitt Relationale Datenbanken behandelten Zugriffsprogramm SQLΔGET gearbeitet werden, weil es den gesamte Bestand in eine Matrix einliest, was sicherlich zu Workspace Full führen würde. Die SQL Vergleichsoperation LIKE läßt sich ebenfalls nicht anwenden, da wir hier ein LONGVARCHAR-Feld abfragen müssen. Die Sätze müssen daher sequentiell gelesen werden.

```
     ∇ ERG←WOINFNS Y;Z;I;J;TAB;PFAD
[ 1] ⍝|Finden Vorkommen Zeichenkette Y in Dictionary
[ 2] ERG←0 3⍴⊂'  '  ⍝ Ergebnis ist Objekt,Typ,KBEZ
[ 3] Z←PREPΔOBJ_LES
[ 4] ⎕AI←DAT_ 'PURGE' PFAD←'OBJ_LES'
[ 5] →(0≠+/rcode←↑DAT_ 'PREP' 'OBJ_LES' Z)/ΔF1
[ 6]
[ 7] rcode←↑DAT_ 'OPEN' PFAD       ⍝ Open Cursor
[ 8] →(0=+/rcode)/ΔL1
[ 9]
[10] ΔFETCH:Z←,DAT_ 'FETCH' PFAD 1  ⍝ Lesen Satz
[11]    →(0≠¯1↑rcode←1⊃Z)/ΔEND
[12] ΔFIND:→(~1∈Y∊,4⊃Z)/ΔFETCH      ⍝ Pruefen gegen Y
[13]    ERG←ERG,[1]3↑,2⊃Z           ⍝ Zeichenkette im Satz
[14]    →(0=¯1↑rcode)/ΔFETCH
[15] ΔEND:→(0≠1↑⍴ERG)/ΔF2
[16]    ERG←ERG[⎕AVΔ⊃ERG[;1];]      ⍝ Ergebnis sortieren
[17] →ΔCLOSE
[18]
[19] ΔF1:→0 pgmmsg←'Fehler bei SELECT: ',⍕rcode
[20] ΔF2:pgmmsg←'Keine Daten gefunden :',⍕¯1↑rcode
[21] ΔCLOSE:→0 DAT_ 'CLOSE' 'OBJ_LES'
     ∇
```

Abb. 94. Vorkommen einer Zeichenkette in Objekten der Objektbibliothek finden.

Zeile 2
Die Ergebnisvariable wird als dreispaltige geschachtelte Matrix initialisiert.

Zeile 4
Der Zugriffspfad OBJ_LES wird gelöscht, damit keine Statusabfrage durchgeführt werden muß.

Zeile 5-8
Der Pfad wird mit Prepare vorbereitet, und anschließend kann der CURSOR geöffnet werden.

Zeile 10
Es wird immer nur jeweils 1 Satz gelesen. Daher der FETCH-Parameter 1.

Zeile 12
Durch FETCH wurden die Felder OBJEKT, TYP, KURZBEZ und WERT
aus dem Datenkatalog gelesen. Mit der Find-Funktion wird geprüft, ob sich die
Zeichenkette Y im letzten Feld des eingelesenen Satzes befindet. Ist dies nicht
der Fall, wird der nächste Satz eingelesen.

Zeile 13
Die gesuchte Zeichenkette befindet sich in dem eingelesenen Objekt, und die
ersten drei Felder des Satzes werden an die Ergebnismatrix angehängt.

Zeile 14
Diese Schleife wird solange durchlaufen, bis alle Sätze aus dem Datenkatalog
verarbeitet sind.

Zeile 16
Das Abfrageergebnis soll natürlich in sortierter Reihenfolge ausgegeben werden.
Daher wird hier mit der Sort-Funktion nach der ersten Spalte sortiert.

Zeile 17
Der Cursor wird geschlossen.

Es folgen nun die für dieses Dictionary-Konzept benötigten SQL-Zugriffs-
pfade. Man beachte bei den Updatepfaden die Verwendung der SQL-Worte
USER und CURRENT DATE. Da diese Variablen immer mit den aktuellen
Daten - i.e. USERID und Systemdatum - gefüllt sind, erfolgt eine automatische
Pflege dieser Bibliotheksinformationen.

```
    ∇   Z←PREPΔOBJ_GET
[1] A|Lesen eines Objektes aus dem Dictionary
[2] Z←' SELECT OBJEKT,TYP,STATUS,DATUMSTAT,UIDNEU,'
[3] Z←Z,' DATUMNEU,UIDMOD,DATUMMOD,AUFGABE,KURZBEZ,'
[4] Z←Z,' BESCHREIB,WERT FROM ',dsnOBJ
[5] Z←Z,' WHERE OBJEKT=:1 '
    ∇
```

Abb. 95. Lesen eines Satzes aus der Objektbibliothek

```
    ∇   Z←PREPΔOBJ_UPD
[1] ЯIupdate eines Objektes im Dictionary
[2] Z←' UPDATE ',dsnOBJ
[3] Z←Z,' SET TYP=:2,STATUS=:3,DATUMSTAT=:4,'
[4] Z←Z,' UIDMOD=:USER,DATUMMOD=:CURRENT DATE,'
[6] Z←Z,' AUFGABE=:9,KURZBEZ=:10,BESCHREIB=:11,WERT=:12'
[7] Z←Z,' WHERE OBJEKT=:1'
    ∇
```

Abb. 96. Verändern eines Objektes in der Objektbibliothek: Man beachte die Begriffe UIDMOD = USER und DATUMMMOD = CURRENT DATE.

```
    ∇   Z←PREPΔOBJ_INS
[1] ЯIInsert eines Objektes in das Dictionary
[2] Z←' INSERT INTO ',dsnOBJ
[3] Z←Z,' (OBJEKT,TYP,STATUS,DATUMSTAT,UIDNEU,'
[4] Z←Z,' DATUMNEU,AUFGABE,KURZBEZ,BESCHREIB,'
[6] Z←Z,' WERT)'
[7] Z←Z,' VALUES (:1,:2,:3,:4,USER,CURRENT DATE,:9,'
[8] Z←Z,'          :10,:11,:12)'
    ∇
```

Abb. 97. Neues Objekt in die Objektbibliothek einfügen.: Man beachte die Begriffe USER und CURRENT DATE.

```
    ∇   Z←PREPΔOBJ_LES
[1] ЯIObjekte aus Dictionary fuer Objektsuche lesen
[2] Z←' SELECT  OBJEKT,  TYP,  KURZBEZ,  WERT '
[3] Z←Z,' FROM ',dsnOBJ
    ∇
```

Abb. 98. Lesen eines Satzes aus der Objektbibliothek für WOINFNS

Dieses Modell eines Datenkatalogs für die APL-Anwendungsentwicklung kann natürlich beliebig erweitert werden - es sollte ja auch nur eine grobe Vorstellung von den Möglichkeiten gegeben werden, die sich bei der Realisierung einer eigenen Objektbibliothek auf DB2- oder SQL/DS-Basis eröffnen.

Nun sind noch die für das behandelte Transaktionskonzept benötigten Steuerfunktionen den hier besprochenen Möglichkeiten anzupassen.

11.3 Anpassung der Transaktionssteuerung

Zum Einlesen der Objekte aus einem DB2-Dictionary muß natürlich die Lesefunktion ΔIN dem Relationalen Datenkatalog angepaßt werden. Hierfür ist
nur der Austausch der APE-Funktion OGET durch die SQL-Lesefunktion mit
anschließendem Aufruf von ⎕TF erforderlich.

```
   ∇ ΔIN X;Z
[1] ⍝| Funktion aus DB2-Objektbibliothek laden
[2] →(0≠⎕NC X)/0              ⍝ Funktion im Workspace
[3] Z←'OBJ_GET' SQLΔGET X
[4]    →(0≠+/rcode)/ΔF1
[5]    →0,0⍴2 ⎕TF ¯1⊃Z
[6] ⍝ bei Exit und PF-Funktion kein Fehler
[7] ΔF1:→(1∊(2 2⍴'EXPF')∧.=X[1 2])/0
[8] pgmmsg←'Objekt "',X,'" nicht vorhanden'
   ∇
```

Abb. 99. Laden von Objekten aus einem DB2-Dictionary

Zeile 3
Mit dem Pfad OBJ_GET wird das Objekt gelesen und der Returncode abge-
prüft.

Zeile 5
Befindet sich das Objekt in der DB2-Tabelle, kann hier das letzte Element des
eingelesenen Satzes mit 2 ⎕TF in das Objekt, also Funktion oder Variable,
umgewandelt werden.

```
   ∇ MODELL2;tc
[ 1] ⍝| Modell fuer die Anwendungssteuerung
[ 2] ⍝   fuer ein Personalinformationssystem
[ 3] ⍝   tc = Transaktionssteuervariable
[ 4] tc← 2 10⍴ ' '          ⍝ Initialisieren tc
[ 5] ΔL0:tcSEL 'PERSO'      ⍝ Aufruf der ersten Transaktion
[ 6]
[ 7] ΔL1: ΔIN tc[1;]        ⍝ Einlesen der Transaktion
[ 8]    →(0=⎕NC tc[1;])/ΔL0 ⍝ ungueltige Transaktion
[ 9]    ΔEX tc[1;]          ⍝ Ausfuehren Transaktion tc
[10] →(~' '∧.=tc[1;])/ΔL1   ⍝ Weitere Transaktionen
[11]
[12] DIALOGENDE             ⍝ Ende der Projektsteuerung
   ∇
```

Abb. 100.   Die Transaktion-Steuerfunktion: Erweiterung für zentrales
Dictionary

Betrachten wir nun die zentrale Steuerungsfunktion, in der die Transaktionen vor ihrem Aufruf aus dem Dictionary geladen werden.

Zeile 7
Die Transaktionsfunktion wird hier aus dem Dictionary geladen.

Zeile 8
Wurde eine ungültige Transaktion aufgerufen - die Funktion existiert nicht im WS -, wird zum Label L0 verzweigt und die erste Transaktion (i.allg. der Hauptauswahlrahmen) aufgerufen.

Auch die Transaktionsfunktion ist diesem Konzept anzupassen, indem die Exits vor ihrer Ausführung über ∆IN geladen werden.

```
     ∇ ⍙NAME trans ZE;f;t;l;fc;cp;rc;ic;EF
[ 1]  ⍝| Allgemeine Transaktion fuer Formate
[ 2]  ⍝ f   = Format-Matrix
[ 3]  ⍝ t   = Format-Text
[ 4]  ⍝ l   = Feld-Namen
[ 5]  ⍝ ic  = Interrupt-Code
[ 6]  ⍝ cp  = Cursor-Position
[ 7]  ⍝ fc  = Fehler-Code
[ 8]  ⍝ rc  = Return-Code
[ 9]  ⍝ ZE  = nested Vektor der Eingabedaten
[10]   xPREFORM ⍙NAME        ⍝ Formatieren Bildschirm
[11]  ∆IN 'EX',⍙NAME,'∆A'    ⍝ Exits laden aus Dictionary
[12]  ∆IN 'EX',⍙NAME,'∆1'
[13]  EF←(F[;5]⍳0 1)/⍳1↑⍴f   ⍝ Feldnummern der E-Felder
[14]
[15]  ⍙L0: EF xWRT ZE        ⍝ Schreiben variabler Daten
[16]  ∆EX 'EX',⍙NAME,'∆A'    ⍝ Ausfuehren A-Exit
[17]  ⍙L1: eING              ⍝ Interrupt-Handling
[18]    →(rc=1)/0
[19]  uSEREXIT               ⍝ Ausfuehren Feld-Exit
[20]    →((fc≠0),rc≠0)/⍙L1,⍙L0
     ∇
```

Abb. 101. Transaktionsfunktion: Diese Funktion ist für eine Objektbibliothek angepaßt.

Damit nicht bei jedem Durchlauf der Verarbeitungsschleife (Zeilen 14 ff) ein Leseversuch der Exits erfolgen muß, werden die Exits unmittelbar nach dem Formatieren des Bildschirms aus dem Dictionary geladen. Entsprechend könnte man auch mit den individuellen PF-Funktionen verfahren.

Zeile 11/12
Hier werden die Standardexits über die Funktion ∆IN geladen - falls sie nicht bereits im Arbeistbereich sind.

Zeile 16
Der Exit wird über die Funktion ΔEX aufgerufen.

Abschließend muß noch die Eingabeoperation (Abb. 102) zur Behandlung
der PF-Funktionen diesem Konzept angepaßt werden.

```
      ∇ eING;PFK
[ 1] ⍝| Eingabeoperation fuer Transaktionen
[ 2] ⍝   mc = modifizierte Feldnummern
[ 3] ⍝   ic = Interrupt-Code
[ 4] ⍝   EF = Nummern der Eingabefelder
[ 5]
[ 6] ΔL0: xINP           ⍝ Anzeige Bildschirm und Interrupt
[ 7]   →(0=ρmc)/ΔL1
[ 8]   ZE←xLES EF         ⍝ Lesen der Eingabefelder
[ 9] ΔL1:→(fc≠0)/ΔL0 ⍝ Fehler beim Lesen (num Felder)
[10]   →(ic[1]≠1)/0      ⍝ Keine PF-Taste
[11]
[12] ⍝ ... lokale PF-Funktion ....
[13] ΔIN PFK←'PF',mNAME,'Δ',⍕ic[2]
[14]   →(3=⎕NC PFK)/ΔL2
[15]
[16] ⍝ ... globale PF-Funktion ....
[17] →(~ic[2]∊pfk,¯1↑pfk_QUER)/ΔF1
[18] ΔIN PFK←'PF',pfcode,'Δ',⍕ic[2]
[19]   →(3≠⎕NC PFK)/ΔF1   ⍝ Ausfuehren PF-Funktion
[20] ΔL2: ΔEX PFK
[21]   →(fc=0)↓ΔL0,0
[22]
[23] ΔF1:→ΔL0 pgmmsg←'Funktionstaste nicht aktiv'
      ∇
```

Abb. 102. Die modifizierte Eingabefunktion: angepaßt für externe Objektbibliothek.

Zeile 13/18
In diesen Zeilen wird versucht, die PF-Funktionen über die Funktion ΔIN aus
der externen Bibliothek zu laden. Für die lokalen PF-Funktionen könnte dies
Laden allerdings bereits in der Transaktionsfunktion vorgenommen werden, die
SQL-Zugriffe würden so bei der Ausführung globaler PF-Funktionen erheblich
reduziert (z.B. PF3 = Return oder PF1 = Hilfe).

Zeile 20
Die PF-Funktion wird über ΔEX aufgerufen.

Auch an diesem Beispiel sieht man die Bedeutung eines einheitlichen zentralen Transaktionskonzeptes, ohne das die Funktionen immer unter Benut-
zersteuerung eingelesen werden müßten, und die Einführung eines zentralen
Datenkatalogs wäre mit erheblichem Umstellungsaufwand verbunden. Dieses

Dictionary-Konzept sollte auch in die zentrale Anwendungssteuerung aufgenommen werden, damit auf individuelle Funktionen im APL-Arbeitsbereich vollständig verzichtet werden kann.

12. Die produktionsreife Anwendung

Wir wissen jetzt, was man bei der Entwicklung einer Anwendung zu beachten hat, und haben auch ein Vorgehensmodell behandelt, wie man eine gegebene Anwendung schnell und sicher realisieren kann. Dieses Kapitel wird sich nun mit einigen Randbedingungen befassen, die man bei der Einführung einer Anwendung beachten sollte.

12.1 Die Anwendungsversion

Bei einer APL-Anwendung befindet sich die komplette Anwendung in einem Arbeitsbereich, also sowohl die geschriebenen Programme als auch die Anwendungsdaten, seien es nun normale Datensätze oder z.B. Bildschirmdefinitionen und Kontrollvariablen. Wird dieser Arbeitsbereich dem Anwender zur Nutzung übergeben, sollte man immer eine Kopie der Entwicklungsversion erhalten.

Bibliotheken für Entwicklung und Produktion

Da im allgemeinen die Möglichkeit besteht, Arbeitsbereiche unter verschiedenen Bibliotheksnummern zusammenzufassen, sollte die Produktionsversion einer anderen Bibliotheksnummer zugeordnet werden als die Arbeitsversion. Beim Speichern eines Arbeitsbereiches wird immer das Datum des letzten)SAVE-Commands festgehalten. Daher kann man sich jederzeit vergewissern, daß an der Produktionsversion keine Änderungen vorgenommen wurden.

Kommentare in der Produktionsversion

In der Entwicklungsversion wird selbstverständlich intensiver Gebrauch von Kommentaren in den einzelnen Programmen gemacht. In meinen Programmen machen sie etwa 30% des gesamten Codes aus, die man allerdings in einer Produktionsversion nicht benötigt. Man sollte daher diese überflüssigen Kommentare für die Produktionsversion aus Speicherplatzgründen entfernen.

Die folgende Funktion dient zum Entfernen aller Kommentare in einem Anwendungs-Arbeitsbereich.

```
    ∇   DECOMMENT;M;I;J;F
[1] A| Kommentare aus Funktionen entfernen
[2] M←□NL 3
[3] M←(~M[;⍳9]∧.='DECOMMENT')/M
[4] I←1↑⍴M
[5] J←1
[6] ΔL1:F←□CR M[J;]
[7]    □AI←□FX(F[;1]≠'A')/F
[8] →(I≥J←J+1)/ΔL1
[9] 'WS DECOMMENTED'
    ∇
```

Abb. 103. Entfernen der Kommentare aus allen Funktionen

Zeile 0

Aus der Funktion DECOMMENT sollen keine Kommentare entfernt werden. In der Funktionsmatrix M wird daher die Funktion DECOMMENT entfernt. Einfacher ist es, die Funktion selbst in der Kopfzeile lokal zu setzen, also ebenfalls in der Liste der lokalen Variablen aufzuführen, denn dann ist sie innerhalb der Funktion DECOMMENT nicht bekannt, und man kann auf diese Zeile verzichten.

Zeile 7

Es werden nur vollständige Kommentarzeilen entfernt. Falls in einem Programm der Kommentar hinter der APL-Anweisung angeführt wird, kann er mit diesem Programm nicht entfernt werden und man muß es entprechend erweitern.

Aufruf der Produktionsversion

Beim Laden sollte die Anwendung unmittelbar aufgerufen werden. Wir haben bereits für die Dokumentation der Entwicklungsversion die Funktion VERSION sowie die APL-Systemvariable □LX kennengelernt. Für die Produktionsversion weisen wir dieser Variablen die Steuerfunktion der Anwendung zu.

```
    □LX ← 'PERSONAL'
```

Eine alternative Möglichkeit besteht im Aufruf von APL mit dem Parameter:

APL2 INPUT (')LOAD WORKSPACE' 'PERSONAL')

Dieser Aufruf von APL2 lädt den angegebenen Workspace und ruft anschließend die Funktion PERSONAL auf.

Damit ist das Verfahren allerdings noch nicht gegen Unterbrechungen durch den Anwender oder durch Programmfehler abgesichert. Bei Betätigung der "PA1"-Taste oder einer anderen Unterbrechungstaste, die das Trägersystem für APL erlaubt, wird eine Programmunterbrechung erzeugt, und der Anwender kann APL-Befehle eingeben - eventuell auch Funktionen verändern. (Bei

APL2, Rel 1.3 kann mit APL2-Execution-Environment und "Paketierung" der
Einstieg in die APL-Programmierumgebung unterbunden werden.)   Da der
Nutzer i.a. über keine APL-Kenntnisse verfügt, muß diese Unterbrechungsmöglichkeit ausgeschaltet werden. Dasselbe gilt für noch nicht entdeckte Programmfehler - es ist fast unmöglich, eine völlig fehlerfreie Anwendung einzuführen -, da auch diese zu einer Unterbrechung führen, die dem Anwender die
Programmiermöglichkeit von APL zur Verfügung stellt.
Für eine Absicherung der Anwendung gegen diese Unterbrechungen muß
zwischen zwei verschiedenen Situationen unterschieden werden:

12.1.1   Unterbrechung während der Anzeige eines Bildschirms

Dieses Problem taucht besonders bei einer nicht APL-eigenen Bildschirmrou-
tine, z.B. GDDM, auf. Wird für den Bildschirmaufbau GDDM verwendet, so
wird die Kontrolle während der Anzeige des Bildschirms von APL an GDDM
weitergegeben. Eine Betätigung der PA1-Taste kann daher in diesem Zeitraum
nicht durch APL-Mittel kontrolliert werden. Es ist vielmehr bei GDDM dafür
zu sorgen, daß Unterbrechungen durch eine derartige Taste nicht zugelassen
werden.
Das kann dadurch geschehen, daß der Bildschirm durch den GDDM-Befehl
DSOPEN mit einer anderen Charakteristik als der standardmäßig vorgegebenen
geöffnet wird. Das folgende Programm baut diese nicht unterbrechbare Verbindung zu GDDM auf.

```
      ∇   xSTART;fn
[ 1]  A| Initialisieren GDDM (AP126)
[ 2]  sysmsg←pgmmsg←' '
[ 3]  ⎕AI←⎕EX 'pfk_QUER'   A Loeschen zus.  PF-Tasten
[ 4]  ⎕AI←⎕SVR 2 4ρ'CTLsDATs'   A Sharing mit AP126
[ 5]  →(2≠1↑fc←126 ⎕SVO 2 4ρ'CTLsDATs')/ΔF1
[ 6]  '→⎕LC+1' ⎕EA '→(pa1∈0)/ΔL0'
[ 7]  →(pa1←1)/ΔL1
[ 8]
[ 9]  ΔL0:CTLs←902 0 1              A Schliesse Device
[10]     ⎕AI←CTLs
[11]     DATs←8↑'X'
[12]     CTLs←901 0 1 2,(2000 1),0 0
[13]     →(0=+/fc←CTLs)/ΔF1
[14]  ΔL1:→0 sysmsg←'PA1-Taste ',((~pa1)/'nicht'),' aktiv'
[15]
[16]  ΔF1:'FEHLER BEIM INIT VON GDDM CODE: ',⍕fc
[17]  DIALOGENDE
      ∇
```

Abb. 104. GDDM Initialisieren: Ausschalten der PA1-Taste für Produktionsversion. Bei CMS ist entsprechend der GDDM-Literatur zu verfahren.

In dieser Funktion wird zunächst die Verbindung zum Bildschirm gelöst und anschließend mit den entsprechenden Parametern des DSOPEN wieder aufgebaut. Da man diesen Verbindungsaufbau nicht für die Produktionsversion modifizieren will, führe ich hier die Kontrollvariable PA1 ein. Wenn also PA1 auf 0 gesetzt ist, wird die Verbindung zwischen GDDM und dem Bildschirm so hergestellt, daß eine Unterbrechung durch die PA1-Taste nicht möglich ist.

Zeile 6-7
Mit der Variablen PA1 kann angegeben werden, ob die Unterbrechung einer laufenden Funktion durch die PA1-Taste erlaubt sein soll.

Zeile 9
GDDM-Aufruf, um den Bildschirm zu schließen - d.h., die Verbindung zu GDDM wird aufgehoben.

Zeile 11
Wir wollen die "primary" Device (Bildschirm) öffnen. Falls wir die Systemadresse des Bildschirms nicht angeben wollen - wir kennen sie nicht -, genügt * als Adresse.

Zeile 12
Die Parameterangabe (2000 1) bedeutet für TSO, daß die PA1-Taste nicht aktiv ist. Für VM ist ein anderer Code zu verwenden (siehe hierzu den GDDM-Guide).

12.1.2   Unterbrechung während der Funktionsausführung

Unterbrechungen während der Ausführung der APL-Programme durch Programmfehler oder Unterbrechungstasten kann man mit APL-Mitteln durch die schon mehrmals verwendete Systemfunktion ⎕EA kontrollieren. Es bietet sich also an, beide Unterbrechungsmöglichkeiten in einer zentralen Aufruffunktion zu behandeln.

Sichere Ausführung einzelner Funktionen

Durch die Kontrollvariable PA1 kann die Unterbrechungsmöglichkeit während der Bildschirmanzeige ausgeschaltet werden. Dadurch ist allerdings noch nicht sichergestellt, daß die Anwendung durch Programmfehler - dies können echte Programmfehler sein oder Fehler, die sich aufgrund einer ganz bestimmten Datenkonstellation ergeben (Logikfehler) - unterbrochen wird. Wie bereits gesehen, kann der Aufruf durch ⎕EA, eine einzelne APL-Anweisung oder eine komplette Funktion gegen diese Abbrüche absichern. Nun müssen Fehler natürlich während der Programmentwicklung lokalisierbar sein, wie könnte man sonst Korrekturen vornehmen. Daher verbietet sich der standardmäßige Aufruf von Anwendungsfunktionen - ich meine hier natürlich die bei der Transaktionssteuerung behandelten Exits - über ⎕EA.

Es soll daher eine alternative Aufruftechnik gehandelt werden, bei der durch Setzen einer Kontrollvariablen eine nicht unterbrechbare Programmausführung erreicht werden kann. Mit der folgenden Funktion ΔEX kann jedes Programm gegen fehlerhafte Ausführung abgesichert werden. Bei Aufruf wird in Abhängigkeit von der Kontrollvariablen "cea" entweder das Programm normal ausgeführt oder die Ausführung gegen Unterbrechungen abgesichert. Im Fehlerfall wird dann eine entsprechende Meldung ausgegeben. "ΔEX" ist damit die gesuchte Alternative zu den APL-Systemfunktionen ⎕EA.

```
      ∇    ΔEX X
[ 1]  A|Execute X
[ 2]  A Falls cea = 1 dann mit ⎕EA Execute
[ 3]  fc←0
[ 4]  A→(3≠⎕NC X)/0              A Funktion nicht vorhanden
[ 5]  →(cea=0)/ΔL1
[ 6]  '→ΔF1' ⎕EA X               A Execute  ⎕EA
[ 7]  →0
[ 8]
[ 9]  ΔL1:⍎X                     A Execute normal
[10]  →0
[11]
[12]  ΔF1:pgmmsg←'Fehler bei Ausfuehrung Funktion :',X
[13]  sysmsg← (dLTBC ⎕EM[1;]),' / ',⎕EM[2;]
[14]  fc←1
      ∇
```

Abb. 105. Sichere Ausführung von Funktionen

Zeile 4
Falls die Funktion nicht im Arbeitsbereich vorhanden ist, kann hier bereits die Execute-Funktion beendet werden.

Zeile 5
Falls die Variable "cea" auf "0" gesetzt ist, folgt ein normaler Executeversuch dieser Funktion in Zeile 9.

Zeile 6
Hier wird die Funktion X unter ⎕EA Kontrolle ausgeführt. Wenn beim Ausführen ein Fehler entsteht, wird zu Label F1 verzweigt.

Zeile 9
Es ist keine "sichere" Ausführung des Programms gewünscht. Programmfehler führen zum Abbruch der Funktion und werden durch Wechsel in den Programmiermodus angezeigt.

Zeile 13
Die Systemvariable ⎕EM wird verwendet, um den aufgetretenen Fehler in der SYSMSG-Zeile anzuzeigen. In dieser Variablen findet man die fehlerhafte Programmzeile und den zugehörigen Fehlertext wie DOMAIN ERROR, VALUE ERROR etc. Mit der Funktion dLTBC, in einer IDIOM-Liste zu finden (Delete leading/trailing Blanks), werden Leerstellen aus der Fehlernachricht entfernt. Es besteht natürlich auch die Möglichkeit, den Fehlertext mit der Funktion xWINDOW in einem Fenster einzublenden.

Die Funktion BEGIN

Über den Aufruf einer Anwendung mit dieser Funktion kann man das Verfahren "absturzsicher" machen. Zusätzlich baut diese Funktion eine andere Funktion für DIALOGENDE auf, die die Anwendung verläßt und in das aufrufende Trägersystem zurückführt.

Eine Dialoganwendung kann allein dadurch nichtunterbrechbar gemacht werden, daß man einige Steuervariablen auf den entsprechenden Wert setzt. Da man bei der Produktionsfreigabe sicher sein muß, daß diese Variablen auch richtig gesetzt sind, bietet sich die Einführung einer Standard-Aufruffunktion an, in der alle Vorbereitungen getroffen werden, damit beim Einsatz der Anwendung keine vom Benutzer nicht korrigierbaren Probleme auftreten. Die folgende BEGIN-Funktion sollte daher immer für den Aufruf der Produktionsversion einer Anwendung verwendet werden.

```
    ∇   BEGIN;dialogende;pa1;cea
[ 1] A| Absturzsicherer Aufruf einer Anwendung
[ 2] pa1←0              A Ausschalten PA1-Taste
[ 3] cea←1              A Sicheres Execute
[ 4] ⎕AI←⎕FX dialogende A Ruecksprung ISPF Einstieg
[ 5] dsnFMT←'PRODLIB'   A Produktionsbibliothek
[ 6]
[ 7] A Individuelle Veraenderungen der BEGIN-Funktion
[ 9] ∆L1:'→∆F1' ⎕EA 'PERS' A Setzen Master-Funktion
[10]    DIALOGENDE
[11] →0
[12]
[13] ∆F1:→∆L1,⎕psysmsg←'Fehler in Anwendung : Tel. xxx'
    ∇
```

Abb. 106. Absturzsicherer Aufruf einer Anwendung: Es werden alle Kontrollvariablen gesetzt, damit der Anwender nie in die APL-Umgebung gelangt (Programmiermode).

Zeile 0
In der Kopfzeile werden die Kontrollvariablen für eine sichere Programmausführung lokal gesetzt, die Dialogende-Funktion ebenso, weil nur bei einem Aufruf über diese BEGIN-Funktion in das Trägersystem zurückverzweigt werden soll.

Zeile 2
Hier wird die Kontrollvariable zum Ausschalten der PA1-Taste auf 0 gesetzt (Unterbrechungen während der Anzeige einer Bildschirmmaske).

Zeile 3
Durch Setzen von "cea" führen Programmfehler zu keiner Unterbrechung der Anwendung - der Fehler wird nur in der SYSMSG-Zeile der Bildschirmmaske angezeigt.

Zeile 4
Hier wird eine spezielle Dialogende-Funktion aufgebaut, die dafür sorgt, daß
APL bei Dialogende sofort verlassen wird.

Zeile 5
Wird bei der Anwendungsentwicklung mit Objektbibliotheken gearbeitet,
empfiehlt es sich, zwischen einer Entwicklungsbibliothek und einer Produktionsbibliothek zu unterscheiden. Bei Einsatz eines Relationalen Dictionary
kann dies z.B. eine andere View mit STATUS = 'P' bedeuten.
Hier wird also der Name der Produktionsbibliothek eingetragen.

Zeile 9
Die Anwendung wird mit ⎕EA aufgerufen. Im Fehlerfall wird zum Label F1
verzweigt.

Zeile 13
Die Variable "sysmsg" wird mit einem Fehlerhinweis versehen, und man ruft
die Anwendung erneut auf. Allerdings muß dann zumindest die Hauptfunktion
fehlerfrei arbeiten, sonst hat man hier eine endlose Schleife programmiert, aus
der man auch durch Betätigung einer Unterbrechungstaste - sie wurde ja in
Zeile 2 ausgeschaltet - nicht mehr aussteigen kann.

12.2   Geblocktes Lesen von OS-Dateien

Ich möchte nun einen Sonderfall zum Lesen von sequentiellen Dateien behandeln. Sequentielle Dateien - ich beschränke mich hier auf das APL-Trägersystem TSO -, also OS-Files, werden üblicherweise als geblockte Sätze gespeichert, wobei die Blocklänge ein Vielfaches der Satzlänge ausmacht. Will man
eine derartige OS-Datei lesen, muß zunächst über den TSO-Command ALLOC
die Allocation dieser Datei erfolgen. Anschließend können die Sätze mit dem
Partnerprogramm AP111 gelesen werden. Das Programm in Abb. 104 zeigt,
wie eine solche Datei insgesamt in den Arbeitsbereich eingelesen werden kann.

Zeile 5-8
In diesen Zeilen wird die ausgewählte OS-Datei über den AP100 für TSO-Be-
fehle allociert. Dazu ist zunächst das Sharing mit dem Partnerprogramm AP100
über die gemeinsame Variable TSO erforderlich.

Zeile 6
Da die Datei über den DD-Namen ABC angesprochen werden soll, wird vor
der Allocation der FREE-Befehl abgesetzt.

Zeile 10-13
Der AP111 zum Lesen von OS-Dateien verlangt eine Initialisierung der gemeinsamen Variablen mit dem entsprechenden Dateinamen. Anschließend
wird die Datei durch SHARING mit dem AP111 geöffnet.

```
      ∇ Z←OS_LES DSN;fc;DATEN;STEUR
[ 1]  A| Lesen aller Saetze einer OS-Datei
[ 2]  A DSN = OS-Dateiname
[ 3]  Z←'  '                   A Init Ergebnisvariable
[ 4]  ⎕AI←⎕SVR 2 5ρ'DATENSTEUR'
[ 5]  →(2≠fc←100 ⎕SVO 'TSO')/ΔF1
[ 6]  TSO←'FREE F(ABC)'        A Allocation mit AP100
[ 7]  TSO←'ALLOC F(ABC) DA(',DSN,') SHR'
[ 8]    →(0≠1↑fc←TSO)/ΔF2
[ 9]
[10]  DATEN←'ABC (EBCD'        A Init AP111 zum Lesen
[11]  STEUR←'ABC (CTL'.
[12]  →(~2∧.=fc←111 ⎕SVO 2 5ρ'DATENSTEUR')/ΔF3
[13]  →(0≠fc←1↑DATEN)/ΔF3
[14]
[15]  ΔL1: Z←Z,⊂DATEN          A Daten verketten
[16]    →(0=STEUR)/ΔL1
[17]  →ΔE Z←∈1↓Z               A zur Matrix machen
[18]
[19]  ΔF1:→0  sysmsg←'Fehler im AP 100 Code: ',⍕fc
[20]  ΔF2:→ΔE sysmsg←'Fehler ALLOC Datei Code: ',⍕fc
[21]  ΔF3:→ΔE sysmsg←'Fehler Lesen Datei Code: ',⍕fc
[22]
[23]  ΔE:⎕AI←⎕SVR 2 5ρ'DATENSTEUR'
[24]  TSO←'FREE F(ABC'
      ∇
```

Abb. 107. Sequentielles Lesen einer OS-Datei

Zeile 15-17

In dieser Schleife wird die gesamte Datei sequentiell gelesen. Dazu werden die einzelnen Sätze in geschachtelter Form an die Ergebnisvariable Z angehängt. Diese Verkettungstechnik hat den Vorteil, daß die Variable hierbei nicht durch physische Speicheroperationen erweitert wird, sondern nur die Datenpointer verändert werden müssen (aus Performancegründen die beste Lösung). In Zeile 17 muß schließlich dieser Vektor wieder in eine Matrix umgewandelt werden.

Zeile 23/24

Schließen der Datei und FREE der allocierten Datei.

Ein großer Nachteil dieser Lesetechnik besteht darin, daß für jeden Datensatz ein Aufruf des AP111 erfolgt und die Leseschleife damit entsprechend oft durchlaufen werden muß.

Eine Alternative zu diesem satzweisen Lesen ist das geblockte Lesen. Hierbei muß man sich allerdings eines kleinen Tricks bedienen, weil der Prozessor AP111 keinen Befehl für geblocktes Lesen kennt. Die Datei muß dafür mit einem neuen DCB (das ist die Dateibeschreibung) allociert werden, und zwar mit der Angabe "RECFM = U", d.h., man spricht die Datei mit einem unbekannten Satzformat an. Dann wird vom AP111 ein ganzer Block eingelesen. Allerdings muß für diesen Spezialfall die Satzlänge der Datei bekannt sein, so daß man im Leseprogramm wieder die ursprüngliche Satzstruktur herstellen kann. Im folgenden Beispielprogramm wird eine Satzlänge von 80 Bytes vorausgesetzt.

```
      ∇ Z←OS_LES1 DSN ;fc;DATEN;STEUR;I
[ 1]  A| Lesen blockweise alle Saetze einer OS-Datei
[ 2]  A DSN = OS-Dateiname / Satzl{nge 80
[ 3]  Z←''
[ 4]  □AI←□SVR 2 5ρ'DATENSTEUR'
[ 5]  →(2≠fc←100 □SVO 'TSO')/AF1
[ 6]  TSO←'FREE F(ABC)'       A Allocation mit AP100
[ 7]  TSO←'ALLOC F(ABC) DA(',DSN,') RECFM(U) SHR'
[ 8]  →(0≠1↑fc←TSO)/AF2
[ 9]
[10]  DATEN←'ABC (EBCD'       A Init AP111 zum Lesen
[11]  STEUR←'ABC (CTL'
[12]  →(~2∧.=fc←111 □SVO 2 5ρ'DATENSTEUR')/AF3
[13]  →(0≠fc←1↑DATEN)/AF3
[14]
[15]  AL1: Z←Z, DATEN
[16]     →(0=STEUR)/AL1
[17]  Z←(I,80)ρ(80×I←⌈(ρZ)÷80)↑Z A Reshape zur Matrix
[18]  →AE
[19]
[20]  AF1:→0  sysmsg←'Fehler im AP 100 Code: ',⍕fc
[21]  AF2:→AE sysmsg←'Fehler bei ALLOC Datei Code: ',⍕fc
[22]  AF3:→AE sysmsg←'Fehler bei Lesen Datei Code: ',⍕fc
[23]
[24]  AE:□AI←□SVR 2 5ρ'DATENSTEUR'
[25]  TSO←'FREE F(ABC)'
      ∇
```

Abb. 108. Blockweises Lesen einer OS-Datei

Zeile 7
Im Gegensatz zu der vorherigen Lesefunktion wird hier die Datei mit einer DCB-Angabe, nämlich RECFM(U), allociert. Dadurch kann immer nur ein ganzer Block durch die folgenden Lesebefehle eingelesen werden.

Zeile 15
Nach dem Lesezugriff werden die einzelnen Blöcke an die Ausgabevariable Z gehängt.

Zeile 17
Entsprechend der vorgegebenen Satzlänge (in diesem Beispiel LRECL = 80) wird der Satzstring - einzelne Sätze wurden ja immer einfach nebeneinander gehängt - zur gewünschten Datenmatrix umstrukturiert.

Diese Technik führt zu ganz erheblicher Performance-Verbesserung, insbesondere bei hoch geblockten Dateien. Wenn nämlich aus einer Datei mit einer Blocklänge von 8000 einhundert Sätze gelesen werden, ergeben sich beim ungeblockten Lesen 100 Lesezugriffe, d.h. Aufrufe des AP111. Bei geblocktem

Lesen genügt dagegen ein Lesezugriff und ein anschließendes RESHAPE - also Performance-Verbesserung um den Faktor ca. 100.

12.3   Hilfetexte in der Anwendung

Für jede Dialoganwendung müssen Online-Hilfen über die PF1-Taste zur Verfügung gestellt werden. Da diese Hilfetexte aber nicht vom Programmierer erfaßt und verwaltet werden sollen, ist bei jedem größeren Anwendungssystem hierfür ein spezieller Verwaltungsdialog vorzusehen. Über diesen Dialogzweig können dann sowohl alle Hilfetexte als auch die im Abschnitt über Datenprüfungen angesprochenen Prüfbedingungen verwaltet werden.

Bei den Hilfetexten muß nun zwischen der Beschreibung der Transaktion selbst und einer feldbezogenen Hilfe unterschieden werden. Beide Texte sollten allerdings auch für die Erstellung eines Benutzerhandbuchs verwendet werden können, denn auf einen beschreibenden Text für die Anwendung kann man nicht verzichten. Sicher wird man für die Aufbereitung des Benutzerhandbuches spezielle Formatierungsbefehle (z.B. DCF- oder GML-Formatierungsmakros) einfügen wollen, um ein optisch gut aufbereitetes Dokument zu erhalten. Da alle diese Befehle mit einem bestimmten Sonderzeichen - bei DCF z.B. .sp für eine Leerzeile oder .bf Font, um eine andere Zeichendarstellung zu wählen - beginnen, können diese Zeilen vor Anzeige des gesamten Textes am Bildschirm entfernt werden.

Dadurch kann der beschreibende Text der Anwendung sowohl für das Benutzerhandbuch als auch für die Online-Hilfe am Bildschirm verwendet werden. Man muß nur bei der Erfassung des Textes ein wenig auf eine optisch gefällige Eingabe Wert legen. Die Anwendungsbeschreibung ist somit nur an einer einzigen Stelle zu pflegen, was zur Aktualisierung der Dokumentation, aber auch zu einer Entlastung bei der Programmierung wesentlich beiträgt.

Ich werde nun zwei Ablagemöglichkeiten für diese Hilfetexte behandeln. Die erste stützt sich auf einzelne Member in einer OS-PO-Datei, die andere verlangt ein Relationales Dictionary, so wie es bereits eingeführt wurde.

12.3.1   Hilfetexte in einer OS-Datei

Bei dieser Speicherungsform eines Hilfetextes werden die Member der PO-Datei den Transaktionen zugeordnet. Dies gilt natürlich nur für das APL-Trägersystem TSO, kann aber leicht auf andere Trägersysteme mit den dort üblichen Dateierweiterungen übertragen werden. Diese Speicherungsform hat gegenüber einer Speicherung des Hilfetextes innerhalb einer Anwendung, z.B. in einer vom Programmierer angelegten Variablen, den Vorteil, daß der Text nicht vom Programmierer verwaltet werden muß und auch für ein zu erstellendes Benutzerhandbuch verwendet werden kann.

Die Transaktion HILFE (PF1-Taste einer Anwendung) zeigt, wie dieses Konzept realisiert werden kann. Der Hilfetext wird über diese Transaktion aufgerufen, die in die entsprechende PF-Funktion - immer PF1 - einzusetzen ist. Betrachten wir nun die HILFE-Funktion aus Abb. 109.

```
    ∇ HILFE hc;Z;DSN
[1] A| Die Hilfetransaktion mit OS-PO Datei
[2] A dsn  = PO-Dateiname
[3] A hc   = Member-Name
[4] DSN←dLB '''',dsn,'(',hc,')''' A Dateiname setzen
[5] Z←OS_LES1 DSN   A Hilfetext Lesen
[6] 'HILFE' trans Z A Hilfetext in Format HILFE
[7] xSEL pnr         A alten Bildschirm auswaehlen
[8] fc←1             A Fehlercode setzen
    ∇
```

Abb. 109. Beispiel für eine Hilfe-Transaktion

Zeile 4

Hier wird der Dateiname zum Lesen der OS-Datei aufgebaut. Da ich von einer PO-Datei ausgehe, wobei der Membername dem Help-Code entspricht, muß zusätzlich der Dateiname "dsn" gesetzt werden (z.B. in der zentralen Steuerfunktion). Am besten ist es, wenn man den Help-Code bzw. den Membernamen entsprechend dem Bildschirmformat wählt.

Zeile 5

Über die Funktion OS_LES1 wird der Hilfetext aus der PO-Datei gelesen.

Zeile 6

Der Hilfetext wird über das Format HILFE angezeigt. (Bei APE würde man entsprechend verfahren, wobei der Hilfetext einer speziellen Variablen zugewiesen werden muß, deren Name im Format definiert wurde. Er wird immer in folgendem Format angezeigt:

```
HILFE ----------- Personal-Informationssystem--------- Datum: 01.03.90
H I L F E T E X T  für Transaktion : ########
------------------------------------------------------------------------

####################################################################
####################################################################
####################################################################
####################################################################
####################################################################
####################################################################
####################################################################
####################################################################
####################################################################
####################################################################
####################################################################
####################################################################

                                                   Seite: 1 von  5
PF: 1=Hilfe  3=Zurück  4=Druck
```

Abb. 110. Der Anzeigebildschirm für Hilfetexte

Man beachte bei dieser Bildschirmmaske, daß als variables Feld der Transaktionsname angegeben wird. Der Feldname dieses Feldes wird mit `tc[1;]` definiert, sodaß automatisch immer der aktuelle Transaktionsname eingeblendet wird.

Zeile 7
Der ursprüngliche Bildschirm, aus dem dieser Hilfetext aufgerufen wurde, muß wieder zurückformatiert werden. Falls man mit dem logischen Pagekonzept von GDDM arbeitet, genügt hier der Aufruf der alten GDDM Seitennummer, die man sich in der Variablen "pnr" merken kann.
Bei einem anderen Formatierungskonzept muß an dieser Stelle der komplette Bildschirm neu formatiert und natürlich der alte Zustand - vor Aufruf der Hilfefunktion - komplett wiederhergestellt werden. Dafür ist die HILFE-Funktion so modifizieren, daß zu Beginn alle Bildschirmfelder in eine Variable eingelesen werden, denn nur so stehen alle eingegebenen Daten nach Verlassen des Hilfe-Bildschirms für die Anzeige zur Verfügung.

12.3.2   Hilfetexte im Dictionary

Ein Alternative zu dieser Ablage von Hilfetexten ist der Einsatz des Relationalen Dictionary. Da wir bereits eine Fenstertechnik zum Einblenden von Texten kennengelernt haben, soll nun ein generalisiertes Konzept für Hilfetexte behandelt werden.

Eine Bildschirmmaske wird immer unter Kontrolle der zentralen Transaktionsfunktion trans. angezeigt. Damit kann in einer globalen PF-Funktion aus der Transaktionsmatrix "tc" der Name der Transaktion erkannt werden, um so den entsprechenden Hilfetext bereitzustellen. Soll zusätzlich eine feldbezogene Hilfe verfügbar sein, muß nur aus der Cursorposition bei Betätigung der PF1-Taste auf den zugehörigen Feldnamen geschlossen werden können. Daher ist für alle Felder, für die eine Hilfe vorgesehen werden soll, ein Feldname zu vergeben. Hier bietet sich, genau wie für die Datenprüfungen, die Ablage im zentralen Dictionary an. Es ist davon auszugehen, daß für jedes Feld, d.h. für alle Spaltennamen in einem Datenbanksystem, ein Hilfetext zur Verfügung gestellt wird. Diese Hilfetexte können dabei als erweiterte Datenbeschreibung der Katalogtabellen des Relationalen Datenbanksystems verstanden und bereits beim Generieren der Tabellen vom Datenbankadministrator angelegt werden.

Das Programm xHILFE

Zeile 3
Alle Feldnamen in einer Variablen "l" verfügbar, die z.B. so aufbereitet sein kann, daß sie als in der ersten Spalte die Feldnummer und in der zweiten Spalte den Feldnamen enthält. Aus der Funktion xINP ist nun die Cursorposition bekannt, und daher kann in dieser Zeile der Feldname bestimmt werden, in dem sich der Cursor bei Betätigung der PF1-Taste befindet. Dieser Name wird der Variablen "hc" (Help-Code) zugewiesen.

Zeile 4
Mit der Lesefunktion des Dictionary wird die Variable H_hc eingelesen; bei der

Definition des Dictionary wurde ja vereinbart, daß Hilfetexte mit dem Präfix H_ gespeichert werden.

```
      ∇ xHILFE;TAB;hc
[ 1]  A| Anzeige Hilfetext aus DB2-Tabelle
[ 2]  A  Feldname, in dem Cursor steht
[ 3]  hc←(∈(1[;1]=1↑cp)≠1[;2])~' '
[ 4]  TAB←,'OBJ_GET' SQLΔGET 'H_',hc  A Feldhilfe lesen
[ 5]    →(0=+/rcode)/ΔL1
[ 6]  ΔL0:TAB←,'OBJ_GET' SQLΔGET 'H_',hc←tc[1;]~' '
[ 7]    →(0≠+/rcode)/ΔF1
[ 8]  ΔL1:TAB←∈¯1↑TAB
[ 9]  TAB←⊃(TAB≠'n')⊂TAB
[10]  TAB←(TAB[;1]≠'.')≠TAB
[11]  →(50≥¯1↑ρTAB)/ΔWINDOW
[12]
[13]  A Hilfe ueber eigene Transaktion
[14]  'HELP' trans TAB
[15]  xSEL pnr
[16]  →0
[17]
[18]  A Hilfe mit Fenstertechnik
[19]  ΔWINDOW:5 30 xWINDOW TAB
[20]  →(1=ic[2])/ΔL0      A PF1-Taste fuer weitere Hilfe
[21]  →0
[22]
[23]  ΔF1:pgmmsg←'Hilfe ',hc,' nicht vorhanden'
[24]  fc←1
      ∇
```

Abb. 111. Hilfetexte aus einem Dictionary: Falls der Text nicht zu groß ist, wird er auf der Bildschirmmaske in einem Fenster eingeblendet.

Zeile 5
Ist der Leseversuch erfolgreich, gibt es einen beschreibenden Text zu diesem Datenfeld, und es kann zur Textanzeige verzweigt werden.

Zeile 6
Falls keine feldbezogene Hilfe vorhanden ist, wird versucht, den Hilfetext für die Transaktion bereitzustellen. In der ersten Zeile der Transaktionsmatrix tc befindet sich ja der Transaktionsname.

Zeile 7
Ist auch dieser Text nicht vorhanden, kann keine Hilfe angezeigt werden.

Zeile 9
Im letzten Feld des eingelesenen Satzes befindet sich der Hilfetext in der Transferform. In dieser Zeile wird nun der Text in der Variablen TAB bereitgestellt. Mit dem Trennzeichen n wird auf eine neue Zeile umgeschaltet (die Funktion PARTITION ⊂ nimmt diese Umstrukturierung vor). Dies ist natürlich nur dann notwendig, wenn beim Speichern des Textes im Dictionary die Matrix in einen Vektor mit diesem Trennzeichen umstrukturiert wurde (dies

z.B. dann, wenn der Hilfetext auch in Nicht-APL-Anwendungen verwendet werden soll).

Zeile 10
Alle mit einem Punkt beginnenden Textzeilen werden entfernt, denn sie können keinen sinnvollen Text darstellen - ein Satz beginnt nicht mit einem Punkt; sie werden für Formatierungsanweisungen z.B. im Rahmen von DCF verwendet (über diese Hilfetexte soll ja auch das Benutzerhandbuch ausgedruckt werden).

Zeile 11
Mit dieser Zeile soll angedeutet werden, wie die Darstellung des Textes beeinflußt werden kann. Sind nur wenige Spalten (hier Spaltenbreite kleiner oder gleich 50) auszugeben, soll der Text in ein Fenster eingeblendet werden, da so der Bezug zur Anwendung stärker erhalten bleibt. Daher wird hier die Größe der Textmatrix überprüft und entsprechend zur Fensteranzeige verzweigt.

Zeile 14
Hier wird der Hilfetext im bereits bekannten HELP-Panel dargestellt. Dieser Zweig entspricht somit der Hilfefunktion bei Einsatz einer PO-Datei.

Zeile 15
Der Anwendungsbildschirm wird durch Aufruf der Funktion xSEL pnr zurückformatiert, bei GDDM sollten ja logische Seiten verwendet werden, so daß nur die alte Seite wieder aufzurufen ist.

Zeile 19
Der Hilfetext wird mit der Funktion xWINDOW eingeblendet. Die linke obere Ecke für die Positionierung dieses Fensters kann natürlich auch in Abhängigkeit vom zugehörigen Feld variabel berechnet werden.

Zeile 20
Wird das Fenster mit PF1 verlassen, geht diese Hilfefunktion davon aus, daß der vollständige Hilfetext für die Transaktion gewünscht wird. In diesem Fall wird also zum Label L0 verzweigt, um den Hilfetext der Transaktion anzuzeigen.

Damit steht auch für die Realisierung von Hilfetexten ein globales Konzept bereit, das leicht in die Rahmenprogramme der Transaktionssteuerung implementiert werden kann. So kann z.B. der Aufruf dieser Hilfefunktion in die Eingabeoperation eING integriert werden, so daß sich der Programmierer nicht mehr mit den Benutzerhilfen befassen muß. Diese Erweiterungsmöglichkeit bezieht sich natürlich auch auf die Datenprüfungen mit der Prüffunktion xPRUEF.

Um dieses Konzept in eine konkrete Anwendung zu integrieren, sollte jede Anwendung einen Dialoganteil besitzen, über den ein Systemadministrator Hilfetexte und Prüfbedingungen eigenständig verwalten kann. Damit kann sichergestellt werden, daß für die Bedienung immer ein aktueller Hilfetext bereitsteht und dieser im Laufe der Verfahrensnutzung sich ändernden Randbedingungen, z.B. Fehlbedienungen in einzelnen Transaktionen, leicht angepaßt werden kann. Die Erweiterung dieses Konzepts zu einem globalen Verwaltungsdialog für Datenprüfungen und Hilfetexte, unabhängig von einer konkreten Anwendung, sondern nur gestützt auf die verschiedenen Entitäten (Datenfelder) in einem Datenbanksystem, führt in Richtung eines unternehmensweiten Archivs für die Anwendungsentwicklung (Repository).

13. Der Prototyp

Sie wissen jetzt, wie eine Dialoganwendung mit der Programmiersprache APL realisiert werden kann. Nun ist es allerdings ein weiter Weg von der ersten Überlegung, eine neue Anwendung zu realisieren, bis zur letztendlichen Einführung.

Aus diesem Grunde wird die Projektarbeit in verschiedene Phasen - ein sogenanntes Phasenkonzept - eingeteilt, und für jede Phase gibt es wiederum spezielle Konzepte. So unterscheidet man zwischen

- Konzeptionsphase,

- Grobdesign,

- Feindesign,

- Programmierung,

- Test,

- Schulung / Einführung,

- Wartung und Pflege,

um nur die gängigsten Begriffe aufzuführen. Außerdem spricht man in der Realisierungsphase von einem Top-down oder Bottom-up-Vorgehen. Mit diesen beiden Ansätzen will man ausdrücken, daß man im ersten Fall zunächst die Grobstrukturen einer Anwendung, d.h. die hierarchischen Strukturbäume der verschiedenen Transaktionen oder Anwendungsprogramme festlegt; im anderen Fall beginnt man mit den Einzeltransaktionen, um sie anschließend durch zusätzliche Algorithmen zu einem einheitlichen Gesamtsystem zu verbinden.

Bei der Realisierung der einzelnen Anwendungsfunktionen verwendet man die Technik des strukturierten Programmierens - i.e. die Aufteilung des gesamtes Algorithmus in überschaubare Module, die nach Möglichkeit auch wiederverwendbar sein sollten. Zur Beschreibung eines Programms kennen wir die HIPO-Technik (im wesentlichen das Aufbrechen in die Elemente Eingabe, Verarbeitung und Ausgabe) u.v.m.

Das Ziel ist hierbei immer, einen Strukturrahmen für die Anwendungsentwicklung zu schaffen. Graphisch kann dies Phasenkonzept entsprechend Abb. 112 dargestellt werden. Bei einem derartigen Vorgehensmodell sind die einzelnen Phasen streng voneinander getrennt (sog. Wasserfall Modell). Ist diese scharfe Trennung aber noch sinnvoll?

Ich will nicht die grundsätzliche Bedeutung dieser theoretischen Überlegungen in Frage stellen. Vor jeder programmtechnischen Realisierung eines Projektes sind sicherlich eine Konzeptionsphase und ein Grobdesign vorzusehen. Wie aber können die Ergebnisse dieser beiden Phasen dem Auftraggeber transparent gemacht werden? Der Auftraggeber sollte schließlich sehr früh in alle Designüberlegungen miteinbezogen werden, damit er sich später auch mit dem vollbrachten Werk identifiziert.

Haben Sie noch nie erlebt, daß eine mit viel Mühe realisierte Anwendung nachher eigentlich niemand mehr haben will? Woran mag das liegen? Ganz einfach: an den Ergebnissen der Konzeptionsphasen, denn in ihnen wird meistens viel diskutiert und eine globale Lösung für die Aufgabe zu erarbeiten versucht. Die Ergebnisse dieser Überlegungen werden auf Papier festgehalten und spiegeln häufig nur die Sicht der Datenverarbeiter auf die Aufgabenstellung wider. Meistens wird hier sehr viel Papier erzeugt, denn es müssen Richtlinien eingehalten und Zeitpläne, Pläne für Projektmitarbeiter, Schulungspläne usw. erstellt werden.

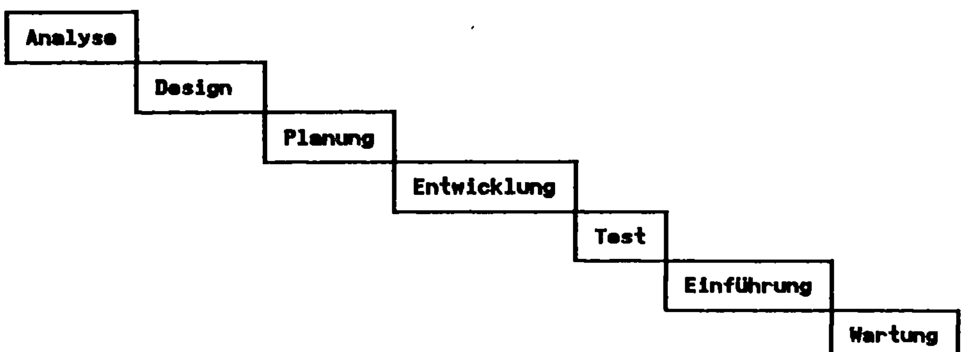

Abb. 112. Das Phasenkonzept nach dem Wasserfallmodell

Der Auftraggeber, der eigentlich eine Anwendung haben möchte, wendet sich in vielen Fällen frustriert ab, denn von diesen Dingen versteht er ohnehin nichts. Um keine Zweifel aufkommen zu lassen: Alle diese Dinge müssen gemacht werden. Es geht hier also nur darum, wie man die Unsicherheit gerade in den frühen Phasen der Projektarbeit verringern und dem Auftraggeber frühzeitig das Gefühl geben kann, daß man seinen Wünschen gerecht wird. Meine Antwort auf alle diese Fragen heißt:

PROTOTYPING

Was ist das? Ich will hier keine theoretische Erklärung geben (darüber wird ohnehin viel geschrieben), sondern einfach sagen, wie man das macht. Gedachte Anwendung: Ein Personalinformationssystem

Stufe 1

Da das Verfahren ein Dialogsystem werden soll, setzt man sich mit einem kompetenten Nutzer am besten in der Nähe des Leiters der Personalabteilung zusammen und macht ein paar Bildschirmmasken. Als Organisator hat man ja schon häufig ähnliche Anwendungen realisiert und weiß zumindest, daß man Menübildschirme, Verarbeitungsbildschirme etc. benötigt. Mit dem APL-Werkzeugkasten wird es also nicht schwer fallen, in ständigem Dialog mit dem späteren Nutzer erste Entwürfe für ein Personalinformationssystem zu realisieren.

Übrigens wird der Anwender sehr schnell eigene Kreativität entwickeln und nach einer ersten Einführung gegebenenfalls bereit sein, die Bildschirmmasken eigenverantwortlich zu entwerfen. (Der Organisator sollte eigentlich "faul" sein und möglichst viele Verarbeitungsteile, für die er nicht erforderlich ist, von anderen machen lassen. Der Bildschirmentwurf kann dazu gehören.)

Dann konzipiert man noch kurz die Transaktionssteuerung und zieht sich mit einem ersten Teilentwurf zurück. Wohlgemerkt, man greife hier nur einen Teilaspekt eines Personalinformationssystems heraus, z.B. den Personalstammsatz. Aus diesen ersten Überlegungen wird ein lauffähiges Modell dieses Anwendungsteiles entworfen.

Relationale Datenbanken lassen sich leicht anlegen, die Verarbeitung ist recht einfach, und so kann man bereits nach relativ kurzer Zeit etwas vorführen. Dieser erste Entwurf hat natürlich noch wenig Ähnlichkeit mit der geforderten Anwendung; die Datenfelder stimmen nicht, sind entweder unvollständig oder in ihren Attributen nicht richtig definiert etc. An dieser Stelle wäre z.B. ein konzeptionelles Datenbankdesign einzuschieben, um zunächst eine gesicherte Grundlage im Datenbereich zu schaffen.

Aber: Jetzt werden die Auftraggeber plötzlich sehr kreativ. Sie haben ein Modell zum Anfassen, und daran läßt sich immer sehr leicht erklären, was einem nicht gefällt. Man kann dieses Modell nun nach und nach den Anwendungserfordernissen anpassen. In der praktischen Anwendung dieser Vorgehensweise konnte ich immer feststellen, daß die Auftraggeber - d.h. die Mitarbeiter eines Projektes, die das fachliche Wissen um die Verfahrenszusammenhänge in die Entwicklungsgruppe miteinbringen - ohne die prototypartige Skizzierung eines Anwendungskomplexes nur bedingt nachvollziehbare Vorgaben für die Organisationsprogrammierung geben können. Entweder werden die Vorgaben nur unvollständig gemacht, oder sie sind so kompliziert, daß sowohl die Programmierung als auch die spätere Benutzerführung sehr erschwert werden.

Zusammenfassung

Während der ersten Designphase wird bereits ein Modell der geplanten Anwendung realisiert, an dem das Verhalten in der Nutzungsphase erkennbar ist. Z.B.:

- Zu viele Menübildschirme

- Bildschirmaufbau

- Feldnamen auf Bildschirm

Die Projektarbeit wird also bereits von Anfang an durch Programmierung unterstützt. Wir entwickeln das Anwendungskonzept am Beispiel lebender Spezifikationen, die als modellhafte Anwendung Fehlentwicklungen frühzeitig erkennen lassen.

Stufe 2

Während der ersten Stufe sind bereits rudimentäre Anwendungsprogramme entstanden, es liegen ablauffähige Bildschirmmasken und einige Basisüberlegungen zum Datenbankdesign vor. Mit diesem vorläufigen Entwurf treten wir in das Feindesign des ausgewählten Teilgebietes des geplanten Informationssystems ein.

Während beim klassischen Phasenkonzept erst nach dem Feindesign eines Aufgabengebietes mit der Programmierung begonnen wird, haben wir bereits für die Feindesignphase ein vorführbares Modell der Anwendung. Dies setzt allerdings voraus, daß Sackgassen nicht allzu tragisch genommen werden, daß veränderte Spezifikationen keinen riesigen Neuaufwand an Programmierung bedeuten und daß wir einen Werkzeugkasten einsetzen, der es erlaubt, mit höchster Produktivität Anwendungskonzepte zu entwickeln.

Ich hoffe, daß es mir gelungen ist, in den vorangegangenen Kapiteln zu zeigen, daß APL mit den entsprechenden Generatoren ein derartiges Werkzeug ist.

Nachdem wir also in Stufe 1 einen kräftigen Schritt nach vorne gemacht haben, müssen wir in der zweiten Phase alle unsere Überlegungen aus Stufe 1 verifizieren und entsprechend den Unternehmensrichtlinien verabschieden. Hier sind nun alle Überlegungen zu einem endgültigen Datenbankdesign (konzeptionelles Datenbankdesign), zu den erforderlichen Plausibilitätsprüfungen etc. anzusiedeln. Dieses Konzept verläuft etwa wie die Echternacher Springprozession: **Zwei Schritte vor, ein Schritt zurück.**

Falls das Anwendungssystem für das Personalwesen aus den Bestandteilen PERSONAL-STAMMSATZ, ABTEILUNG, GEHALTSWESEN besteht, kann es graphisch gemäß Abb. 113 dargestellt werden.

Wir haben also ein modifiziertes Phasenkonzept, bei dem wir uns in allen Designphasen bereits auf ein "programmiertes" Modell der Anwendung stützen können. Da wir für diese Vorgehensweise eine Programmiersprache höchster Produktivität benötigen, bei der das Ziel und nicht das Weg im Vordergrund steht - darüber hinaus ist bewußt etwas wie TRIAL and ERROR in diesen Entwicklungsprozeß eingebaut -, bietet sich hier APL mit den behandelten Standardbausteinen an. Wir nehmen bei dieser Entwicklungskonzeption also Abschied von dem klassischen "Wasserfall-Modell", bei dem die verschiedenen Phasen immer streng aufeinander folgen, und entwickeln die Anwendung in einem intensiven interaktiven Prozeß zwischen Organisator, Programmierer und Anwender.

Vielleicht werden Sie jetzt erkennen, warum ich in Kapitel 12 für die Ablage der Hilfetexte ein Dictionary verwendet habe. Diese Hilfetexte sind nämlich in vielen Fällen ein Ergebnis des Feindesigns und sollten daher keine Rückkopplung auf die Programmierung haben. Ich plädiere hier also für eine 1:1-Übernahme der papierenen Dokumentation für ein Anwendungssystem in die Hilfetexte für die Benutzerunterstützung (nicht zweimal dasselbe machen).

Entsprechendes gilt auch für die Datenplausibilitätsprüfungen, die ja ebenfalls erst im Rahmen des Feindesigns festgelegt werden können. Durch das vorgestellte Prüfungskonzept haben diese Plausibilitätsprüfungen fast keinen Einfluß auf die Programmierung, können also ohne Rückkopplungseffekt im Feindesign (oder auch noch später) festgelegt werden.

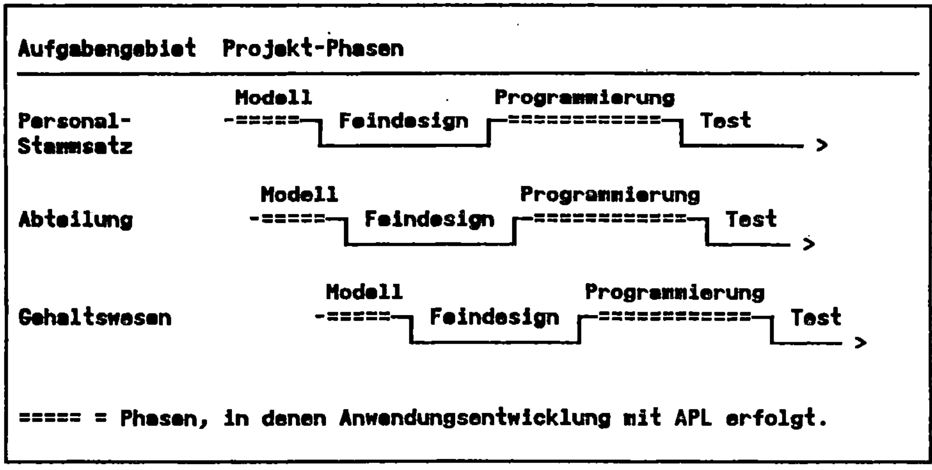

Abb. 113. Die Phasen einer Anwendung bei Prototyping

Diese Vorgehensweise, während aller Designphasen einer Anwendung mit lebenden Spezifikationen zu arbeiten, deren Bestandteile Elemente der fertigen Anwendung werden, heißt Prototyping, d.h., der Prototyp ist ein lauffähiges Modell der Anwendung. Dieses Modell enthält bereits alle Datenbankzugriffe, Plausibilitätsprüfungen etc. Es unterscheidet sich von der produktiven Anwendung vielleicht dadurch, daß:

- Der PROTOTYP wird mit den in Kapitel 12 gemachten Anmerkungen eingeführt.

- Performancekritische Bestandteile werden in eine andere Programmiersprache wie Assembler oder Fortran umkodiert und in den Prototyp integriert.

- Die gesamte Anwendung auf IMS/DC oder CICS mit PL/I oder COBOL umgeschrieben wird. In diesem Fall können natürlich viele Bestandteile des Prototyps wie Maskendefinitionen, Plausibilitätsprüfungen etc. maschinell in die operationelle Anwendung übernommen werden.

Auch im letzten Fall ist dieses Vorgehensmodell - nämlich die Erstellung eines projektbegleitenden Prototyps - äußerst nützlich, weil für die aufwendigere Programmierung in herkömmlichen Programmiersprachen immer ein tragfähiges Konzept vorliegt. Darüber hinaus kann der Prototyp jederzeit für Schulungsmaßnahmen, aber auch im Rahmen der Weiterentwicklung eines Anwendungssystems eingesetzt werden.

Durch die Verabschiedung von einem klassischen Wasserfallmodell ist so auch die Voraussetzung geschaffen, das neue System nicht in einem großen Wurf einzuführen (Big Bang), sondern in einem evolutionären Prozeß können funktionsfähige Verfahrensteile bereits frühzeitig in Produktion genommen werden.

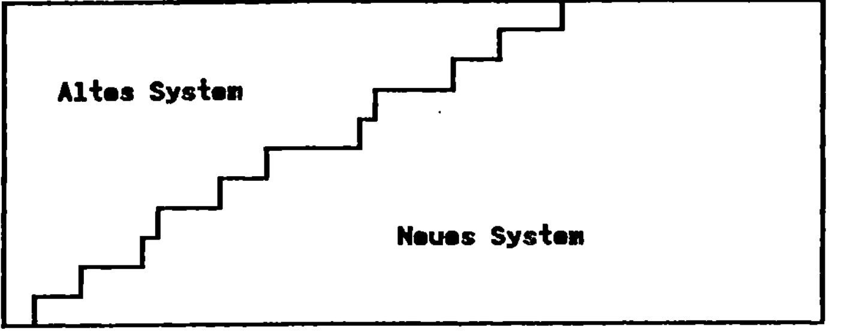

Abb. 114. Evolutionäre Einführung eines Anwendungssystems

Hoffentlich ist es mir gelungen, Anregungen zur Anwendungsentwicklung zu geben, die auch für den Nicht-APL-Programmierer in der praktischen Arbeit sinnvoll eingesetzt werden können. Die Programmiersprache APL ist nicht nur ein Werkzeug für den APL-Profi, sondern trägt ganz besonders in der Hand des Organisators dazu bei, bessere Anwendungen schneller zu konzipieren.

Anhang 1 - Der Anwendungsgenerator ADS

ADS (Application Development System) unterstützt die Anwendungsentwicklung mit der Programmiersprache APL. Das Programm besteht aus vier Funktionskreisen:

1. Entwickeln und Ändern von Bildschirm-Formaten

2. Definition eines Anwendungsprototyps

3. Erweiterungsfunktionen wie Anlegen einer "VSAM-Datei"

4. Verwalten der Design-Parameter

```
DSGO -- A N W E N D U N G S  E N T W I C K L U N G S  S Y S T E M  ---
                    für A P L  (A D S)
------------------------------------------------------------------------
                                             Datum: 14/12/86-08:30



            1) Entwickeln Bildschirm-Formate

            2) Entwickeln Anwendungen (PROTOTYPING)

            3) Erweiterungsfunktionen

            4) Verwalten ADS-Parameter



Funktionsziffer ===> #


PF:  1=Hilfe                                              10=Ende
```

Abb. 115. ADS-Hauptauswahlrahmen

Der Einsatz von ADS erfordert nur in begrenztem Maße APL-Kenntnisse, weil die mit ADS generierte Anwendungssteuerung weitgehend standardisiert ist. Zu beachten ist jedoch, daß die Funktionen dieses Generators nur als Beispiel für ein Vorgehensmodell dienen sollen, das den im vorliegenden Buch behandelten Grundsätzen zur Entwicklung kommerzieller Systeme folgt.

Die Dokumentation ist als Überblick über die Einsatzmöglichkeiten von ADS gedacht. Im einzelnen werden alle Anwendungsfunktionen durch ausführliche Hilfe-Funktionen unterstützt (immer PF1-Taste).

1.1 Verwalten von Bildschirmmasken

Bei Eingabe der Funktionsziffer "1" im Hauptauswahlrahmen und Betätigung der ENTER-Taste wird der folgende Auswahlschirm zur Entwicklung und Pflege von Bildschirmformaten angezeigt.

```
DSG1 --- A N H E N D U N G S  E N T H I C K L U N G S  S Y S T E M ---
V E R H A L T E N  B I L D S C H I R M M A S K E N
-----------------------------------------------------------------------
                                              \

        1) Anlegen neues Bildschirm-Format
        2) Ändern  Bildschirm-Format
        3) Ändern  Bildschirm-Format-Tabelle (ATTRIBUT-Vergabe)
        4) Löschen Bildschirm-Format
        5) Anzeige Bildschirm-Format

        6) Anlegen Help-Format
        7) Ändern  Help-Format

Funktionsziffer  ===> --
Format-Name .........:  ........ - Help-Code : ....
Kurzbeschreibung ...:  .................................................
Muster-Format ......:  ........ - Help-Code : ....

Format-Datei ........: A:DEMO.FMT...... (Laufwerk:Name.Typ)

PF:  1=Hilfe  2=Übersicht Formate  3=Zurück                    10=Ende
```

Abb. 116. ADS-Auswahlrahmen für das Entwickeln von Bildschirmformaten

Vor dem Aufruf dieser Funktionen muß eine Objektbibliothek angegeben werden, in der die Bildschirmmasken gespeichert werden sollen. Als Dateisystem wird ein AP211-File verwendet. Die ADS-spezifischen Bildschirmformate sind in der Datei 'A:ADS.FMT' (Laufwerk A) gespeichert. Für den Zugriff auf diese Datei wird die Variable

dsnDSG = 'A:ADS.FMT'

benötigt. Falls sich die Format-Datei auf einem anderen Laufwerk befindet, ist diese Variable vor dem Aufruf von ADS entsprechend zu ändern. Um den Arbeitsbereich von den ADS-Anwendungsfunktionen freizuhalten, sind diese ebenfalls in der Objektbibliothek gespeichert und werden bei Bedarf durch die Funktion ΔIN geladen.

Die vom Benutzer zu erstellenden Formate werden ebenfalls in einer Format-Bibliothek gespeichert. Der gewünschte Dateiname steht in der Variablen

dsnFMT = 'A:DEMO.FMT'

Dieser Dateiname muß vor dem Aufruf einer Design-Funktion in das Feld "Format- Datei" eingetragen werden.

1.1.1   Anlegen (Ändern) eines Bildschirmformates

Der Bildschirm wird in zwei Schritten entworfen:

- **Layout des Bildschirms**

- **Definition der Feldattribute und Systemliterale**

- **(Definition von Feldnamen)**

Die durch diese beiden Definitionsschritte generierten Formate werden in der Datei dsnFMT unter dem gewählten Formatnamen gespeichert. Zum Aufruf dieser Funktion ist daher die Eingabe der entsprechenden Funktionsziffer (1/2) sowie des Formatnamens erforderlich. Der Formatname kann frei gewählt werden, es sollte jedoch immer eine Kurzbeschreibung des Formats angegeben werden, damit die verschiedenen Bildschirmmasken bei der Anzeige der Formatübersicht leichter identifizierbar sind.

Nach Betätigung der ENTER-Taste erscheint je nach Auswahl ein leerer Bildschirm, der zur Orientierung durch Striche unterteilt ist, oder das zur Änderung ausgewählte Format. Beim Layout dieses Bildschirms   ist folgendes zu beachten:

Design-Schritt 1

Der Bildschirm wird in der vom Benutzer gewünschten Art beschrieben, wobei alle variablen Felder durch das Zeichen "#" in der gewünschten Länge anzugeben sind. Da nach Betätigen der ENTER-Taste aus allen durch eine Leerstelle getrennten Texten unterschiedliche Felder generiert werden, muß zur Vermeidung zu vieler Felder (maximal sind 100 Felder erlaubt) bei gesperrter Schrift das vorgesehene Blankzeichen '%' zwischen die Textzeichen gesetzt werden. Bei einem Text werden allerdings durch nur eine Leerstelle getrennte Zeichen als zusammenhängende Zeichenkette aufgefaßt. Zwischen allen Feldern muß also mindestens eine Leerstelle eingefügt werden - die Angabe:

Name:###############

ist somit ungültig, und es müßte heißen:

Name: ############### .

Als Musterformat wird, wenn nichts anderes angegeben ist, das Format "DSG-FORM" verwendet. Es ist in der Datei dsnDSG gespeichert und kann bei Bedarf für spezifische Nutzerwünsche geändert werden.

Abb. 117 zeigt den Hilfeschirm, der bei diesem Schritt unter der Funktionstaste PF1 erscheint. Dieser erste DESIGN-Schritt wird durch verschiedene Funktionstasten unterstützt.

F4 (Zeile Kopieren)

Diese Funktion erlaubt das Kopieren einer Zeile in einen Bereich, der durch zweimaliges Betätigen der ENTER-Taste angegeben wird. Hierzu wird zunächst der Cursor auf die zu kopierende Zeile gestellt und die F4-Taste betätigt. Anschließend setzt man den Cursor auf Anfang und Ende des Bereiches (Zeile) und betätigt jeweils die ENTER-Taste.

F5 (Zeile einfügen)

Diese Funktion erlaubt das Einfügen einer Zeile. Man beachte, daß dabei die letzte Zeile gelöscht wird.

```
              Anlegen und Ändern eines Formates
Beim Anlegen eines Formates wird der durch Striche unterteilte Bild-
schirm mit dem gewünschten Text beschrieben. Das untenstehende Bei-
spiel soll diese Vorgehensweise verdeutlichen:


    +-----------------------------------------------+
    I          Personaldaten-Erfassung             I
    I Name.....: #########                          I
    I Vorname..: #########                          I
    I Plz......: ####                               I
    I Ort......: #########                          I
    I                                               I
    I                                               I
    I ##############################################  I
    +-----------------------------------------------+

Durch das Zeichen # wird angezeigt, daß es sich bei diesem Feld um
ein EIN/AUSGABE-Feld handelt. Bei der durch Betätigen der ENTER-Taste
ausgelösten Generierung des Formates werden die einzelnen Felder an-
gelegt. Im folgenden Schritt werden die gewünschten Feldattribute
definiert.
```

Abb. 117. Hilfefunktion beim Anlegen/Ändern von Formaten

F6 (Zeile löschen)

Diese Funktion löscht die durch die Cursorposition angegebene Zeile. Alle folgenden Zeilen werden nachgezogen.

Weitere Unterstützungsfunktionen beim Layout des Bildschirms sind die normalen Bildschirm-Funktionstasten wie Einfg(INS), Entf(DEL) etc.

Wenn alle Felder des Bildschirms in der gewünschten Anordnung eingegeben worden sind, kann der Bildschirm durch Betätigen der ENTER-Taste formatiert werden. Man beachte, daß die Betätigung der ENTER-Taste (außer in Verbindung mit der F4/6 Taste) den ersten DESIGN-Schritt beendet. Hierdurch werden die definierten Felder aufgebaut und der Bildschirm erneut zur Eingabe der Feldattribute angezeigt. Falls bei diesem ersten Design-Schritt ein bereits definiertes Format als Vorlage verwendet werden soll, kann der Formatname unter "Hilfsformat" im Auswahlrahmen mit angegeben werden.

Design-Schritt 2

Im zweiten Design-Schritt werden die Feldattribute vergeben. Hierzu ist in die variablen Felder der gewünschte Code einzutragen. Sie sind in drei Gruppen eingeteilt:

1. Gruppe : Feldtypen Kennzeichnung

    0 = Text und numerische Ein/Ausgabe erlaubt (default)
    2 = Text und numerische Ausgabe erlaubt
    7 = geschütztes Eingabefeld
         (wird von den Anwendungsfunktionen als Eingabefeld gelesen)
    8 = Tabellenfeld:
         Ein Tabellenfeld wird zu einem Rechteck-Feld (mehrere Zeilen), die
         Anzahl der Zeilen wird durch das nächste Feld unterhalb dieses Tabellenfeldes begrenzt.

2. Gruppe : Feldattribute

Feldattribute sind Anzeigeintensität, Reverse, Unterstrichen etc. Die möglichen Feld-Attribute werden über die F1-Taste angezeigt:

N = Unsichtbar	U = Unterstrichen
H = Intensivanzeige	h = Intensivanzeige/Unterstrichen
R = Reverse Anzeige	r = Reverse Anzeige intensiv
B = Blinken	b = Blinken unterstrichen
C = Blinken intensiv	c = Blinken intensiv unterstrichen
V = Blinken reverse	v = Blinken reverse intensiv

3. Gruppe: Spezialcodes

Zu dieser Gruppe gehören Codes, die von den Anwendungsfunktionen verwendet werden.

- SYSTEMLITERALE
  wie Tagesdatum 'DATE3' oder eine Programmnachricht 'PGMMSG' werden durch einen führenden '/' und den Literalnamen angegeben.

- **USEREXIT**
  Falls die Eingabeprüfung eines Feldes gewünscht wird, ist in diesem Feld ein "E" einzutragen. Falls ein Exit nicht explizit definiert wird, wird immer versucht, mindestens einen Exit auszuführen. Die EXIT-Definition ist damit nicht unbedingt erforderlich.

- **COMMAND-EXIT**
  Ein besonders nützlicher Exit ist der Command-Exit, der durch Eingabe von "C" vergeben wird. Dieser Command-Exit sollte immer bei Menü-Schirmen für das Eingabefeld der Auswahlziffer definiert werden. Hierdurch ist dann ein direkter Transaktionsaufruf durch Eingabe von " = Transaktionsname" in diesem Feld möglich. Dieser Exit verlangt also keine spezielle Anwendungsprogrammierung, sondern veranlaßt die zentralen Steuerungsroutinen, nur bestimmte Prüfungen vorzunehmen. Der Command-Exit wird außerdem beim Anlegen der Transaktionsprogramme über Hauptauswahl 2.1 für die Definition von Menütransaktionen verwendet (Information darüber, in welchem Feld die Auswahlziffer eingetragen wird).

Wenn es die Feldlänge ermöglicht, können mehrere Attribute im Feld angegeben werden. Erlaubt die Feldlänge keine komplette Attribut-Spezifizierung, kann sie über die Funktion "Update Formattabelle" nachgetragen werden.

Durch Betätigen der ENTER-Taste wird die Attributbeschreibung der Felder beendet. Das Format wird in der Datei dsnFMT abgespeichert, und es wird zum Auswahlrahmen zurückverzweigt. Nun kann das Format über die Funktionsziffer 5 angezeigt werden. Es werden bereits alle definierten Literale in den entsprechenden Feldern angezeigt. Dies ist ein erster Prototyp der Transaktion, da die Felder voll formatiert sind, so daß man auch mit dem Cursor in die verschiedenen Felder springen kann. Will man die Bildschirmmaske überarbeiten, wird das Format über die Auswahlziffer 2 zur Änderung aufgerufen.

1.1.2   Update von Formattabellen

Beim Anlegen eines Formates wird eine Formattabelle aufgebaut, die Informationen über den Typ und die Lage der Felder enthält. Falls beim Anlegen des Formates nicht alle Attribute für die Felder vergeben wurden, kann über diese Funktion die Formattabelle ergänzt werden. Das ist z.B. notwendig, wenn Textkonstanten in einer anderen Intensität angezeigt werden sollen. Man beachte jedoch, daß bei Anwendung dieser Funktion keine Formalprüfung auf korrekte Eingabe erfolgt. Da hier auch Feldlängen und Anfangspositionen verändert werden können, ist ein sorgfältiger Umgang mit dieser Funktion unumgänglich - ein durch fehlerhafte Änderungen ruiniertes Format ist eventuell komplett neu anzulegen.

Bei der Formatdefinition wurde eine weitere Tabelle angelegt, in der alle Literale und Feldnamen gespeichert sind. Diese Tabelle kann ebenfalls über die Auswahlziffer 3 gepflegt werden. Die Feldnamen werden wie folgt behandelt:

- Ist eine Variable mit gleichem Namen im WS vorhanden, wird sie in das Feld dieses Namens eingestellt.

- Falls dieses Feld modifiziert wird, werden die veränderten Daten in diese Variable eingelesen und stehen dort für eine weitere Verarbeitung zur Verfügung.

Es können zwar alle Felder mit einem Feldnamen versehen werden, dann sind jedoch alle Felder einzelnen Variablen zuzuordnen. Aus Performancegründen sollte man nur solche Felder mit einem Namen versehen, deren Inhalte in anderen Transaktionen (z.B. Anzeige der KEY-Daten) verwendet werden.

```
DSG13 --- A N W E N D U N G S  E N T W I C K L U N G S  S Y S T E M --
UPDATE FORMATTABELLEN
------------------------------------------------------------------------

 Feldtext/ Feldname    XX  YY  HH  LL   Typ   Attr    Exit  Code  Lfd.Nr
------------------------------------------------------------------------

 FMT1 ----- A N W E    01  01  01  80    2            0     5     01
 #######               02  01  01  80    0     U      0     0     02
 /DATE3                03  70  01  10    2     H      0     4     03
 Name                  04  02  01  10    2            0     2     04
 #######               04  13  01  20    0     U      0     0     05
 FELDNAME              05  13  01  20    0     U      0     0     06
 /PGMMSG               23  01  01  80    2     H      0     4     07




                                                     Seite: 1 von 1
PF: 1=Hilfe   3=Zurück 7=Rückw  8=Vorw                10=Ende
```

Abb. 118. Ändern der Formattabelle

Werden Feldnamen vergeben oder der Typ eines Feldes geändert, ist die CODE-Spalte in Abhängigkeit vom Feldtyp zu setzen. Über die PF1-Taste erhält man die Informationen zum Setzen dieser Spalte. Die Vergabe der Feldnamen ist völlig frei, da keine Prüfung auf korrekte Feldnamen vorgenommen wird. Dadurch sind auch APL-Ausdrücke als "Feldname" zulässig, und man kann z.B. den Namen +/TAB[;1] verwenden, um die Summe einer numerischen Tabellenspalte in einem Feld anzuzeigen.

1.1.3 Anlegen/Ändern von Hilfe-Formate

HELP-Formate sind spezielle Formate, die den Anwender beim Einsatz der Anwendung unterstützen sollen. Die Hilfe-Formate sind entweder an ein Bildschirmformat oder PROJEKT gekoppelte Texte. Sie werden in der Anwendungsprogrammierung über die Funktion HELP aufgerufen. Zur Definition eines solchen Formats sind die Angabe des Formatnamens sowie ein Code (Helpcode) erforderlich. Das Bild wird wie beim Anlegen eines normalen Formats aufgebaut - allerdings unter Auslassung des zweiten DESIGN-Schrittes.

Hilfe-Formate werden unter dem Namen 'FormatnameΔCode' in der Formatdatei abgespeichert. Um eine einfachere Übersicht beim Anzeigen der Formate zu erhalten, darf das Zeichen Δ in normalen Formaten nicht verwendet werden. Wenn beim Anlegen eines Hilfe-Formates auf ein bereits definiertes Bild zurückgegriffen werden soll, kann dieses Format und der dazugehörige Code beim Aufruf dieser Funktion mitangegeben werden.

Natürlich kann man auch das Konzept der in eine externe Datei ausgelagerten Hilfetexte, so wie im Abschnitt "Hilfetexte" behandelt, übernehmen.

1.1.4 Formatübersicht

Einen Überblick über alle bereits definierten Formate erhält man über die F2-Taste. Dann werden alle gespeicherten Formate angezeigt. Spezielle Funktionstasten erlauben die Bearbeitung der durch CURSOR ausgewählten Formate.

F4   Anzeige des Formats

F5   Löschen eines Formats

F6   Speichern neuer Format-Kurzbeschreibungen

F9   Format ändern. Diese Funktion ist identisch mit dem Ändern eines
            Formats über Funktionsauswahl 2.

1.1.5 Format löschen

Über die Funktionsziffer 4 wird das angegebene Format aus der Formatdatei gelöscht. Dabei werden auch alle Benutzer-Exits gelöscht.

1.1.6 Format anzeigen

Über Funktionsziffer 5 kann das angegebene Format am Bildschirm angezeigt werden. Feldnamen und Systemliterale werden bereits hier in die entsprechenden Felder eingesteuert.

1.2 Anwendungsentwicklung / Prototyping

Zum Erzeugen einer Anwendung mit den definierten Bildschirmformaten steht ein eigener Auswahlrahmen zur Verfügung. Dieser Funktionszweig dient der Generierung eines Anwendungsprototyps mit den erforderlichen Steuerungsfunktionen. Da zum Verständnis dieser Funktionen die generelle Steuerungslogik von ADS Voraussetzung ist, wird zunächst auf sie eingegangen.

Die Anwendungsprogrammierung mit ADS und APL basiert auf einer einheitlichen Steuerungslogik für alle Bildschirmanwendungen. Basis hierfür sind die - wie im vorherigen Abschnitt beschrieben - in der Formatdatei gespeicherten Formate sowie eine Vielzahl spezieller Anwendungsfunktionen. Diese Hilfsfunktionen, die für die Programmierung zur Verfügung stehen, beziehen

sich sowohl auf die Steuerung der einzelnen Bildschirmmasken als auch auf die
eigentliche Verarbeitungslogik wie Datenprüfungen und Speichern in einer
VSAM-Datei. Bei der Entwicklung dieses Modells eines Anwendungsgenerators habe ich versucht, die in diesem Buch ausgeführten Gedanken zu einer
standardisierten Anwendungsentwicklung mit APL weitgehend zu berücksichtigen.

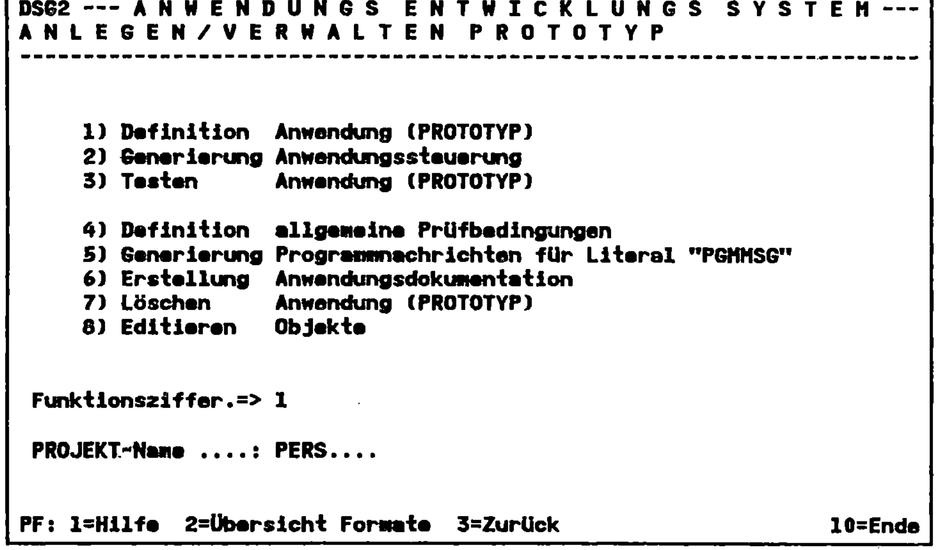

Abb. 119. Auswahlrahmen der Anwendungsentwicklung

Die Erstellung der benötigten Rahmenfunktionen wird durch die Funktionsziffer "2" des Hauptauswahlrahmens unterstützt. Bevor auf diese Möglichkeiten eingegangen wird, soll jedoch zunächst die generelle Steuerungslogik
erläutert werden.

1.3 Transaktions-Konzept

Die globale Anwendungssteuerung sieht vor, daß zu jedem Format eine
Transaktion (Anwendungsfunktion) gleichen Namens gehört. Dies setzt jedoch voraus, daß die Formatnamen mit einem Buchstaben beginnen. Bei der
Verwendung verschiedener Formate, wie das i.allg. der Fall ist, wird die gesamte
Anwendung von einer zentralen Steuerungsfunktion gelenkt. Abb. 120 soll dies
verdeutlichen:
Es wird über die Variable "tc" gesteuert, die als zweizeilige Matrix in der ersten Zeile den auszuführenden Transaktionsnamen und in der zweiten Zeile die
aufrufende Transaktion enthält. Zum Wechsel zwischen verschiedenen Trans-

aktionen muß nun lediglich der gewünschte Name in die erste Zeile dieser Matrix eingetragen werden.

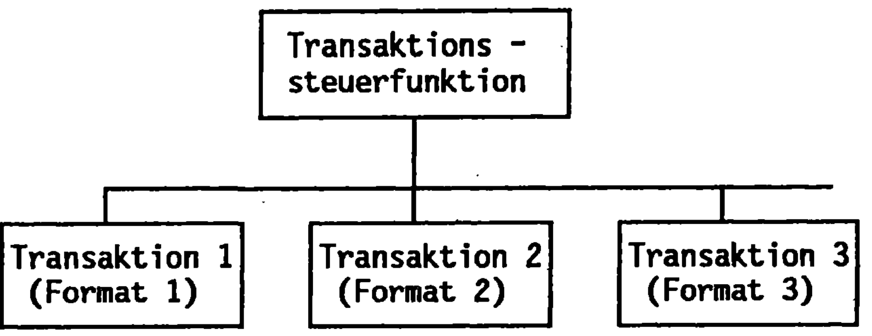

Abb. 120. Transaktionssteuerung eines PROJEKTes

Unter einer Transaktion ist hierbei ein Programm mit zugehörigen Bildschirmformat und den individuellen Programmfunktionstasten und Userexits (z.B. für Dateizugriffe) zu verstehen. Vier Steuerungsfunktionen unterstützen diese Auswahl:

- 'NAMEalt' tcSEL 'NAME'
  wählt die zum Format NAME gehörende Transaktion aus. Falls im linken Argument ein Transaktionsname mitgegeben wird, ist dies die Rückkehrtransaktion für die Funktion RETURN.

- tcBACK
  kehrt zur vorherigen Transaktion zurück. (Vertauschen der Zeilen aus "tc")

- tcEND
  beendet die Anwendung. (Löschen der ersten Zeile von "tc")

- RETURN
  Die linken Argumente der Funktion tcSEL werden für die Rückkehr zur aufrufenden Transaktion in der Matrix "spa1" gespeichert. Die Funktion ruft die letzte Transaktion in dieser Matrix auf. So findet man auch in einer Transaktionshierarchie den Weg über mehrere Stufen zurück.

Zur Ausführung der einzelnen Transaktionen wertet die Hauptfunktion den Inhalt der Variablen "tc" aus und ruft die zugehörige Anwendungsfunktion auf.

1.3.1 Bildschirm-Steuerungslogik

Aus der folgenden Graphik ist die zentrale Bildschirm-Steuerungslogik der einzelnen Transaktionen erkennbar.

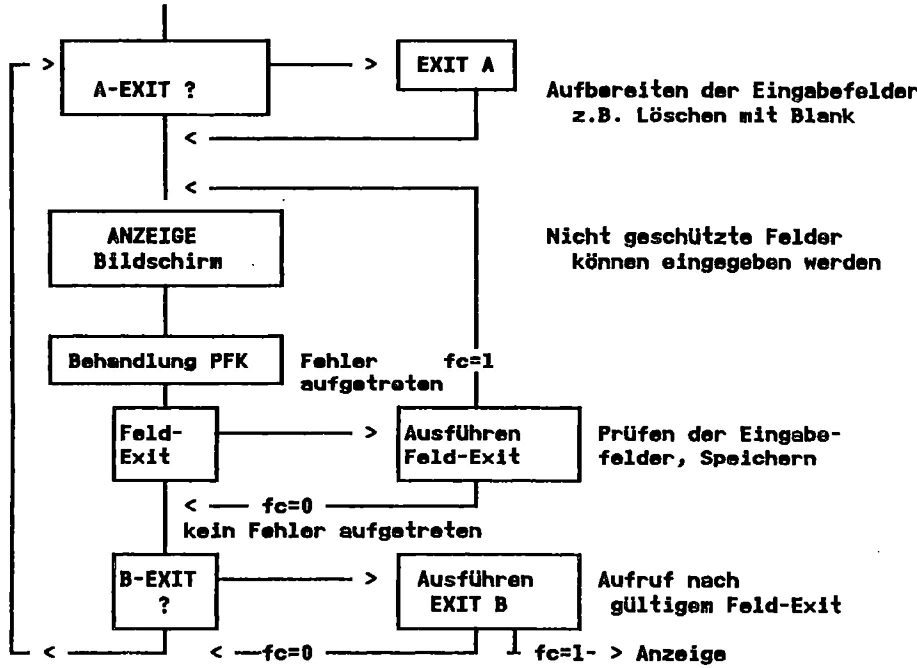

Abb. 121. Bildschirm-Steuerungslogik

Wie die gesamte Anwendungssteuerung unterliegt auch jede Transaktion einem einheitlichen Konzept. Um den unterschiedlichen Verarbeitungsformen wie EINGABE, ANZEIGE und UPDATE gerecht zu werden, stehen mehrere Funktionen zur Verfügung, die in ihrer Verarbeitungslogik alle der dargestellten Ablaufsteuerung unterliegen. Wie Abb. 126 zu entnehmen ist, stehen dem Programmierer drei EXITS für die Verarbeitung zur Verfügung.

Schirm-Exit A

In diesem Exit steht der formatierte Bildschirm vor seiner physischen Anzeige zur Verfügung. Der Programmierer kann in dieser Routine die Felder des Bildschirms verarbeiten (z.B. Felder löschen oder mit bestimmten Werten vorbelegen). Nach Rückkehr aus dieser Routine wird der Bildschirm angezeigt.

Feld-Exits

Nach Anzeige des Bildschirms können Daten in die nicht geschützten Felder eingegeben werden. Bei Betätigung der ENTER-Taste werden die Daten eingelesen und, sofern vorhanden, die FELD-EXIT-ROUTINEN ausgeführt. In diesen Exits können z.B. Daten geprüft oder andere Transaktionen aufgerufen werden. Falls die Eingabe nicht korrekt ist, kann durch Setzen des Fehlercodes "fc = 1" zur Anzeige des Bildschirms zurückgekehrt werden. Grundsätzlich kann für jedes zu prüfende Feld ein eigener Exit vorgesehen werden. Es empfiehlt sich jedoch in der Praxis, alle Prüfungen in einem Exit durchzuführen.

Schirm-Exit B

Nach korrekter Beendigung der FELD-EXITS mit dem Fehlercode "fc = 0" stehen die eingegebenen Daten für die weitere Verarbeitung in der Exit-b-r-tutine zur Verfügung. Hier sollten, falls erforderlich, Daten für Folgeschirme aufbereitet oder der eingegebene Satz gespeichert werden. Man kann natürlich auch ganz auf diesen Exit verzichten und die gesamte Verarbeitungslogik im Feldexit kodieren. Diese Technik wird bei der Generierung der Rahmenprogramme verfolgt.

Wenn die Eingabe durch eine Funktionstaste beendet wird, wird zunächst die definierte PF-Funktion ausgeführt. Die Verwendung dieser Funktionstasten wird in den folgenden Abschnitten beschrieben. Über die Variable "ic" kann die Art der Beendigung der Eingabe abgefragt und gegebenenfalls die Ausführung obiger EXITS umgangen werden.

1.4　Hauptfunktionen für Transaktionen

Für die Anwendungsprogrammierung mit ADS stehen fünf Hauptfunktionen sowie zahlreiche nützlichen Hilfsfunktionen zur Verfügung. Die im folgenden beschriebenen Hauptfunktionen sind die zentralen Steuerungsroutinen, die die oben aufgeführten EXITS anstoßen. Diese Programme sind alle in der zentralen Steuerungsfunktion "trans" enthalten, so daß ich sie hier nur aufführe, um die spezifischen Möglichkeiten von "trans" zu verdeutlichen.

1.4.1　Eingabe

Die Funktion EINGABE wird zur Anzeige von Erfassungsschirmen und zum Einlesen der erfaßten Daten verwendet.

Syntax:　**Z←N EINGABE 'FNAME'**

N　　　　　Anzahl zu erfassender Sätze

FNAME　　　Formatname

Z　　　　　Textmatrix mit den erfaßten Feldern, d.h. mit allen Feldern, die beim Bildschirmentwurf mit 0 oder 7 spezifiziert wurden. Einer Bildschirmseite entspricht eine Matrixzeile, die Feldinhalte sind nebeneinander aufgereiht.

Diese Funktion folgt in ihrer Verarbeitungslogik wie alle Hauptfunktionen der zentralen Bildschirm-Steuerungslogik.

1.4.2   Update

Die Funktion UPDATE wird zum Ändern von Datensätzen verwendet.

Syntax: `Z ← 'FNAME' UPDATE Z`

FNAME   Formatname

Z   Textmatrix mit den zu ändernden Datensätzen. Der Aufbau dieser
               Matrix entspricht dem durch EINGABE erzielten Ergebnis.

1.4.3   Anzeige

Mit der Funktion ANZEIGE können Datensätze angezeigt werden. Sie entspricht der Funktion UPDATE, der Datensatz wird jedoch den definierten
Ausgabefeldern zugeordnet wird.

Syntax: `'FNAME' ANZEIGE Z`

FNAME   Formatname

Z   Textmatrix mit den anzuzeigenden Datensätzen. Die in "Z" ent-
               haltenen Felder werden in die Ausgabefelder (mit "2" definiert)
               eingestellt. Die Struktur von "Z" entspricht dem Ergebnis der
               EINGABE-Funktion.

1.4.4   Tabelle

Die Funktion TABELLE dient zur Bearbeitung von Texttabellen. Sie kann nur
in Verbindung mit definierten Tabellenfeldern verwendet werden.

Syntax: `Z ← 'FNAME' TABELLE TAB`

FNAME   Formatname

TAB   Tabelle (jede Zeile in TAB entspricht einer Tabellenzeile auf dem
               Bildschirm)

Z   veränderte Tabelle

   Bei der Verarbeitung von Tabellen werden verschiedene Steuerungsvariablen
verwendet. Über Hilfsfunktionen ist das Blättern, Einfügen und Löschen in der
Tabelle möglich. Wenn Daten verändert wurden, ist jedoch zunächst die Bestätigung über die ENTER-Taste erforderlich. Folgende Variablen können in
den EXITS und den Funktionstasten verwendet werden:

MAXbl   Anzahl der Tabellenzeilen in TAB

bl   erste angezeigte Tabellenzeile

cpT   Cursorposition in der Tabelle. Dies ist die absolute Zeilennummer in der Tabelle.

Die Anwendung dieser Funktion wird erleichtert, wenn man zunächst die ADS-Funktion DSG10 analysiert, über die alle in der Formatdatei gespeicherten Formate in tabellarischer Form angezeigt werden. (Dort wird allerdings die Funktion "trans" verwendet, die jedoch im internen Ablauf dieser Tabellenfunktion folgt.) Dieser Hinweis ist auch für die übrigen Hauptfunktionen zu beachten, da ADS in seiner Logik im wesentlichen der hier beschriebenen Steuerungstechnik folgt.

Wenn mit der Funktion TABELLE gearbeitet wird, ist beim Anlegen des Formats eine Tabellenzeile vorzusehen. Diese Tabellenzeile kann aus mehreren Spalten bestehen, die nach unten durch das nächste Feld begrenzt werden. Als Feldattribut wird in die Tabellenfelder jeweils eine 8 eingetragen.

So erzeugt z.B. die Definition

```
+-------------------------------+
I                               I
I 8##### 8######### 8####        I .1
I                               I .2
I                               I .3
I                               I .4
I neues Feld: ######             I <=== nächstes Feld
I                               I
+-------------------------------+
```

eine Tabelle mit vier Zeilen und drei Spalten. Beim Aufruf der TABELLEN-Funktion werden die Zeilen aus TAB als die entsprechenden Tabellenzeilen aufgefaßt. Die Daten einer Zeile werden dabei auf die Spalten entsprechend der Spaltenbreite aufgeteilt. Um das Arbeiten mit dieser Tabelle - z.B. das Einfügen oder Löschen von Zeilen, vorwärts und rückwärts blättern - zu erleichtern, werden bei den Hilfsfunktionen Makros beschrieben, die für diese Aufgaben eingesetzt werden können.

1.4.5 Die Funktion trans

Alle oben beschriebenen Funktionen sind in der Funktion TRANS zusammengefaßt. Diese Funktion erkennt, ob es sich um ein Tabellenformat oder ein normales Erfassungsformat handelt, und ruft die entsprechende Steuerungsroutine auf.

Syntax: 'FNAME' trans TAB

FNAME   Formatname

TAB   Tabelle oder Vektor der Daten, die im Format angezeigt werden sollen.

In den ADS-eigenen Routinen, die jeweils mit "DSG" beginnen, wird ausschließlich diese Funktion eingesetzt. Die Möglichkeiten von "trans" erkennt man daher am besten durch Analyse der entsprechenden ADS-Funktionen (z.B. DSG1, DSG10).

Ich empfehle daher, ausschließlich mit dieser Funktion zu arbeiten. Bei reinen Anzeigeformaten muß man dann aber die Felder als "protected" Eingabefelder definieren.

1.5 Benutzer-EXITS

Die schon unter Programm-Steuerungslogik erwähnten Benutzer-Exits bilden die eigentliche Anwendungslogik. In ihnen spezifiziert der Programmierer die Verarbeitungsregeln seiner Anwendung. In den EXITS stehen die aktuellen Bildschirmdefinitionen in den Variablen "f" und "l" (Feldnamen etc.) zur Verfügung. Alle Hilfsfunktionen können auf diese Tabellen zugreifen. Folgende Namenskonventionen sind einzuhalten:

1.5.1 Schirm-EXIT A

Syntax: `EX(Fname)ΔA`

Fname   Formatname

In diesem EXIT steht der formatierte Bildschirm zur Verfügung. Über diese Schnittstelle können die Felder vor der Anzeige aufbereitet werden. Typische Anwendungsbeispiele hierfür sind das Löschen der Eingabefelder oder die Veränderung der Feldattribute in Abhängigkeit von bestimmten Daten (Sperren einiger Felder für Eingabe oder Veränderung, falls keine Berechtigung hierfür vorliegt, oder Intensiv-Anzeige von kritischen Werten).

1.5.2 Feldexits

Syntax: `EX(Fname)Δ1(Exit.Nr.)   X`

Fname   Formatname

ExitNr.   lfd. Nr. des Exits

X   Textvariable mit dem Inhalt des Exit-Feldes

Für jedes Bildschirmformat können beliebig viele Felder als Exitfelder definiert werden. Falls Exitfelder definiert wurden, müssen auch die zugehörigen EXIT-Funktionen während der Transaktion verfügbar sein. Außer dem Inhalt des zu prüfenden Feldes in der Variablen "X" stehen dem Programmierer alle Eingabedaten (mit 0/7 spezifizierte Felder - Eingabe/Protect Eingabe) in der Variablen "ZE" zur Verfügung. Somit können in einem EXIT bereits alle Prüfungen erfolgen. Der Aufbau der Variablen "ZE" entspricht dabei dem Ergebnis der EINGABE-Funktion. Soll das Ergebnis einer Eingabe nicht akzeptiert werden, ist der EXIT mit dem Fehlercode "fc = 1" zu beenden.
Wenn kein EXIT beim Anlegen eines Bildschirms definiert wurde, versuchen die zentralen Steuerungsroutinen mindestens den EXIT Δ11, falls vorhanden, auszuführen. Es kann daher auch auf die explizite Definition eines Exitfeldes verzichtet werden.

1.5.3 Schirm-EXIT B

Syntax: `EX(Fname)ΔB`

Fname		Formatname

In diesem Exit stehen die geprüften Eingabefelder zur Verfügung. Beim Arbeiten mit Dateien kann hier der Satz in die Datei gespeichert werden. Die Variable "ZE" enthält hierfür die Eingabedaten. Außerdem können hier Daten für die Weitergabe an Folgebildschirme aufbereitet und in entsprechenden Variablen gespeichert werden.

Ich arbeite fast ausschließlich ohne diesen Exit und führe alle notwendigen Aufbereitungen und Datenspeicherungen im Exit 11 durch.

1.6 Makros für die Programmierung

Funktionen zur Bearbeitung der Bildschirmfelder unterstützen die Anwendungsprogrammierung. Da diese Makros auf die Formattabelle "f" zugreifen, können sie nur innerhalb der Rahmenfunktionen wie TRANS, d.h. den EXITS, ausgeführt werden.

Ich möchte hier nochmals darauf hinweisen, daß Sie die verschiedenen Funktionen dieses Generators in ihrer Funktionsweise analysieren sollten. Sie werden dabei auch die eine oder andere programmtechnische "Unschönheit" feststellen, aber dann haben Sie ja bereits gelernt, wie Anwendungsentwicklung effektiv zu betreiben ist.

1.6.1 Terminalunterbrechungen

Alle Programmunterbrechungen durch Betätigen einer Sondertaste wie ENTER, PF-TASTE etc. werden in der Routine eING auf ihren Ursprung geprüft. Sollen weitere Programmunterbrechungen akzeptiert werden, ist diese Funktion entsprechend zu modifizieren.

1.6.2 Programm-Funktionstasten

Um über Programm-Funktionstasten eine Verarbeitung zu steuern, muß die der Funktionstaste entsprechende Funktion verfügbar sein. Für diese Funktionen sind folgende Konventionen einzuhalten:

Syntax: `PF(pfcode)Δ(PF-Nr.)`

Der pfcode kann entweder der Formatname sein - dann gilt diese Funktionstaste nur für das entsprechende Format -, oder der Projektname für die Gesamtanwendung. Bei Ausführung der PF-Funktion wird zunächst geprüft, ob für das Format eine spezielle PF-Funktion im Arbeitsbereich existiert. Wenn eine solche Funktion nicht vorhanden ist, wird über die Variable "pfk" geprüft, ob eine allgemeine PF-Funktion in diesem Format verwendet werden darf. Es hat sich als zweckmäßig erwiesen, generelle PF-Funktionen als allgemeine

Taste zu definieren und durch Setzen von pfk (pfk←1 3 10) für eine Transaktion verfügbar zu machen.

Gebräuchliche Anwendungen, die mit PF-Tasten realisiert werden:

* Anzeigen einer Hilfe-Maske

* Blättern vorwärts und rückwärts

* Aufruf einer Transaktion

* Beenden einer Anwendung

Diese Aufgaben können oft leicht mit den entsprechenden Hilfsfunktionen realisiert werden.

```
    ∇ PFDSGΔ1
[1] ﾑ|Anzeige Hilfe-Maske mit CODE  1 2 3
[2] HELP '1,2,3'
    ∇


    ∇ PFDSG10Δ7
[1] ﾑ|Blaettern zurueck
[2] TABBACK
    ∇


    ∇ PFDSGΔ2
[1] ﾑ|Zurueck zum Auswahlrahmen
[2] tcSEL 'DSG0'
    ∇
```

1.6.3   Systemliterale

Systemliterale sind Bildschirmfelder, in denen gleichbleibende Informationen wie Tagesdatum, Uhrzeit, Seitennummer etc. stehen. Sie werden im DESIGN-Schritt 2 mit /DATE3, /TIME, /LPAGE etc. spezifiziert. Falls eine entsprechende Anwendungsfunktion im Arbeitsbereich (WS) verfügbar ist, wird ihr Ergebnis in diesem Feld angezeigt. Literalfelder werden automatisch in Intensivanzeige dargestellt. Eine explizite Vergabe der Feldattribute ist daher nicht erforderlich. (Im Grundsatz verhalten sich diese Literalfelder nicht anders als normale Ausgabefelder, für die ein Feldname vergeben wurde.)

Die beiden folgenden Programmbeispiele zeigen, wie eigene Systemliterale - d.h. die zugehörigen Funktionen - definiert werden können.

```
    ∇ Z ← DATE3
[1] ﾑ|Literal fuer Tagesdatum
[2] Z ← '06/06/0006' ⍕ ⎕TS[3 2 1]
    ∇


    ∇ Z ← TIME
[1] ﾑ|Literal fuer Uhrzeit
[2] Z ← '06.06' ⍕ ⎕TS[4 5]
    ∇
```

In der entsprechenden Syntax können vom Programmierer weitere Literale definiert und verwendet werden. Für die Anwendungsprogrammierung mit ADS stehen drei vordefinierte Literale zur Verfügung:

LPAGE (Seitenangabe)

Dieses Literal dient der Seitenangabe in einem Bildschirm. Falls ein Feld mit 18 Stellen mit diesem Literal definiert ist, wird an dieser Stelle folgender Text erzeugt: " Seite : ... von ...". Durch Überschreiben der aktuellen Seitennummer kann hierbei wahlfrei geblättert werden.

PGMMSG (Programmnachricht)

Dieses Literal wird für Programmnachrichten verwendet. Es stellt den Inhalt der Variablen "pgmmsg" in dieses Literalfeld. Die Variable "pgmmsg" kann entweder im Anwendungsprogramm direkt gesetzt werden oder durch Verwendung der Fehlerfunktion xERROR bzw. der Prüffunktion xPRUEF. Falls die Variable "pgmmsg" leer ist, wird die Variable "pgmmsgDEFAULT" zum Füllen dieses Literalfeldes verwendet.

SYSMSG (Systemnachricht)

Dieses Literal ist für Systemnachrichten, z.B. Fehlerbehandlung von Dateizugriffen oder sonstige Lese-Schreiboperationen, gedacht. Die von diesem Literal benötigte Variable heißt "sysmsg". Falls die Variable "sysmsg" leer ist, wird die Variable "sysmsgDEFAULT" zum Füllen dieses Literalfeldes verwendet.

1.6.4 Hilfe-Masken

Um zu vermeiden, daß ungeübte Benutzer einer Anwendung immer im Benutzerhandbuch nachschlagen müssen,- empfiehlt sich eine Online-Hilfe über Funktionstasten. Dies geschieht über HELP-Masken, die über die Funktion HELP aufgerufen werden.

Syntax: HELP 'hc1,hc2,...'

hc   Helpcode, wie beim Entwurf von Hilfsmasken angegeben.

Für Hilfe-Masken gilt das bei den Programm-Funktionstasten Gesagte. Falls mehrere Hilfeseiten hintereinander angezeigt werden sollen, sind die verschiedenen Helpcodes durch Komma getrennt anzugeben. Die einzelnen Seiten können dann mit der F7/F8-Taste geblättert werden.

1.6.5 Fenstertechnik

Will man in einer Anwendung (Transaktion) ein Fenster einblenden, ist hierfür die Funktion xWINDOW zu verwenden.

Syntax: FN xWINDOW TAB

FN   Matrix von Funktionsaufrufen

TAB   Texttabelle, die als Fenster eingeblendet wird

FN und TAB entsprechen sich, d.h., in einer Zeile von FN steht die zu einer Zeile aus TAB gehörende Funktion. xWINDOW wird auch über eine PF-Tasten-Funktion (siehe `PFDSGΔ1`) aufgerufen. Wird der CURSOR auf eine Zeile in TAB gestellt und die ENTER-Taste betätigt, wird die entsprechende Funktion (falls vorhanden) aus FN ausgeführt.

1.7   Sonstige Hilfsfunktionen

Hinweis: Alle mit "x" beginnenden Funktionen enthalten einen Aufruf des AP124.

Schreiben von Feldern auf den Bildschirm (xWRT)

Syntax: `N1,N2,... xWRT Z`

N1,N2,   gültige Feldnummern im Format

Z   Daten für die Felder. Der Aufbau von Z ist entweder eine Matrix mit einer Zeile pro Feld oder der Vektor der Feldinhalte.

xWRT schreibt den Inhalt von "Z" in die angegebenen Felder. Unvollständige Daten werden mit Blank aufgefüllt. Diese Schreibfunktion akzeptiert keine geschachtelten Variablen. Diese Erweiterung kann man aber leicht selbst vornehmen - siehe Kapitel 4 -, falls man diesen Anwendungsgenerator auf die vollen Möglichkeiten von APL2 ausdehnen will. Dies gilt dann natürlich auch für die folgende Lesefunktion.

Lesen der Felder vom Bildschirm (xLES)

Syntax: `Z ← xLES N1,N2,...`

N1,N2,..   Feldnummern wie in xWRT

Z   Vektor der eingelesenen Felder

Diese Funktion erzeugt einen Textvektor, in dem die eingelesenen Felder nebeneinander stehen.

Positionieren des Cursors (xCURS)

Syntax: `xCURS N1,(N2)`

N1   Feldnummer für Cursor

N2   Zeile im Feld (nur für Tabellenfelder)

Diese Funktion setzt den Cursor in das angegebene Feld Zeile 1 bzw. Zeile N2, falls das Feld ein Tabellenfeld ist (Tabellenfelder sind bei ADS als Rechteckfelder mit N Zeilen und M Spalten definiert). Es dürfen nur gültige Feldnummern angegeben werden.

Ändern des Feldtyps eines Feldes (xFTYP)

Syntax: **N1,N2,... xFTYP C1,C2,...**

N1,..   Feldnummern

C1,..   Zugehöriger Code (0 = Eingabe, 2 = Ausgabe). Falls nur ein Code angegeben ist, werden alle Felder mit diesem Code versehen.

Diese Funktion ändert den Feldtyp eines Feldes. Es dürfen nur gültige Feldnummern und Codes angegeben werden.

Ändern der Anzeigeintensität eines Feldes (xATTR)

Syntax: **N1,N2,... xATTR 'CODE'**

N1,..   Feldnummern

CODE   Vektor der Attribut-Codes. (H = High,R = Revers etc.)

Diese Funktion ändert das Anzeigeattribut eines Feldes. Es dürfen nur gültige Feldnummern und Codes angegeben werden. Die gültigen Codes und ihre Bedeutung entnimmt man am besten dem Hilfetext in der Design-Funktion 1.3 (Update Formattabelle).
    Falls einzelne Felder über diese Definitionsmöglichkeit hinaus mit speziellen Attributen versehen werden sollen - z.B. Farben etc. -, können diese Attribute mit der Funktion xATTR1 direkt mit dem entsprechenden numerischen Wert zugewiesen werden.

Akustischer Alarm (xALARM)

Syntax: **xALARM**

Diese Funktion erzeugt einen akustischen Alarm.

Eingabefelder löschen (lEFELD)

Syntax: **lEFELD**

Diese Funktion löscht alle Eingabefelder und setzt das definierte Eingabezeichen in diese Felder. Sie ist z.B. beim Erfassen von Daten über die Funktion EINGABE in den A-EXIT aufzunehmen.

Längen der Eingabefelder (eLAENGE)

Syntax: `Z ← eLAENGE`

z   Vektor der Längen der Eingabefelder

Feldnummmern der Eingabefelder (eFELD)

Syntax: `Z ← eFELD`

z   Vektor der Feldnummmern aller Eingabefelder

Längen der Ausgabefelder (aLAENGE)

Syntax: `Z ← aLAENGE`

z   Vektor der Längen der Ausgabefelder

Feldnummmern der Ausgabefelder (aFELD)

Syntax: `Z ← aFELD`

z   Vektor der Feldnummmern aller Ausgabefelder

Auswählen einer Transaktion (tcSEL)

Syntax: `'Tname1' tcSEL 'Tname'`

Tname   gültiger Transaktionsname

Tname1   gültiger Transaktionsname für RETURN

Über diese Funktion kann eine neue Transaktion aufgerufen werden, falls der Programmierer bei der Anwendungsentwicklung die vorgeschlagene Transaktionssteuerung verwendet. Im linken Argument dieser Funktion kann wahlfrei eine Rückkehrtransaktion für die Funktion RETURN angegeben werden.

Zurück zur vorherigen Transaktion (tcBACK)

Syntax: `tcBACK`

Diese Funktion ruft die vorherige Transaktion auf. Hier ist jeweils nur eine vorherige Transaktion gespeichert. Bei mehrmaliger Betätigung der Programm-Funktionstaste, unter der diese Funktion liegt, findet somit immer ein Wechsel zwischen zwei Transaktionen statt.

Beenden von Transaktionen (tcEND)

Syntax: tcEND

Diese Funktion beendet alle Transaktionen, falls mit der Transaktionssteuerung gearbeitet wird.

Blättern vorwärts (TABFORW)

Syntax: TABFORW

Wenn in einer der Funktionen ANZEIGE, UPDATE oder TRANS mehr als ein Satz im Funktionsaufruf (rechtes Argument) mitgegeben wird, kann über den Aufruf dieser Funktion in einer Programm-Funktionstaste vorwärts geblättert werden. Bei der Funktion TABELLE blättert diese Funktion um die Anzahl der Tabellenzeilen auf einer Bildschirmseite vorwärts. Falls der Cursor innerhalb der Tabelle steht, wird diejenige Zeile zur ersten, in der der Cursor steht.

Blättern rückwärts (TABBACK)

Syntax: TABBACK

Entsprechend TABFORW blättert diese Funktion eine Seite zurück.

Tabellenblock an andere Stelle kopieren (TABCOPY)

Syntax: TABCOPY

Über den Aufruf dieser Funktion mit einer Programm-Funktionstaste kann ein ausgewählter Block in einer Tabelle an eine andere Position kopiert werden. Diese Funktionstaste ist hierbei dreimal zu betätigen.

1.   Anfang des zu kopierenden Bereiches

2.   Ende des zu kopierenden Bereiches

3.   Zeile, hinter die kopiert werden soll

Zwischen den Auswahlen könnte jeweils über eine andere Funktionstaste geblättert werden.

Einfügen einer Zeile in eine Tabelle (TABINSERT)

Syntax: TABINSERT

Über den Aufruf dieser Funktion mit einer Programm-Funktionstaste kann eine neue Zeile hinter der aktuellen Cursorposition eingefügt werden.

Löschen einer Zeile (TABDELETE)

Syntax: `TABDELETE`

Über den Aufruf dieser Funktion mit einer Programm-Funktionstaste wird die Zeile gelöscht, in der der Cursor steht. Die restlichen Zeilen werden nachgezogen.

1.8 Definieren und Generieren einer Anwendung

In den vorhergehenden Abschnitten wurde die Steuerungslogik von mit ADS entwickelten Anwendungen beschrieben. Falls der Programmierer die Transaktionssteuerung von ADS verwenden will, sind mehrere Steuerungsfunktionen erforderlich, die in diesem Programmzweig generiert werden.

Eine aus mehreren Bildschirmformaten incl. der zugehörigen Transaktionen bestehende Anwendung (PROJEKT) wird hierbei soweit vorgeneriert, daß die Steuerung der Formate bereits hier getestet werden kann. Da jedoch nicht die vollen Möglichkeiten (z.B. Dateizugriffe) der EXITS berücksichtigt werden, ist eine Nachbearbeitung dieser Programme erforderlich.

Weil für diese Programmierung die ADS-Entwicklungsfunktionen nicht mehr benötigt werden, können sie mit `ⵧEX DSGGP` gelöscht werden, um den APL-WS nicht durch unnötige Funktionen und Variablen zu verkleinern. Im folgenden wird auf die Generierungsfunktionen, wie sie der PROTOTYP-Auswahlrahmen anbietet, eingegangen.

1.8.1 Definieren einer Anwendung

Über die Auswahlziffer 1 werden alle EXITS und PF-Funktionen (Programm-Funktionstasten) definiert. Hierzu ist die Angabe eines PROJEKT-Namens erforderlich. Da ich bei dieser ADS-Version nicht mit einer Objektbibliothek arbeite, sollte für jedes Projekt ein eigener WS angelegt werde. Das PROJEKT dient hier als logische Zusammenfassung der Funktionen einer Anwendung. Dieser Name wird auch für die zentrale Transaktionssteuerung verwendet, daher kann die fertige Anwendung unter diesem Namen aufgerufen werden. Der folgende Bildschirm (Abb. 123) zeigt den Eingabeschirm für die Formate, die in das PROJEKT aufgenommen werden sollen.

In diesem ersten Definitionsschritt sind alle Formatnamen anzugeben, die in dem PROJEKT verwendet werden sollen. Man beachte, daß zu jeder Transaktion genau ein Format gehört - es werden also die Transaktionen der Anwendung festgelegt. Die Formate müssen angelegt und in der Formatdatei gespeichert sein.

```
DSG21 --- A N W E N D U N G S   E N T W I C K L U N G S   S Y S T E M --
DEFINITION Formate fuer PROTOTYP
------------------------------------------------------------------------
  Definition Formatnamen für Projekt: PERS....


  folgende Formatnamen sind in die Steuerung aufzunehmen:

       MENU.... PERS1... PERS2... PERS3... ........  ........  .........
       ........  ........  ........  ........  ........  ........  .........
       ........  ........  ........  ........  ........  ........  .........
       ........  ........  ........  ........  ........  ........  .........


  allgemeine PF-Tasten-Belegung (z.B. 03 RETURN) in PF-CODE: PERS....

  01 HELP hc.. 03 RETURN.. 12 tcEND...  .. ........  .. ........

  .. ........  .. ........  .. ........  .. ........  .. ........


  Durch Betätigen der "ENTER" - Taste wird das Projekt angelegt.

  PF: 1=Hilfe  2=Übersicht Formate 3=Return  4=Definition Ablaufst.
```

Abb. 122. Formatdefinition für ein PROJEKT: Für alle hier angegebenen Formate werden die Transaktionsrahmen generiert.

Zusätzlich können auf diesem Bildschirm allgemeine PF-Funktionen definiert werden. Sie werden in der Anwendung über den PFCODE angesprochen und aufgerufen. Um diese PF-Funktionen für die Einzeltransaktionen verfügbar zu machen, muß die Variable "pfk" entsprechend gesetzt werden. Durch die Generierung der Transaktionsrahmen sind sie allerdings für alle Transaktionen verfügbar. Für die Definition dieser Funktionstasten sind die Tastennummer sowie die gewünschte Funktion anzugeben. In der folgenden Liste finden Sie einen Zusammenfassung einiger Standardfunktionen, die in ADS für die PF-Belegung verwendet werden können.

Funktionen für Funktionstasten

tcEND	Beende PROJEKT
fNAME	Rufe Transaktion fNAME auf
tcBACK	Kehre zur aufrufenden Transaktion zurück
TABFORW	Blättere auf nächste Seite (nur wenn möglich)
TABBACK	Blättere zurück
TABCOPY	Kopieren Zeile in Tabellen-Format
TABINSERT	Einfügen Zeile in Tabellen-Format
TABDELETE	Löschen Zeile in Tabellen-Format
HELP Nr.	Anzeigen Help-Maske

Diese Liste kann um weitere Funktionen, die den Bedingungen einer PF-Funktion genügen, erweitert werden. Nach Betätigung der ENTER-Taste werden die Definitionen in der Variablen asPROJEKT gespeichert.

Im folgenden Definitionsschritt, der durch die Funktionstaste F4 aufgerufen wird, können die EXITS für die Bildschirmsteuerung definiert werden. In diesem Format werden die EXITS definiert, wie es unter Steuerungslogik beschrieben wurde.

```
DSG2 --- A N W E N D U N G S   E N T W I C K L U N G S   S Y S T E M ---
DEFINIEREN TRANSAKTIONSTYPEN FUER FORMATE
Projekt: PERS           Format: MENU
---------------------------------------------------------------------------
Preprocessing: 1EFELD.......................................................
Transaktionstyp: 1 (1=Menu,2=Anz./Update,3=Key+Anz./Upd,4=Auswahl,
                  5=Key+Auswahl)              +----------------------+
Nur für Menu-Transaktionen                    I  Schlüssel-Worte    I
 Auswahl  Transaktionsaufruf oder APL-Code    +----------------------+
  1...     tcSEL 'PERS1'.......................  ItcBACK   = Zurück    I
  2...     'PERS0'tcSEL 'PERS2'...............  ItcEND    = DialogendeI
  ....     .................................  IFormat   = Transakt. I
  ....     .................................  IVORW     = Blättern  I
  ....     .................................  IBack     = Blättern  I
  ....     .................................  IHELP Nr. = Help-PanelI
  ....     .................................  IMSG Nr.  = PGMMSG Nr.I
                                              +----------------------+
Endprocessing:  ...........................................................
 PF-Funktionen (Aktionen bei Betätigen der PF-Tasten)
  02 HELP 3     .. ......... .. ......... .. ......... .. .........
 .. ......... .. ......... .. ......... .. .........
 PF: F1=Hilfe F3=Zurück  F4=Anzeige Format
```

Abb. 123. Definieren der Transaktionen für Formate

Der unter PREPROCESSING angegebene APL-Code wird für den A-EXIT, der unter ENDPROCESSING angegebene APL-Code für den B-EXIT verwendet. In diesen beiden Feldern darf jeder gültige APL-Code eingetragen werden, der der EXIT-Bedingung genügt. Sinnvoll ist für PREPROCESSING in Eingabe-Transaktionen immer 1EFELD. Da bei der Generierung nicht alle Möglichkeiten der APL-Codierung geprüft werden können, muß der Programmierer auf korrekte Eingabe achten.

Der Feldexit wird nur für Menü-Transaktionen generiert. Für eine korrekte Generierung beim Anlegen des Menü-Formates muß ein Command-Exit definiert sein. Ist kein Command-Exit vorhanden, wird das erste Eingabefeld für die Abfrage der Auswahlziffer verwendet.

Für die Definition der PF-Funktionen gelten die Regeln, die bereits für die allgemeingültigen Funktionstasten angesprochen wurden. Diese Funktionen gelten jedoch nur für das angegebene Format und überlagern die allgemeinen PF-Funktionen. Die Speicherung der zu einem Format gehörenden EXIT-Definitionen wird durch Betätigen der ENTER-Taste ausgelöst. Zur Unterstützung der EXIT-Definitionen kann das Format über die F4-Taste angezeigt werden.

1.8.2   Generieren der Ablaufsteuerung

Über die Funktionsziffer 2 werden die oben definierten EXITS und Programm-Funktionstasten generiert. Bei der Generierung der Funktionen erfolgt keine Formalprüfung auf korrekte Definition der EXITS. Im folgenden Schritt kann die definierte Projektsteuerung getestet werden.

Bei der Generierung dieser Ablaufsteuerung ist jedoch zu beachten, daß dabei **alle** Funktionen neu generiert werden. Wenn also nach einem ersten Generierungsschritt die Funktionen um eine spezielle Verarbeitungslogik erweitert wurden, darf dieser Generierungsschritt nicht nochmals aufgerufen werden, weil sonst die individuellen Programme vernichtet werden. Man sollte also zunächst einen reinen PROTOTYP entwickeln, bei dem nur die Bildschirmsteuerung im Vordergrund steht, und anschließend in diesen PROTOTYP die spezielle Verarbeitungslogik integrieren. Dann gibt es aber auch keinen Weg mehr zurück.

1.8.3   Testen einer Anwendung (PROTOTYP)

Nach Eingabe der Funktionsziffer 3 und des PROJEKT-Namens wird das erste Format des PROJEKTes angezeigt. Die generierte Ablaufsteuerung kann durch entsprechende Eingaben bzw. Betätigen der PF-Tasten getestet werden. Da dieser Test unter ADS-Bedingungen erfolgt, wird bei Fehlern automatisch zum Auswahlrahmen zurückverzweigt. Es empfiehlt sich daher, für die Fehleranalyse das PROJEKT über die generierte Projektfunktion gleichen Namens aufzurufen. In diesem Fall werden auftretende Syntaxfehler von APL unmittelbar angezeigt.

Die Fehleranzeige bei der Ausführung der EXITS sowie der PF-Funktionen wurde ·in den Steuerungsfunktionen mit ⯐EA maskiert. Sollte daher beim Testen der Funktionen nicht das gewünschte Ergebnis erzielt werden, empfiehlt es sich, diese Funktionen entweder nach ESC direkt aufzurufen oder in den Funktionen eING und uSEREXIT die entsprechenden Zeilen ohne ⯐EA auszuführen bzw. die Kontrollvariable cea auf 0 zu setzen.

1.9   Definition der Prüfbedingungen für Daten

Die Auswahlziffer 4 dient der Definition von Prüfbedingungen für Anwendungsdaten. Zunächst einige Bemerkungen zur Verwendung dieser Prüfbedingungen: Die Grundvoraussetzung ist, daß für jeden Datensatz ein einziges Prüfmodul vorhanden ist, das nicht von dem zufällig auf dem Bildschirm stehenden Satzaufbau abhängen darf. Es sollte also auf dem "externen Satzaufbau" geprüft werden.

Ein solches Prüfprogramm kann wie in Abbildung 124 aussehen, wobei die Erfassung der Prüfbedingungen in der Bildschirmmaske Abb. 125 erfolgt.

```
      ∇ Z ← FN PERSΔPRUEF REC
[ 1] ⍝|Pruefung Personalsatz
[ 2] ⍝ FN = Feldnummern im Bildschirm
[ 3] ⍝ REC= Personalsatz
[ 4] fc←0 .
[ 5] ⎕AI← FN[1] xPRUEF 'PERSNR' REC[1 2 3 4 5]
[ 6] ⎕AI← FN[2] xPRUEF 'NAME' REC[6 7 8 9 10 11 12 13 14]
[ 7] ⎕AI← FN[3] xPRUEF 'PLZ' REC[15 16 17 18]
[ 8] ⎕AI← FN[4] xPRUEF 'ORT' REC[19+⍳10]
[ 9] ⎕AI← FN[5] xPRUEF 'FAMST' REC[30+⍳5]
[10] Z←~fc
      ∇
```

Abb. 124. Prüfen eines Personalsatzes

```
DSG24 --- A N W E N D U N G S   E N T W I C K L U N G S   S Y S T E M --
PFLEGEN PRUEFTABELLEN FUER FELDER

------------------------------------------------------------------------
Pflegen der Prüfwerte für Feld : FAMST Prüftyp : V (V=Variable,L=Logik)

   Fehlermeldung für Literal PGMMSG
   Ungültiger Familienstand..........................................

   Erlaubte Werte sind durch "," getrennt einzugeben
   VERH,LED,GESCH,VERW...............................................
   .................................................................
   .................................................................
   .................................................................
   .................................................................
   .................................................................
   .................................................................
   .................................................................
   .................................................................
   .................................................................
   .................................................................
PF: 1=Hilfe  3=Zurück
```

Abb. 125. Erfassen von Prüfbedingungen für Daten

Die eigentliche Prüfung geschieht in dem folgenden Programm xPRUEF.

1.9.1 Prüfen von Daten (xPRUEF)

Syntax: Z ← FN xPRUEF 'Pname' 'Pwert'

z   Ergebnis der Prüfung (1 = ok, 0 = Fehler)

Pname   Name der Prüfung (Die Prüfung wird in diesem Funktionszweig
            angelegt.)

Pwert   Variable, die geprüft werden soll

FN   Feldnummer, in der der zu prüfenden Wert steht (falls 0, keine Prüfung.)

Dieses Prüfprogramm verwendet die beiden Literale PGMMSG und SYSMSG. Falls eine der Prüfungen einen Fehler erzeugt, wird durch den Aufruf des Literals die Fehlermeldung gesetzt, und das fehlerhafte Feld intensiv angezeigt, der Cursor steht auf diesem Feld.

In dem Literalfeld PGMMSG steht die definierte Fehlermeldung. Im Literalfeld SYSMSG werden die gültigen Werte (Prüfbedingung) angezeigt. Die detaillierte Beschreibung dieser Prüftechnik findet man im Kapitel Datenprüfung.

1.10 Generieren von Programmnachrichten

Über diese Funktion können die zu einem PROJEKT gehörenden Programmnachrichten verwaltet werden. Die hier mit einer Nachrichtennummer definierten Meldungen werden in einer Funktion Z ← (PROJEKT)MSG X zusammengefaßt. In der individuellen Programmierung werden diese Programmnachrichten vorwiegend in Verbindung mit einem Systemliteral verwendet. Beispiel:

```
pgmmsg ← DSGMSG 130
```

Bei der EXIT-Generierung wird obiger Beispielcode durch Eingabe von ˝MSG Nr.˝ in den EXITS generiert. Einfache Änderungen an der generierten Funktion sollten unmittelbar von APL aus erfolgen.

```
DSG25 --- A N W E N D U N G S   E N T W I C K L U N G S   S Y S T E M --
P R O G R A M M N A C H R I C H T E N  für Literal PGMMSG
    Projekt : PERS....
----------------------------------------------------------------------
    Nr.    Nachrichtentext
    100    Falsche Eingabe..................................................
    101    Ungültiger Schlüssel für Personalnummer.........................
    102    Kein Satz gefunden..............................................
    ...    ...............................................................
    ...    ...............................................................
    ...    ...............................................................
    ...    ...............................................................
    ...    ...............................................................
    ...    ...............................................................
    ...    ...............................................................
    ...    ...............................................................
    ...    ...............................................................

 PF: 1=Hilfe  3=Zurück 7=Rückw  8=Vorw                          10=Ende
```

Abb. 126. Eingabe von Programmnachrichten

1.10.1   Fehlerbehandlung(xERROR)

Die Fehlermeldung kann auch über die Funktion xERROR gesetzt werden.
Syntax: **Z ← FN xERROR NR**

FN   Feldnummer (optional). Der Cursor wird in dieses Feld gestellt,
               und dieses Feld wird intensiv angezeigt.

NR   Nummer der Fehlermeldung aus den hier generierten Nachrichten

Diese Funktion setzt zusätzlich den benötigten Fehlercode fc zur Wiederanzeige
des Bildschirms.

1.11   Erstellen einer Anwendungsdokumentation

Über diese Funktion wird für alle Formate eines PROJEKTes inkl. der dazu-
gehörigen EXITS und Transaktionsfunktionen eine Dokumentation gedruckt.
Zu dieser Dokumentation gehören:

- Format-Bild und Feldbeschreibung (Formattabelle f)

- Transaktionen

- EXITs

- PF-Funktionen

   Damit die Ergebnisse dieser Anwendungsdokumentation auch gedruckt
werden, ist beim APL-Aufruf der AP80 - das Drucker-Partnerprogramm -
mitaufzunehmen.

1.12   Löschen eines PROJEKTes

Über die Auswahl 7 werden alle zu einem PROJEKT gehörenden Formate,
Funktionen und Beschreibungen gelöscht.

1.13   Erweiterungsfunktionen

Aus dem Hauptauswahlrahmen können durch die Funktionsziffer 3 einige
nützliche Erweiterungsfunktionen aufgerufen werden. Der Auswahlrahmen in
Abb. 127 gibt einen Überblick über die verfügbaren Erweiterungsfunktionen.
   Die hier aufgeführten Funktionen dienen nur als Modelle zur Erweiterung
eines Anwendungsgenerators. Sie wurden nur wegen einiger Unverträglichkeiten
zwischen APL2-PC und APL2-Host aufgenommen. Dies gilt speziell für die
PC-Simulation einer VSAM-Datei und die Erzeugung der Transferobjekte für

die Bildschirmdefinitionen. (Unter APL2-PC verwende ich zur Beschleunigung
die Systemfunktionen PEEK und POKE für den Maskenaufbau.)

```
DSG3 --- A N W E N D U N G S   E N T W I C K L U N G S   S Y S T E M ---
E R W E I T E R U N G S F U N K T I O N E N
-----------------------------------------------------------------------


    1) Anlegen "VSAM" - Datei


    2) Erzeugen Objekte für Transfer HOST-APL2 (Formate)



Funktionsziffer.=> 1




PF: 1=Hilfe 3=Zurück                                          10=Ende
```

Abb. 127. Auswahlrahmen für Erweiterungsfunktionen

1.13.1 Anlegen einer "VSAM-DATEI"

In vielen Anwendungen wird mit Dateien gearbeitet, die den Zugriff über einen
Schlüsselbegriff wie Artikel/Nr., Personal/Nr. etc. erlauben. Über diesen
Funktionszweig können Dateien angelegt werden, die aus Kompatibilitäts-
gründen mit VSAPL bzw. APL2 auf Großsystemen VSAM-Dateien genannt
werden. Beim Anlegen einer solchen Datei werden zwei Datenbestände erzeugt,
und zwar ein Datenteil sowie ein Indexteil. Abb. 128 zeigt den Eingabeschirm
für die Definition einer VSAM-Datei.

Für die Schlüssel sind zwei Alternativen vorgesehen. Bei einem alphanumerischen Schlüssel können alle Zeichen verwendet werden, die in der Variablen "alph" gespeichert sind. Bei einem numerischen Key sind nur Ziffern erlaubt. Bei diesem Schlüssel, der maximal 16 Stellen lang sein darf, wird nur ein
Indexeintrag benötigt, was die Zugriffszeiten geringfügig verbessert. Die Datei
muß mit dem Befehl CLOSE geschlossen werden, da sonst bei erneutem Ansprechen der Datei Fehler auftreten (fehlende Sätze).

Beim Speichern des Satzes wird an den ersten fünf Positionen immer die
aktuelle Satznummer eingestellt. Wenn die Satznummer bereits vorhanden ist,
wird der Satz unter dieser Nummer gespeichert. Beim Anlegen einer Datei
achte man daher darauf, daß die Satzlänge für die gewünschten Daten um diese
fünf Bytes verlängert wird. Für den Zugriff auf diese "VSAM"-Datei stehen
stehen die aus der Hostumgebung bekannten Makros zur Verfügung.

```
DSG31 --- A N H E N D U N G S  E N T W I C K L U N G S  S Y S T E M --
A N L E G E N  "V S A M" - D A T E I
---------------------------------------------------------------------

     Datei-Name ...: PERS.....
     Laufwerk .....: A  (A/B/C) kann nachträglich durch Setzen von "lw"
     Satzlänge ....: 96..        verändert werden
         Name   Startposition  Länge  Typ  (0=num,1=Alpha)
     Satznummer ...:  Position 1-5 des Satzes
     Primär-Key ...: PK....... 4...        8... 0
     2.ter -Key ...: NAME.... 12..        20.. 1
     3.ter -Key ...: ........ ....        .... .
     4.ter -Key ...: ........ ....        .... .
     5.ter -Key ...: ........ ....        .... .


   Beim Anlegen der Datei werden die Dateien DATEINAME.DAT (Datenteil)
   DATEINAME.IND (Indexteil) angelegt

PF: 1=Hilfe  3=Zurück
```

Abb. 128. Anlegen einer VSAM-Datei

Öffnen einer VSAM-Datei (USE)

Syntax: 'Keyname' USE 'Dateiname'

Falls der Keyname nicht angegeben ist, wird über die Satznummer zugegriffen. Dieses Makro definiert die von den Zugriffsmakros zu verwendende Datei. Das Laufwerk, auf dem sich die angesprochene Datei befindet, muß der Variablen "lw = Laufwerk" zugewiesen werden.

Lesen eines Satzes (VGET)

Syntax: Z ← VGET 'KEY'

Über dieses Makro werden ein oder mehrere Sätze aus der angesprochenen Datei gelesen. Der Key kann auch unvollständig qualifiziert sein. Das Ergebnis ist eine Matrix, in der alle gefundenen Sätze stehen. Wird ein numerischer Wert für diesen Zugriff verwendet, ist dies immer die Satznummer, unter der der Datensatz abgespeichert wurde.

Schreiben eines Satzes (VSET)

Syntax: VSET 'Satz'

Diese Funktion sichert einen Satz in der über USE angesprochenen Datei. Der Satz wird automatisch der definierten Satzlänge angepaßt.

Löschen eines Satzes (VERASE)

Syntax: **VERASE Satz-NR.**

Über diese Funktion wird ein Satz in der Datei gelöscht. Es muß eine gültige numerische Satznummer angegeben werden. Da die Satznummer immer die ersten fünf Stellen eines gespeicherten Satzes ist, kann man sie leicht nach vorherigem Lesen eines Satzes bestimmen.

Schließen VSAM-Datei (CLOSE)

Syntax: **CLOSE**

Diese Funktion schließt die angesprochene Datei. Falls nach Beendigung aller Dateiveränderungen die Datei nicht geschlossen wird, können bei erneutem Ansprechen der Datei Fehler auftreten (fehlende Sätze).

Alle angesprochenen VSAM-Funktionen liefern einen Return-Code "rcode", der vom Programmierer abzufragen ist (die gewählten Codes entsprechen den Codes des AP123 von VSAPL/APL2).

rcode	Bedeutung
0 0	Verarbeitung erfolgreich beendet
1 17	Falsche Keylänge (oder nicht num.)
1 22	Datei nicht geöffnet
8 8	Doppelter Schluessel
8 16	Satz nicht vorhanden
8 28	Datei ist voll (kein Speicherplatz)
8 136	Fehler in Datei
8 168	Datei nicht vorhanden

1.13.2   Erzeugen von Transfer-Variablen für Formate

Während die für eine Anwendung benötigten Funktionen über die Systemfunktionen)OUT und)IN ohne Schwierigkeiten auf ein Host-System mit IBM-APL2 übertragen werden können, ist für die Formatdefinitionen eine Konvertierung erforderlich. Diese Funktion erzeugt aus allen Formaten in der angegebenen Formatbibliothek die für ein Transferieren auf das Host-System nötigen Variablen. Die Panel-Variablen haben den folgenden Aufbau:

Beschreibung,Formattabelle,Formattext,Labels(Feldnamen)

Die Bildschirmformate werden hierbei jeweils den Variablen **P_Mname** zugeordnet.

1.14 ADS-Parameter

Über die Funktionsziffer 4 des Hauptauswahlrahmens können die DESIGN-
Parameter gesetzt werden.

```
DSG4 --- A N W E N D U N G S  E N T W I C K L U N G S  S Y S T E M ---
Ä N D E R N  D E S I G N - P A R A M E T E R
-----------------------------------------------------------------------

      Zeichen für Definition E/A-Felder ....: #
      Blank-Ersatz-Zeichen .................: %
      Füllzeichen für Eingabe-Felder .......: &

      Kontrolle Eingabe-Zeichen ............: 0
      Kontrolle Groß-Klein-Schreibung ......: 1

      Graphik-Bildschirm
      Screen-Attribut (2,3,7)........... ....: 7

         Farbe bei Color-Bildschirm        Hintergrund  Vordergrund
                                           (B) R G B    (I) R G B
      Texte ...............................: 0  1 1 1    0   0 0 0
      Eingabe-Felder ......................: 0  0 0 1    1   1 1 1
      Ausgabe-Felder ......................: 0  1 1 1    0   0 1 0
      Literale ............................: 0  1 1 1    1   1 0 0
      Hintergrund .........................: 0  1 1 1

PF:  1=Hilfe   3=Zurück
```

Abb. 129. ADS Design-Attribute

Die Variable xSCREEN enthält den Code für den verwendeten Bildschirm.
Sie ist standardmäßig auf den IBM-Monochrom-Bildschirm eingestellt.

**Falls nur ein Graphikbildschirm vorhanden ist, ist diese Variable vor dem er-
sten Aufruf von ADS entsprechend zu ändern (xSCREEN = 3). Siehe
APL2-PC-Benutzerhandbuch (AP124).**

Hier ist es auch möglich, bei Verwendung eines Farbbildschirms die Farben für
die Bildschirmfelder frei zu wählen. Dabei werden allerdings grundsätzlich alle
Felder eines bestimmten Feldtyps - Eingabe, Ausgabe, Literal etc. - in der gleichen Farbe dargestellt. Spezielle Farbattribute können nur über explizite Zuordnung (z.B. im A-Exit) durch die Funktion xATTR1 vergeben werden.

1.15 Steuervariablen von ADS

Zur Steuerung der APL-Anwendungen unter ADS-Bedingungen werden verschiedene globale Variablen verwendet.

Fehler-Code (fc)

fc = 0   Eingabe wird akzeptiert
fc = 1   Eingabe ist fehlerhaft, zurück zur Anzeige des Bildschirms

Diese Steuervariable ist in EXIT-Routinen zu setzen, eventuell auch in PFK-Funktionen.

Return-Code (rc)

rc = 0   Bleibe in der Anwendung (z.B. EINGABE,UPDATE)
rc = 1   Beende aktuelle Funktion (z.B. EINGABE)

Diese Variable ist in einer PFK-Funktion zu setzen, um die Hauptfunktionen wie EINGABE, UPDATE etc. zu verlassen. Bei den Transaktions-Steuerfunktionen wird dieser Code automatisch gesetzt (tcSEL etc.).

Blatt-Index (bi)

Der Blattindex bi wird zum Blättern in den Funktionen ANZEIGE, UP- DATE und TABELLE verwendet. In den Funktionen ANZEIGE und UPDATE bedeutet bi die Satznummer (siehe entsprechende Funktionen), in der Funktion TABELLE jeweils die erste anzuzeigende Zeile aus der Tabelle.

Anzahl der Sätze (MAXbi)

In den Funktionen UPDATE und ANZEIGE entspricht MAXbi der Anzahl der Sätze, in der Funktion TABELLE der Anzahl der Tabellenzeilen. Falls in der Tabelle Zeilen hinzugefügt werden sollen, ist sowohl TAB als auch MAXbi zu verändern.

Interrupt-Code (ic)

Diese Variable entspricht dem Interrupt-Code gemäß AP124. Für den Benutzer sind folgende Werte von Bedeutung:

```
ic[1] = 1(ENTER), 2(PFK-Funktion)
ic[2] = Nr. der PFK-Taste
```

Cursor-Position (cp)

Die Variable cp enthält die Feldnummer des Bildschirmfeldes, in dem der Cursor bei Erzeugung einer Unterbrechung (ENTER, PFK etc.) steht.

Cursor-Tabelle (cpT)

Die Variable cpT enthält die absolute Zeilennummer der Tabelle, auf der der Cursor bei Erzeugung einer Unterbrechung (Funktion TABELLE) steht.

Erfassungszeichen (ef)

Die Variable ef dient zur Spezifikation aller variablen Felder beim Bildschirmentwurf.

Eingabezeichen (ez)

Die Variable ez enthält das Zeichen, das für das Ersetzen von Leerstellen in
Eingabefeldern verwendet werden soll. So werden z.B. durch die Funktion
lEFELD alle Eingabefelder mit diesem Zeichen gefüllt - dadurch kann man
auch bei einem Monochrom-Bildschirm Lage und Länge dieser Felder erkennen. Sinnvoll ist für dieses Zeichen daher der Unterstrich.

Kontrolle der Eingabezeichen (cez)

Die Variable cez zeigt an, ob das Eingabezeichen ez beim Schreiben der Daten
auf den Bildschirm eingefügt und beim Einlesen der Felder wieder entfernt
werden soll. Falls cez auf 1 gesetzt ist, wird ez beim Einlesen der Felder immer
entfernt. Es darf in diesem Fall nicht mit zu verarbeitenden Zeichen (z.B. Dezimalpunkt) gleichgesetzt werden. ·

Kontrolle von Großbuchstaben (cuc)

Durch Setzen dieser Variablen auf 1 werden beim Einlesen der Felder alle
Kleinbuchstaben in Großbuchstaben umgeschlüsselt.

Transaktionsmatrix (tc)

Die Variable tc enthält in Zeile 1 die aktuelle Transaktion, in Zeile 2 die aufrufende Transaktion.

Funktionstasten (pfk)

In der Variablen pfk müssen die Nummern der allgemeinen PF-Tasten stehen,
die in einer Transaktion gültig sind. (pfcode <   Formatname)

Allgemeine Funktionstasten (pfcode)

Die Variable pfcode enthält den Code für die allgemeinen PF-Tasten. In der
ADS-Anwendung steht dieser CODE z.B. auf DSG. (siehe auch pfk.)

Direktauswahl (csel)

Wenn diese Variable auf 1 gesetzt wird, können alle Transaktionen durch Eingabe von "=Transname" in einem Commandfeld aufgerufen werden.

Formatieren von Zahlen (cnum)

Dieser Variablen kann das gewünschte Pictureformat für die Aufbereitung von Zahlen zugewiesen werden. Falls diese Variable nicht gesetzt ist erfolgt eine normale numerische Formatierung.
Falls diese Variable einen numerischen Wert enthält, wird diese Zahl für die Anzahl der Dezimalstellen bei der Aufbereitung verwendet.

Kontrollierte Programmausführung (cea)

Falls diese Variable auf 1 gesetzt ist, werden alle EXITs und PF-Funktionen unter Kontrolle von ⎕EA ausgeführt.

Tabellenfunktion

Für die Tabellenfunktion werden weitere Variablen verwendet. Falls sie benötigt werden, siehe Kommentar in der Funktion "trans".

Tabellen Modify Code (tmc)

Falls tmc = 1 gesetzt wird, können mit der Funktion TABFORW weitere Zeilen an die Tabelle angehängt werden.

1.16   Installation

Software

Für die Installation von ADS ist IBM-APL2-PC Voraussetzung. APL2 muß mit AP124 und AP211 aufgerufen werden. Für den Einsatz der Dokumentationsfunktionen muß zusätzlich AP80 angegeben werden.

ADS-Strukturierung

Die Diskette mit APL-ADS enthält zwei Datenbestände:

1. **APL-Workspace ADS**
   enthält den APL-ADS Workspace in Transfer-Form. Die Anwendung wird durch Aufruf der Funktion DESIGN gestartet.

2. **ADS Objektbibliothek**
   enthält alle Formatdefinitionen, Hilfe-Informationen für den Anwendungsgenerator ADS. Die Designfunktionen befinden sich ebenfalls in der ADS-Objektbibliothek und können bei Bedarf durch ⍙IN Objekt geladen werden.

Die Variable xSCREEN enthält den Code für den verwendeten Bildschirm. Sie ist standardmäßig auf den IBM-Monochrombildschirm eingestellt.

Falls nur ein Graphikbildschirm vorhanden ist, ist diese Variable vor dem ersten Aufruf von ADS entsprechend zu ändern (xSCREEN = 3). Siehe APL2-PC-Benutzerhandbuch.

Achtung: Die Variablen dsnDSG und xSCREEN müssen vor einem ersten Aufruf von ADS durch Eingabe von "DESIGN" auf die richtigen Werte gesetzt werden.

Anhang 2 - Lesen von DB2-Daten mit Assembler

Mit dem hier aufgelisteten Assemblerprogramm wird eine DB2-Tabelle für die in Kap. 8 beschriebenen Plausibilitätsprüfungen gelesen. Eine zu beachtende Besonderheit in dem Programm ist, daß beim Aufruf nicht nur die Anwendungsdaten übergeben werden müssen. Zusätzlich ist der Operationscode, also SELECT, INSERT etc., und der Returncode mit aufzunehmen. In diesem zweiten Element steht nach Aufruf des Programms der Returncode der SQL-Anweisung.

Abb. 130. Das Assemblerprogramm zum Lesen einer DB2-Tabelle: Das folgende Assemblerprogramm dient als Beispiel für die Verwendung von statischem SQL in der APL2-Umgebung.

```
------------------------------------------------------------------------
PRUEFGES CSECT
*------------------------------------------------------------------------*
*                                                                        *
* SQL AUFRUF ALS UNTERPROGRAMM VON APL2                                  *
*                                                                        *
* AUFRUFPARAMETER                                                        *
*                                                                        *
*   1. ART DES AUFRUFS  = 8 BYTES                                        *
*                                                                        *
*        'SELECT'      -  SQL SELECT                                     *
*                                                                        *
*        'UPDATE'      -  SQL UPDATE                                     *
*                                                                        *
*        'INSERT'      -  SQL INSERT                                     *
*                                                                        *
*        'DELETE'      -  SQL DELETE                                     *
*                                                                        *
*   2. SQLCODE         -  RETURN-CODE VOM SQL                            *
*                                                                        *
*   3. DATENELEMENTE                                                     *
*                                                                        *
*------------------------------------------------------------------------*
            PRINT NOGEN
*-------  EIGENE NAMEN FUER DIE GENERELLEN REGISTER DEFINIEREN
R0          EQU   0
R1          EQU   1
R2          EQU   2
R3          EQU   3
R4          EQU   4
R5          EQU   5
R6          EQU   6
```

```
R7        EQU   7
R8        EQU   8
R9        EQU   9
R10       EQU   10
R11       EQU   11
R12       EQU   12
R13       EQU   13
R14       EQU   14
R15       EQU   15
*
*------- REGISTERINHALTE DES AUFRUFENDEN PROGRAMMS ZWISCHENSPEICHERN
        SAVE  (14,12),,PRUEFGES/&SYSDATE./&SYSTIME
*
*------- ADRESSE DER PARAMETERLISTE FESTHALTEN
        LR    R11,R1                    ADRESSE DER PARAMETERLISTE
        USING PARAML,R11
*
*------- BASISREGISTER FUER DIE MASCHINENBEFEHLE DIESES PROGRAMMS
*       EINRICHTEN
        LR    R12,R15
        USING PRUEFGES,R12
*
*------- ARBEITSSPEICHER FUER DIESES PROGRAMM ANLEGEN
        L     R6,PROGSIZ                LAENGE FUER UNS . . .
        A     R6,SQLDSIZ                . . . UND FUER SQL
        GETMAIN R,LV=(6)
        LR    R10,R1
*
*------- ARBEITSSPEICHER AUF X'0' LOESCHEN
        LR    R2,R10
        LR    R3,R6
        SR    R4,R4
        SR    R5,R5
        MVCL  R2,R4
*
*------- SAVE-AREA VERWALTUNG
        ST    R13,4(R10)                VERKETTEN VORWAERTS
        ST    R10,8(R13)                VERKETTEN RUECKWAERTS
        LR    R13,R10                   AKTUELLE SAVE-AREA ADRESSIEREN
*
*------- ARBEITSSPEICHER ADRESSIEREN
        USING PROGAREA,R13
        LR    R9,R13
        A     R9,PROGSIZ
        USING SQLDSECT,R9
        ST    R6,GETLENTH
*
*------- SQL   DEFINIEREN
        EXEC  SQL DECLARE CREATOR.VV_PRUEF TABLE           X
              (PRUEF CHAR(18) NOT NULL,                    X
              TYP   CHAR(1) NOT NULL,                      X
              PGMMSG  CHAR(80) NOT NULL,                   X
              WERTE VARCHAR(790) NOT NULL)
*
*------- AUFRUFART PRUEFEN
*
        L     R1,ADRAUFRA
        CLC   0(8,R1),=CL8'SELECT'
        BNE   NOTSELEC                  KEIN SELECT
```

```
          BAL   R14,LSELECT
NOTSELEC DS    0H
*
          CLC   0(8,R1),=CL8'UPDATE'
          BNE   NOTUPDAT              KEIN UPDATE
          BAL   R14,LUPDATE
NOTUPDAT DS    0H
*
          CLC   0(8,R1),=CL8'INSERT'
          BNE   NOTINSER              KEIN INSERT
          BAL   R14,LINSERT
NOTINSER DS    0H
*
          CLC   0(8,R1),=CL8'DELETE'
          BNE   NOTDELET              KEIN DELETE -- ZURUECK
          BAL   R14,LDELETE
NOTDELET DS    0H
          B     LZURUECK
*
*
*------- SQL SELECT
*
LSELECT  ST    R14,SSELSAVE
*
          L     R1,ADRPRUEF
          MVC   PRUEF,0(R1)
          EXEC  SQL SELECT PRUEF, TYP, PGMMSG, WERTE                      X
                INTO :PRUEF, :TYP, :PGMSG, :WERTE                         X
                FROM CREATOR.VV_PRUEF  WHERE PRUEF =:PRUEF
*
          L     R1,ASQLCODU
          MVC   0(4,R1),SQLCODE
*
*------- WERTE AUS DER TABELLE NACH UEBERGABEPARAMETERN UEBERTRAGEN
          L     R1,ADRPRUEF
          MVC   0(L'PRUEF,R1),PRUEF
          L     R1,ADRTYP
          MVC   0(L'TYP,R1),TYP
          L     R1,ADRPGMSG
          MVC   0(L'PGMSG,R1),PGMSG
          L     R1,ADRWERTE
          LR    R2,R1
          LH    R3,WERTEL                 LAENGE
          LA    R4,WERTEI                 WERTE
          LR    R5,R3
          MVCL  R2,R4
          LR    R1,R2
*
          L     R14,SSELSAVE
          BR    R14
*
*------- SQL UPDATE
*
LUPDATE  ST    R14,SUPDSAVE
*
          L     R1,ADRPRUEF
          MVC   PRUEF,0(R1)
          L     R1,ADRTYP
          MVC   TYP,0(R1)
          L     R1,ADRPGMSG
          MVC   PGMSG,0(R1)
```

```
         L      R1,ADRWERTE              VON
         LR     R2,R1                    DATEN   VON
         L      R1,ADRRECL
         MVC    RECL,0(R1)               LAENGE
         L      R3,RECL                  LAENGE
         STH    R3,WERTEL                LAENGE
         LA     R4,WERTE+2               NACH
         LR     R5,R3                    LAENGE NACH
         MVCL   R4,R2                    NACH, VON
         EXEC   SQL UPDATE CREATOR.VV_PRUEF                             X
                SET PRUEF = :PRUEF, TYP = :TYP, PGMMSG = :PGMSG,        X
                   WERTE = :WERTE                                       X
                   WHERE PRUEF = :PRUEF
*
         L      R1,ASQLCODU
         MVC    0(4,R1),SQLCODE
*
         L      R14,SUPDSAVE
         BR     R14
*
*-------- SQL INSERT
*
LINSERT  ST     R14,SINSSAVE
*
         L      R1,ADRPRUEF
         MVC    PRUEF,0(R1)
         L      R1,ADRTYP
         MVC    TYP,0(R1)
         L      R1,ADRPGMSG
         MVC    PGMSG,0(R1)
         L      R1,ADRWERTE              VON
         LR     R2,R1                    DATEN   VON
         L      R1,ADRRECL
         MVC    RECL,0(R1)               LAENGE
         L      R3,RECL                  LAENGE
         STH    R3,WERTEL                LAENGE
         LA     R4,WERTE+2               NACH
         LR     R5,R3                    LAENGE NACH
         MVCL   R4,R2                    NACH, VON
         EXEC   SQL INSERT INTO CREATOR.VV_PRUEF                        X
                (PRUEF, TYP, PGMMSG, WERTE)                             X
                   VALUES ( :PRUEF, :TYP, :PGMSG, :WERTE )
*
         L      R1,ASQLCODU
         MVC    0(4,R1),SQLCODE
*
         L      R14,SINSSAVE
         BR     R14
*
*-------- SQL DELETE
*
LDELETE  ST     R14,SDELSAVE
*
*
         L      R1,ADRPRUEF
         MVC    PRUEF,0(R1)
*
         EXEC   SQL DELETE FROM CREATOR.VV_PRUEF                        X
                WHERE PRUEF = :PRUEF
*
         L      R1,ASQLCODU
```

```
          MVC    0(4,R1),SQLCODE
*
          L      R14,SDELSAVE
          BR     R14
*
LZURUECK DS      0H
          EXEC   SQL WHENEVER SQLERROR GO TO LFEHLER
          EXEC   SQL COMMIT
          B      LRUECK
LFEHLER  DS      0H
          EXEC   SQL ROLLBACK
LRUECK   DS      0H
*
*------- HAUPTSPEICHER WIEDER FREIGEBEN
          L      R0,GETLENTH              LAENGE DES BEREICHS
          LR     R1,R13                   ADRESSE DES BEREICHS
          LH     R2,RETCODE               RETURN CODE DIESES PROGRAMMS
          L      R13,4(R13)               ZURUECK ZUR ALTEN SAVE AREA
          ST     R2,16(R13)               RETURN CODE DORT AN DER STELLE
          FREEMAIN R,LV=(0),A=(1)
*
*------- RUECKSPRUNG ZU AUFRUFENDEM PROGRAMM BZW. BETRIEBSSYSTEM
          RETURN (14,12),T
*
          LTORG
*
SSELSAVE DC      A(0)
SUPDSAVE DC      A(0)
SINSSAVE DC -    A(0)
SDELSAVE DC      A(0)
*
*
DUMPOPT  SNAP   SDATA=(PCDATA),                                          X
                PDATA=(PSW,REGS,SA),                                     X
                MF=L
*
*------------------------------------------------------------------------*
*        DEFINITION DER PARAMETERLISTE FUER DIESES PROGRAMM              *
*------------------------------------------------------------------------*
PARAML   DSECT
*
ADRAUFRA DS     A
ASQLCODU DS     A
ADRPRUEF DS     A
ADRTYP   DS     A
ADRPGMSG DS     A
ADRWERTE DS     A
ADRRECL  DS     A
*
*------------------------------------------------------------------------*
*        ARBEITSSPEICHER FUER DIESES PROGRAMM                           *
*------------------------------------------------------------------------*
*
PROGAREA DSECT
*
SAVEAREA DS     18F
GETLENTH DS     A                         GETMAIN LAENGE DIESES BEREICHS
RECL     DS     F
*
*------- DATEN AUS DB2 TABELLE
PRUEF    DS     CL18
```

```
TYP       DS    CL1
PGMSG     DS    CL80
WERTE     DS    H,CL790
          ORG   WERTE
WERTEL    DS    H
WERTEI    DS    0CL790
          ORG
*
*
*------- SQL COMMUNICATION AREA (SQLCA)
          EXEC  SQL INCLUDE SQLCA
*
RETCODE   DS    H
*
PROGSIZE  EQU   *-PROGAREA              GROESSE DES BEREICHS
*
*------- ENDE DES ARBEITSSPEICHERS DIESES PROGRAMMS
*
PRUEFGES  CSECT                         ZURUECK ZUM CSECT WEGEN
*                                             KONSTANTE
*
PROGSIZ   DC    A(PROGSIZE)             LAENGE DES ARBEITSSPEICHERS
*
*------- AN DIESER STELLE FUEGT DER SQL-PRECOMPILER ASSEMBLER-
*         CODE EIN
*
          ·END
```

Für den Aufruf dieses Programms aus der APL-Umgebung heraus sind noch einige zusätzliche Bedingungen zu erfüllen, die kurz angesprochen werden. Beim Linken dieses Programms muß entsprechend der Dokumentation im "Advanced SQL Programming Guide" das Modul DSNALI (CAF - ein spezielle DB2 ATTACH) mitaufgenommen werden. Erst durch dieses Modul kann das Anwendungsprogramm zur Ausführungszeit die Verbindung zu DB2/SQL-DS herstellen. Da die Standard-"Programmpreparation" des DB2I nicht geeignet ist, dieses notwendige MODUL zu integrieren, sollte die Umwandlung mit einem eigenen Programm erfolgen.

Die Job-Control könnte dabei wie in Abbildung xxx aussehen. Hier wurde zusätzlich zum COMPILE/LINK der BIND mit in die Job-Control aufgenommen. Der hierbei erzeugte Plan PRUEFGES enthält nur die SQL-Statements des Programms PRUEFGES (Member Angabe). Falls mehr als ein externes Zugriffsprogramm, d.h. mehr als eine Tabelle in einer Anwendung benötigt wird, und das dürfte normalerweise der Fall sein, sind alle diese Programme zusätzlich in den Plan mit aufzunehmen. In der Memberangabe sind dann alle gewünschten Assemblermodule aufzulisten. Der Grund hierfür ist, daß über den AP11 nur ein einziger DB2-Plan verwendet werden kann.

Dies ist aber keine Besonderheit von APL2 und der hier beschriebenen Schnittstelle zu einem externen Programm. Vielmehr wird bei statischem SQL in der Verarbeitung immer ein dem Programm zugeordneter PLAN (Database-Request-Modul) hinzugenommen, über den dann alle SQL-Zugriffe ausgeführt werden. Daher kann in einem Programm auch immer nur ein PLAN verwendet werden, in dem alle Datenbankzugriffe aufgenommen werden. Da nun das erste aufgerufene Assemblerprogramm mit seinem Plan verbunden wird, muß dieser Plan bereits alle SQL-Anweisungen enthalten. Es besteht nämlich von APL aus keine Möglichkeit, die Verbindung zu einem einmal aufgebauten Plan zu lösen - nur so könnte man verschiedene Pläne benutzen - es sei denn, man verläßt die APL2-Umgebung, und gerade das will man ja nicht.

```
-----------------------------------------------------------------
//XXXXXXXX JOB (0870,N,01),'SHF COMPILE & LINK ',NOTIFY=XXXXXXX,
// MSGCLASS=Y,CLASS=7,MSGLEVEL=(1,1)
//OUTJ  OUTPUT DEFAULT=YES,JESDS=ALL,FCB=FC84,CHARS=ST15
//* ************************************************************ */
//*
//* PRECOMPILE, ASSEMBLE, AND LINK EDIT THE UNLOAD PROGRAM
//*
//PREPUNL EXEC APL2ASM,MEM=PRUEFGES,
//          USER='DB2',
//          PARM.ASM='XREF,CALL,OBJECT,NODECK,AMODE=31,RMODE=ANY'
//PC.SYSLIB DD DISP=SHR,DSN=DB2.DSN.DSNMACS
//          DD DSN=SYS1.MACLIB,DISP=SHR
//          DD DSN=DB2.DSN.DSNSAMP,DISP=SHR
//          DD DSN=DB2.DSN.DSNALOAD,DISP=SHR
//PC.SYSIN DD  DISP=SHR,
//          DSN=DB2.SOURCE.ASM(PRUEFGES)
//ASM.SYSLIB DD
//          DD DISP=SHR,
//          DSN=DB2.DSN.DSNSAMP
//          DD DSN=RZ.MACLIB,DISP=SHR
//          DD DSN=SYS1.MACLIB,DISP=SHR
//LKED.SYSIN   DD *
  INCLUDE SYSLIB(DSNALI)
  NAME PRUEFGES(R)
/*
//*
//* BIND THE UNLOAD PROGRAM AND GRANT EXECUTE AUTHORITY TO PUBLIC
//*
//BINDUNL EXEC PGM=IKJEFT01,DYNAMNBR=20,COND=(4,LT)
//DBRMLIB  DD  DISP=SHR,
//          DSN=DB2.DBRMLIB.DATA
//SYSTSPRT DD  SYSOUT=*
//SYSPRINT DD  SYSOUT=*
//SYSUDUMP DD  SYSOUT=*
//SYSTSIN  DD  *
  DSN SYSTEM(DB2)
  BIND PLAN(PRUEFGES) MEM(PRUEFGES) ACT(REP) ISOLATION(CS) -
      LIB('DB2.DBRMLIB.DATA')
/*
-----------------------------------------------------------------
```

Abb. 131. Die Job-Control zum Umwandeln des Programms: Wichtig ist die Include-Anweisung für DSNALI.

Literaturverzeichnis

Für eine ausführliche Beschreibung der Programmiersprache APL/APL2 verweise ich auf die aufgeführte Literatur. Hier findet sich auch die Beschreibung der in diesem Buch verwendeten Interfaces zu dem Relationalen Datenbank-System DB2 sowie dem Bildschirm-Support GDDM (Graphical Data Display Manager).

Brown, J.A., Pakin, S., Polivka, R.P.: APL2 - Ein erster Einblick.
Springer-Verlag 1989 (ISBN 3-540-51611-5)

Brown, J.A.: Logic Programming in APL2.
Proc. APL86 Conference pp. 282-288

Brown, J.A.: Writing Multi-User Applications in APL2.
Proc. APL86 Conference, pp. 261-265

Brown, J.A. et al.: Algorithms for Artificial Intelligence in APL2.
Technical Report 1986 - IBM TR 03.281

Date, C.J.: A Guide to DB2. Addison-Wesley 1985 (ISBN 0-201-11317-1)

Gilb, T.: Principles of Software Engineering Management.
Addison-Wesley 1988 (ISBN 0-201-19246-2)

Lochner, H.: APL2-Handbuch. Springer-Verlag 1989 (ISBN 3-540-50677-2)

Systemliteratur (IBM-Formnummern)

An Introduction to APL2 (SH20-9229)

APL2 for the IBM PC (Users Guide) (SC33-0600)

APL2 für den PC Reference Summary (SC33-0601)

APL2 General Information (GH20-9214)

APL2 Language Reference (SH20-9227)

APL2 Programming Guide (SH20-9216)

APL2 Using Structured Query Language (SQL) (SH20-9217)

APL2-R2 Introduction ITSC Document (GG24-3063)

APL2 System Service Reference (SH20-9218)

Application Prototype Environment (SH12-1513)

GDDM Graphical Data Display Manager Programming Guide

Information Center/1 (IC/1) (SH12-1562)

IBM Database 2 Reference (SC26-4078)

Lattermann/Kogon, APL-Ergänzungsfunktionen (IBM)

Multi User SQL Applications in APL2 (Technical Report 1985 - IBM TR 03.274)

Abbildungsverzeichnis

Springer Compass

Herausgegeben von M. Nagl, P. Schnupp und H. Strunz

W. Reisig: Systementwurf mit Netzen. XII, 125 S., 139 Abb. 1985

K. Kurbel: Programmierstil in Pascal, Cobol, Fortran, Basic. PL/I. XII, 328 S., 52 Abb. 1985

J. Nehmer: Softwaretechnik für verteilte Systeme. XIII, 185 S., 66 Abb. 1985

T. Baggenstos, R. Marty, B. Mergler, P. Schnorf: UNIX als Basis für Software-entwicklung. X, 199 S., 124 Abb. 1985

J. Bechlars, R. Buhtz: GKS in der Praxis. XIV, 379 S., 50 Abb. 1986

R. Franck: Rechnernetze und Datenkommunikation. XII, 254 S., 75 Abb. 1986

R. L. Baber: Softwarereflexionen. Ideen und Konzepte für die Praxis. XII, 158 S., 10 Abb. 1986

J. Hansel, G. Lomnitz: Projektleiter-Praxis. Erfolgreiche Projektabwicklung durch verbesserte Kommunikation und Kooperation. Ein Arbeitsbuch. XII, 224 S., 23 Abb. 1987

G. Goos. G. Persch, J. Uhl: Programmiermethodik mit Ada. VIII, 160 S. 1987

P. Schnupp, C. T. Nguyen Huu: Expertensystem-Praktikum. X, 360 S., 102 Abb. 1987

Y. Shirota, T. L. Kunii: UNIX für Führungskräfte. Ein umfassender Überblick. XIII, 157 S., 147 überwiegend zweifarbige Abb. 1987

J. Shore: Der Sachertorte-Algorithmus - und andere Mittel gegen die Computerangst. XVIII, 252 S., 7 Abb. 1987

P. Schnupp, U. Leibrandt: Expertensysteme - Nicht nur für Informatiker. Zweite, korrigierte Auflage. IX, 140 S., 31 Abb. 1988

J. Gulbins: UNIX. Eine Einführung in Begriffe und Kommandos von UNIX–Version 7, bis System V. 3. Dritte, überarbeitete und erweiterte Auflage. XI, 773 S. 1988

T. Spitta: Software Engineering und Prototyping. Eine Konstruktionslehre für administrative Softwaresysteme. XIII, 229 S., 68 Abb. 1989

D. Hogrefe: Estelle, LOTOS und SDL. Standard-Spezifikationssprachen für verteilte Systeme. XV, 188 S., 71 Abb. 1989

T. Grams: Denkfallen und Programmierfehler. X, 159 S., 17 Abb. 1990

M. Nagl: Softwaretechnik: Methodisches Programmieren im Großen. XI, 387 S., 136 Abb. 1990

N. Wirth: Programmieren in Modula-2. Übersetzt aus dem Englischen von G. Pfeiffer. Zweite Auflage. XIV, 240 S. 1991

F. A. Koch, P. Schnupp: Software-Recht, Bd. I. XV, 358 S. 1991

W.-D. Wagner: Software-Engineering mit APL2. X, 263 S., 131 Abb. 1992